The Complete
Guide to
Home
Improvement

自分の住まいは自分で直す

誰でもできる「暮らしのDIY」

メソッド企画〈生活向上研究会〉編

新潮社

Do It Yourself

自分の手でやろう!

DIYとは、英語の“Do It Yourself”の頭文字をとったもの。「自分の手でやろう」という意味です。

この言葉は、第二次世界大戦後のイギリスで生まれました。戦争で破損した住居や街を、自分たちの手で復旧させようとする運動がロンドンを中心に起こったのです。そのときの合言葉が“DIY”でした。

DIYを推進する運動は、その後、ヨーロッパ全体に広がり、1960年代にはアメリカで産業化され、発展していきます。住居関連の建材や修理用品を総合的に品揃えした本格的DIYホームセンターがアメリカに出現したのも1960年代なかばのことです。日本ではすこし遅れて、1970年代になってから大型のホームセンターが生まれています。

そうして「住まいの補修・改善をみずからの手で行う」ことを指すようになったDIYは、日本ではよく「日曜大工」という言葉に意訳されてきました。それは、もともと大工や左官あるいは電気や水道等の工事の専門業者たちにゆだねられていたような家屋の補修を、専門家ではない一般の人たちが片手間にやる、といった意味合いが強かったからでしょう。

しかし、最近になって、日本でも「自分の手でやる」ことを積極的に楽しもうという風潮が大きくなってきています。また、手づくり自体の良さ・おもしろさも見直されてきています。工業機械によって大量生産された画一的な製品を、ただ大量消費するのではなく、自分で工夫して活かしていく。つまり、自分の生活空間を自分の手で快適なものにしていくこと、それが今日のDIYなのです。

本書では、DIYのための基本的な道具・工具類の選び方・使い方から、住まいのメンテナンスやリフォームの具体的な方法まで、テーマ別(目的別)に紹介します。初めての人でも戸惑うことなくスムーズに作業できるように、実際の場面に即応したメソッド(きちんとしたやり方の手順)を、わかりやすく図解で説明しています。自分の暮らしを自分の手で演出するための便利なツールとして、ぜひとも本書を活用してみてください。

メソッド企画〈生活向上研究会〉

contents

Chapter 5 メンテナンス

Chapter 6 リフォーム

Chapter 7 ペイント

Illustrator：鴨下　速人

The Complete Guide to Home Improvement

自分の住まいは自分で直す

誰でもできる「暮らしのDIY」

Chapter 1-1

DIYの基礎

基本的な道具、工具類の選び方と使い方

ネジがちょっと緩んだだけ、そんな場合も道具がないとお手上げです。逆に道具がある程度揃っていると、DIYがぐ～んと身近で楽しいものになります。ここでは、様々な用途で幅広く使える道具、工具類をご紹介します。

揃えておきたい道具、工具類

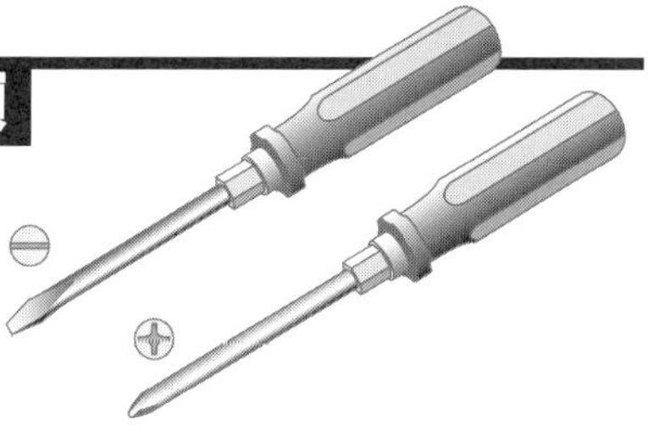

ドライバー

木ネジやビスを締めたり、緩めたりするのに欠かせない工具で、プラスとマイナスがある。ネジ山とドライバーのサイズが違うとネジ山をつぶしてネジが役に立たなくなるので注意。最低でも大小2本ずつは揃えておきたい。先端を取り替えるセット式タイプを購入する場合は接続部がしっかりしたものを選ぶのがポイント。

カッター

障子やふすま、壁紙の張り替えのときなど紙を切るのに便利な小型の刃の薄いタイプと、段ボール、薄いベニヤ板、クッションフロアなどを切ることができる刃の厚いL型と呼ばれるタイプの両方を揃えておくとよい。
使用するときは、手を切らないように注意を。刃をまめに折ってよく切れる刃を使うことがきれいに切るコツ。厚いものを切る場合は、最初は軽く引き、2～3回に分けて切るようにするとスムーズに切れる。

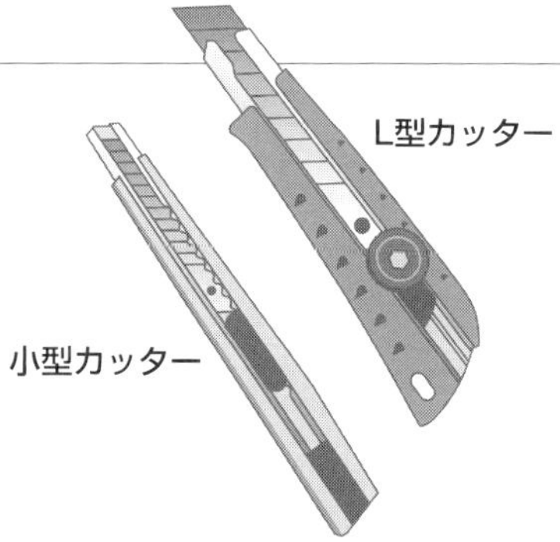

直　尺

長さを測る、線を引く、カッターで直線を切る場合に使用する。いろいろなタイプがあるが、カッターで切る場合は金属製のものを使うこと。あまり長すぎても使いにくいので、60㎝程度が適当。これから購入するのなら、アルミ製で、軽くてすべりにくく、カッターを切る側が厚くなっているタイプがおすすめ。

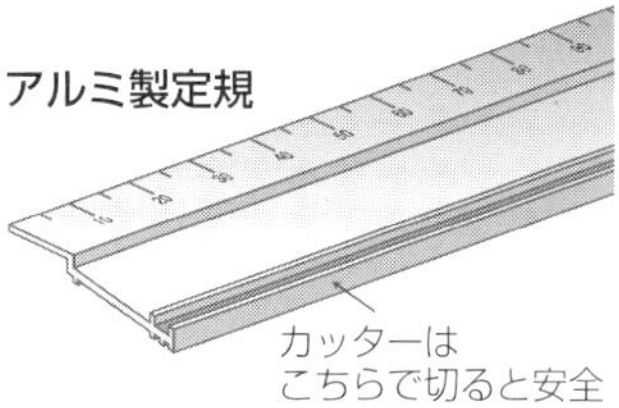

コンベックス

メジャー、巻き尺とも呼ばれる長さを測るための道具。壁や床を測ることもあるので、最低3.5ｍの長さは欲しいところ。先端の金具を引っ掛けて使っても、押し当てて使っても正確に測れるように金具の厚みを調整するため、先端の金具に遊びがある。
壁と壁の間など、内寸を正確に測りたいときは、内測コンベックスがあると便利。

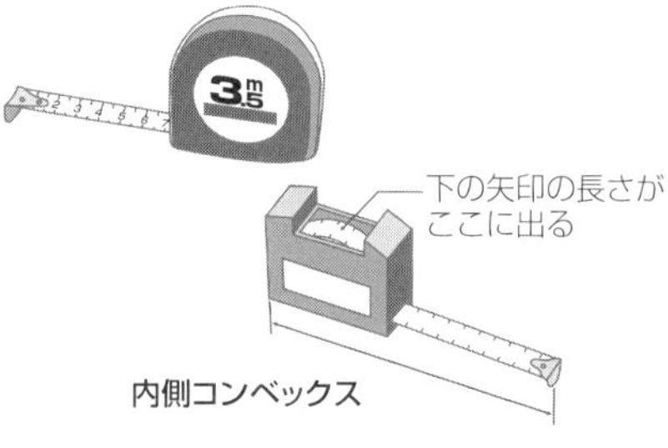

キ　リ

穴をあけるための道具で、クギを打つときや木ネジをネジ込む際に下穴をあけるのにも用いる。刃の形状が４種類あるが、１本目は三つ目ギリ、２本目には四つ目ギリを揃えるようにすると幅広く使える。押さえ付けて無理に力を入れると刃先を傷めることがあるので、両手で挟んでゆっくり回し、もみ降ろすように使うのがコツ。

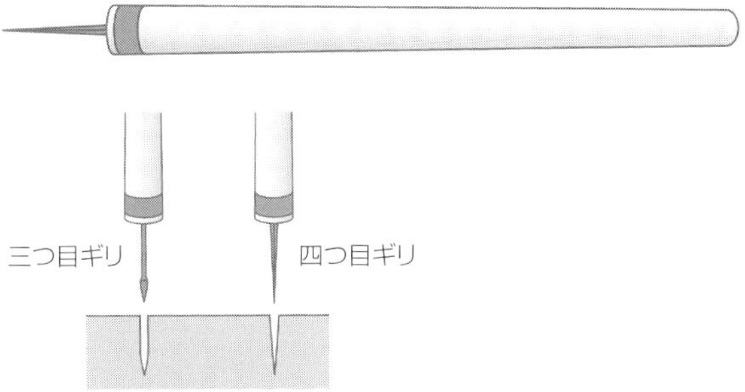

カナヅチ

家庭で使う場合は、クギ抜きのついたネイルハンマーがあると用途が広がる。木工用として１本用意するなら、両口ゲンノウがお勧め。最初は平らな面で打ち、打ち終わりを膨らみのある木殺しの面で打ち込むと、きれいに仕上げることができる。クギを打つ際は、柄を軽めに握ってひじと手首のスナップを使って打つのがコツ。大きなクギを打つときは大きなカナヅチ、小さなクギを打つときは小さなカナヅチを使うと作業しやすい。

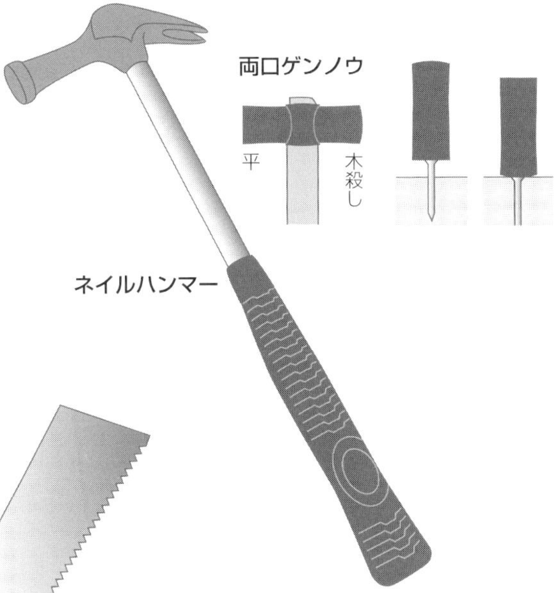

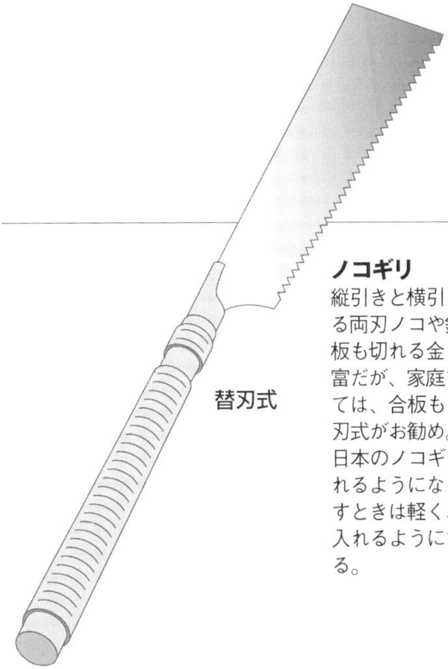

ノコギリ

縦引きと横引きの刃がついている両刃ノコや鉄パイプやアルミ板も切れる金ノコなど種類も豊富だが、家庭で使う１本目としては、合板もきれいに切れる替刃式がお勧め。

日本のノコギリは引くときに切れるようになっているので、押すときは軽く、引くときに力を入れるようにするとうまく切れる。

ニッパー

細い針金やコードなどを正確に切断したいときに便利。ビニールコードの皮むき作業もラクにできるタイプもあり、電気関係の補修には不可欠。

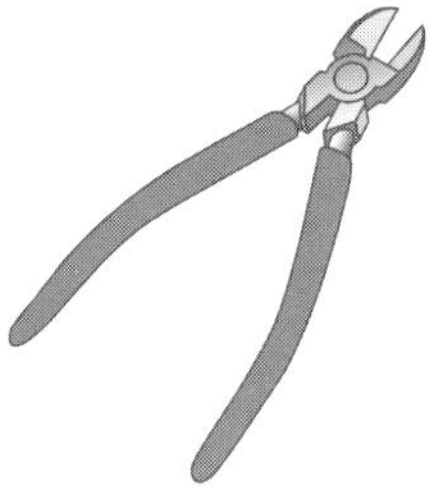

コンビネーションプライヤー

針金を切ったり、ものをつかんだり、くわえたりするときに用いる道具。ペンチでも代用できるが、プライヤーのほうが用途が広がる。接合部分を１段階広げることができるので、ものの大きさに合わせて口の開きを変えることができ、幅があるものでもつかむことができる。口の奥は太めの針金を切ることができるようになっている。

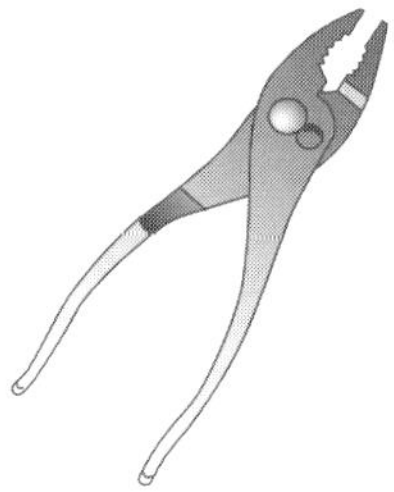

ラジオペンチ

先端が細くスリムなペンチで、細かなものをつかんだり、細いクギを押さえたりと、細かい作業に便利な道具。針金を切ることもでき、ニッパーとコンビネーションプライヤーの間のサイズの針金に使うとよい。

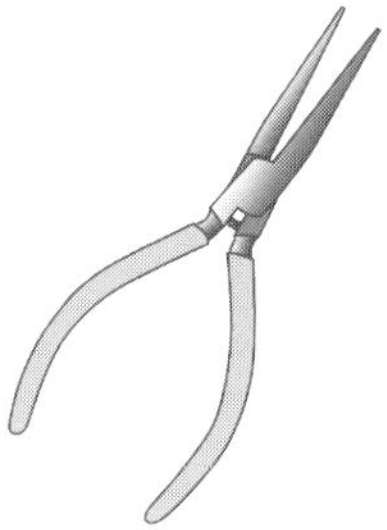

ウォーターポンププライヤー

水栓蛇口や水洗トイレの補修に欠かせない工具。カシメネジ部分を移動させると口の開きが５～６段階に調整でき、さまざまなサイズのものをくわえたり、ナットを緩めたり締めたりすることができる。ただ、口がギザギザしているので、水栓蛇口などメッキ部分に使う場合は布などを当てないとキズが付くので注意。カランプライヤーも同様に使えるが、こちらは口が角になっていて布を当てる必要がないのが利点。

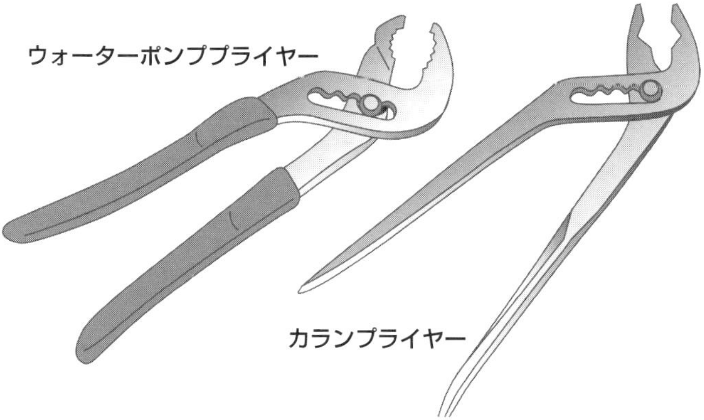

モンキーレンチ

ボルトやナットを締めたり、緩めたりする工具。ネジで口の開きを調節できるので、家庭にあるほとんどのボルトやナットに対応できる。使うときは、必ず下あご側に回すようにすること。

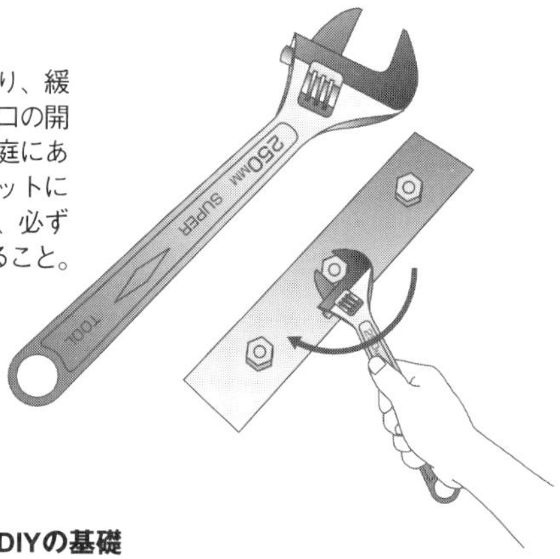

スパナ、メガネレンチ

ナットやボルトを締めたり緩めたりする工具で、自転車や自動車の補修に欠かせない。口があいているものをスパナ、ナットにかぶせて使うように輪になっているものをメガネレンチと呼ぶ。どちらも１本で２サイズしかついていないので、ナットのサイズに合わせて選ぶように。

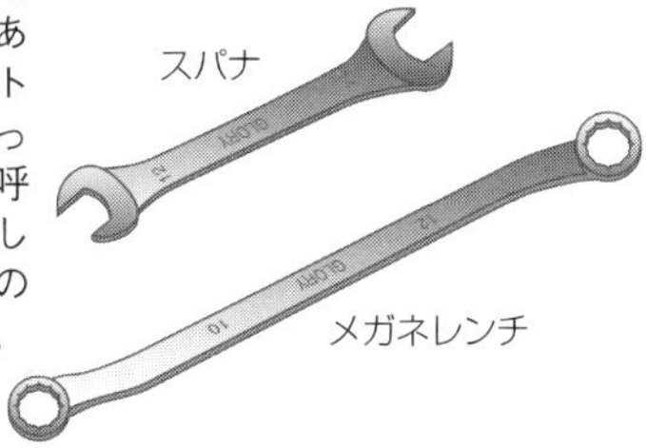

クギヌキ

クギヌキにはカジヤ、バールなどがあるが、家庭で使う場合は、一方がクギ抜きとして、もう片方が金ベラとして使える枠はがしがあるとよい。主にふすまの張り替えに用いるが、その他にも便利に使える。

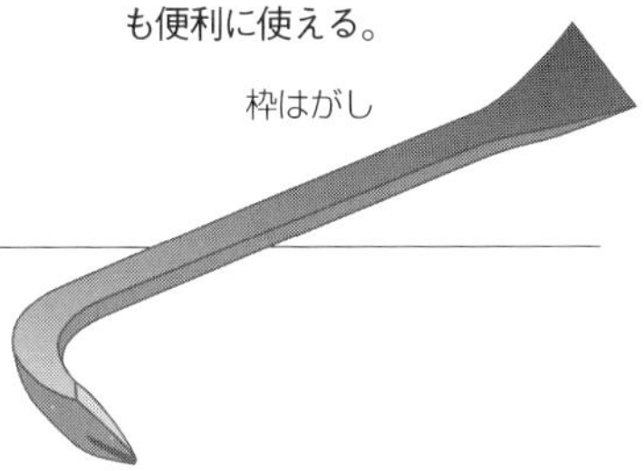

ヤスリ

木工品の表面などを美しく仕上げたいときに用いる工具。サンドペーパーで代用も可能だが、それより研磨スピードが速く、耐久性があるため作業効率が大幅にアップする。家庭で使う場合は、木工用にはＮＴドレッサーのようなタイプも使いやすい。また、金属用の鉄工ヤスリもある。

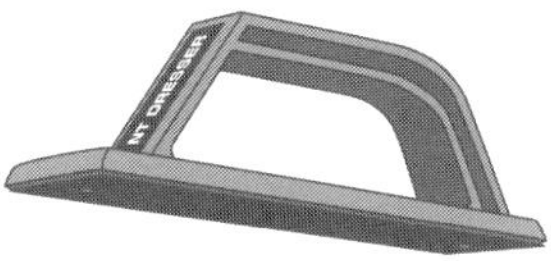

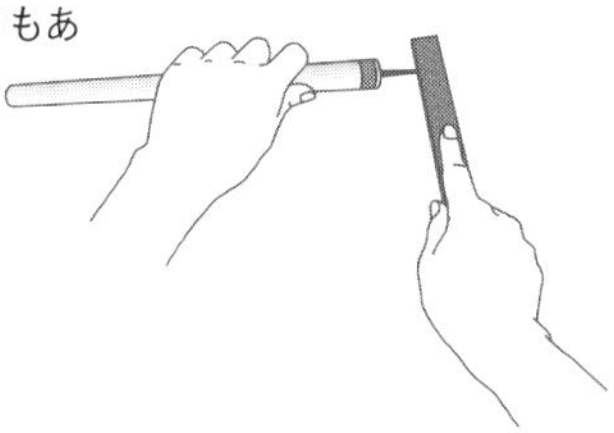

クランプ

ものを固定する道具で、ヤスリでものを削る際に固定する、接着剤が乾くまで押さえておく、木材と木材をクギで固定するときの仮どめにする、など様々な用途に用いることができる。

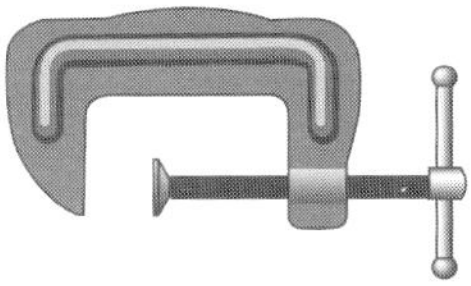

One Point Advice ＞ きちんとした手入れと収納でいつでもすぐに使える工夫を

使用後は、木クズ、鉄クズなどの汚れをよく払い、水気を拭いて防サビ剤をスプレーするなど、きちんと手入れをしておきましょう。ノコギリやキリなどは、刃が危険なので、きちんと専用カバーをかけることも大切です。

工具や道具類があちこちに散らばっていると、イザというときにたいへん使いづらいので、工具箱に入れて一カ所にしまっておくのがベスト。小さなパーツから大きめの工具までしっかり分類して収納しましょう。持ち運びにも便利で、カラフルな工具箱があると、ＤＩＹが楽しくなるはずです。

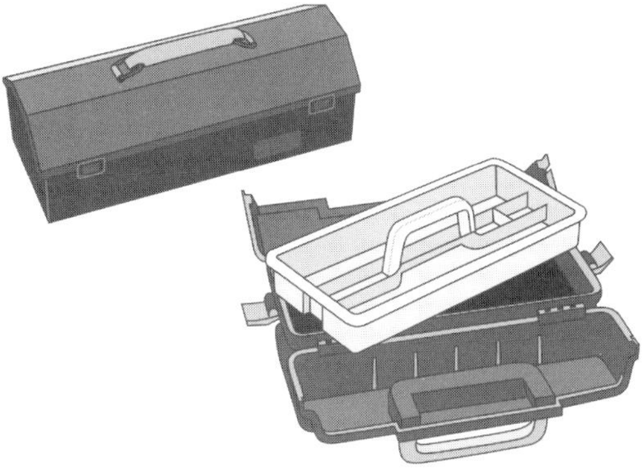

Chapter 1-2

DIYの基礎

接着剤の選び方と使い方

DIYや工作に欠かせない接着剤ですが、いざ使うとなると種類が多くて何を選べばよいか迷うこともあります。適した接着剤を選んだつもりでも、うまく接着しなかったという経験をお持ちの方もいらっしゃるでしょう。どんな接着剤も、それに合った用途や、適した使い方、分量があります。それを知っておけば、接着剤をより効果的に使いこなすことができ、住まいの修理や趣味の手作りの幅が広がるはずです。

主な接着剤の種類とその使い方

合成ゴム系接着剤

用途

硬化したあとも柔軟性があり、曲げることも可能なので、皮革、ゴム、布どうしの接着や、これらと他の材質との接着に最適。また、木材、金属、硬質プラスチックなどの接着にも使える。接着面があまり小さなものには不向きだが、テーブルの天板などにデコラや化粧合板などを貼るときなど、広い面を貼る際は、塗り伸ばしができる合成ゴム系を使うと、きれいに貼れる。

特徴

黄色のタイプと透明タイプがある。はみ出しが気になる箇所に使う場合は、透明タイプを選ぶとよい。

セメダイン
速乾G

使い方

接着する両方の面に、ヘラなどで薄く均一に塗りのばし、塗った状態のまま、手で触って指紋がつくくらいまで乾かしてから貼り合わせる。このとき、一度貼り合わせると貼り直しができないので、ずれないように慎重に貼ること。貼ったあとは、強く押さえたり、接着するものによっては金ヅチで叩くと接着力が増す。接着剤がはみ出したときは、半乾きの状態のときに、ピンセットでつまんで取るか、ラッカーうすめ液で拭き取るようにする。

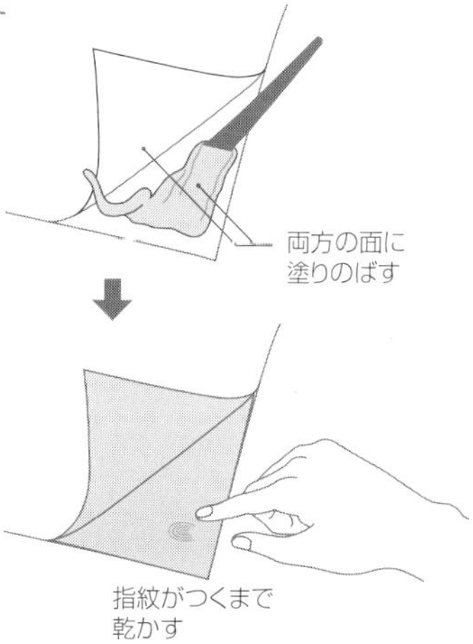
両方の面に
塗りのばす
指紋がつくまで
乾かす

コンクリート用接着剤

用途

コンクリート、ブロック、レンガ、タイル、スレート、石材、金属、陶磁器、木、発泡スチロールなどの接着に使える。ただし、どの場合も接着面がある程度広いものを貼る場合に向いている。

特徴

高粘度の接着剤で、垂直面につけても垂れず、多少凹凸があっても貼ることができる。ただ、耐水性はあまりないので注意を。

使い方

接着する面の片方に点状や線状になるように接着剤のチューブを絞り出し、これを塗りのばさずにそのまま押しつけて接着する。

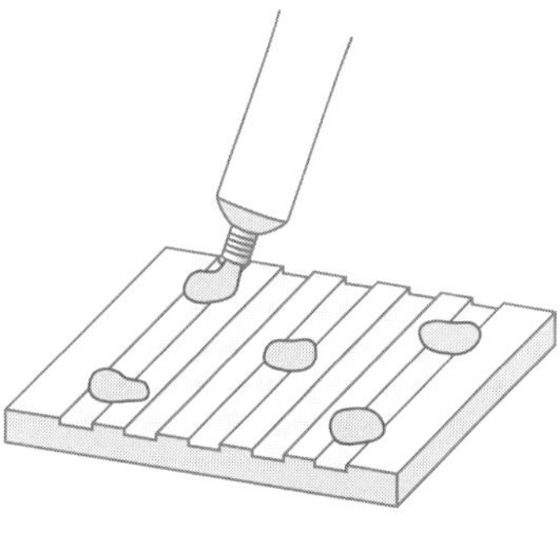

エポキシ系接着剤

用途

金属やタイル、陶磁器、石材、コンクリート、ガラス、硬質プラスチック、木など、硬いものどうしの接着に最適。硬化後、硬い樹脂になるので、布やゴム、皮革などといったやわらかなものの接着には不向き。

特徴

主剤と硬化剤を同量ずつ混ぜ合わせることによって化学反応が起きて固まり、接着強度が出る接着剤。ほかの接着剤はすき間や凹凸があると厚く塗ってもつかないが、エポキシ系だけは硬化しても体積が変わらないため、すき間や凹凸があっても、それを埋めながら接着することができる。また、強度が強く、耐水性もあり、耐熱性も80℃まで大丈夫なのも特徴。硬化時間によって5分型、30分型、60分型、10時間型など数種類あり、小さな面をつける場合は5分型、複雑に割れた陶器などをつける場合は30分型、広い面の接着やより耐久性を必要とする場合は60分型あるいは10時間型を使うというように使いわける。また、垂直面などに塗っても垂れない高粘度型、ガラスに塗っても目立たない透明型もある。

使い方

厚紙やプラスチック板などの上に主剤と硬化剤を同量ずつ出し、ヘラでよくかき混ぜた後、接着面（片面でよい）につけて貼り合わせる。

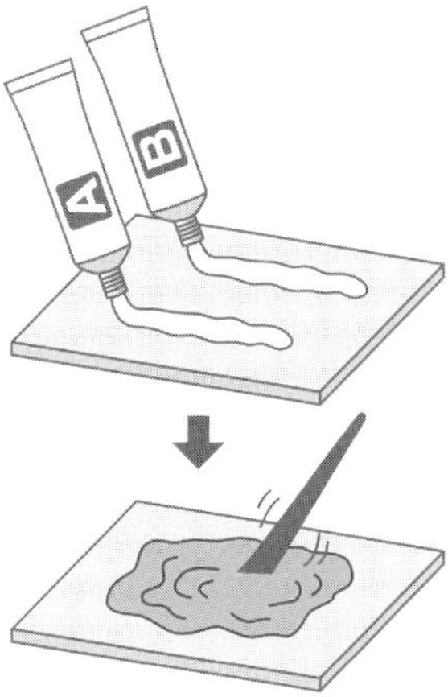

ゼリー状瞬間接着剤

用途

金属、硬質プラスチック、陶磁器などのほか、瞬間接着剤ではつかない吸い込みのある木材、ゴム、皮革、厚紙など、ほとんどのものに使える。大きな面の接着には不向きだが、陶磁器のカケやアクセサリーの補修、家具の表面の板が少しはがれた場合など、暮らしの中であるちょっとしたコワレの補修には、たいへん重宝。ただし、発泡スチロール、ビニール、紫外線の当たるガラスには使えない。また水のかかる場所や熱の伝わる場所、力のかかる場所には不向き。

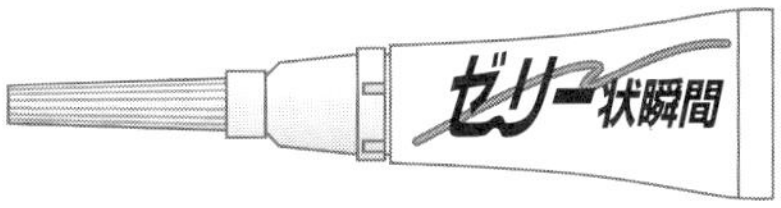

特徴

瞬間接着剤の硬化時間は5秒～1分だが、ゼリー状瞬間接着剤は20秒～5分くらいと接着するまで余裕があるため、接着面がずれてしまっても貼り合わせたあと位置修正が可能。また、ゼリー状瞬間接着剤の容器はキャップつきなので使いやすく保存性も優れている。ただし、湿気の少ない場所で保管し、1年を目安に使いきること。

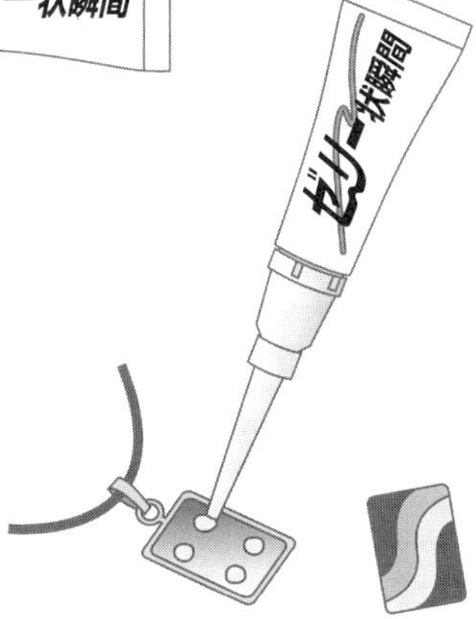

使い方

接着するものの片面に少量の接着剤を点状につけて圧着してから、しばらく押さえて密着させる。接着剤をつけ過ぎるとつきにくくなるので注意。

ビニール用接着剤

用途

ビニールどうし、またはビニールをほかのものに接着する時に使うビニール専用の接着剤。

特徴

硬化した後も、柔軟性があり、耐水性もある。ただし、浮き袋やビニールボートなどには、もしもの場合危険なので使わないように注意を。

使い方

合成ゴム系接着剤と同様に、接着する面の両方に薄く塗り、触ると指紋がつく程度まで乾かしてから圧着する。

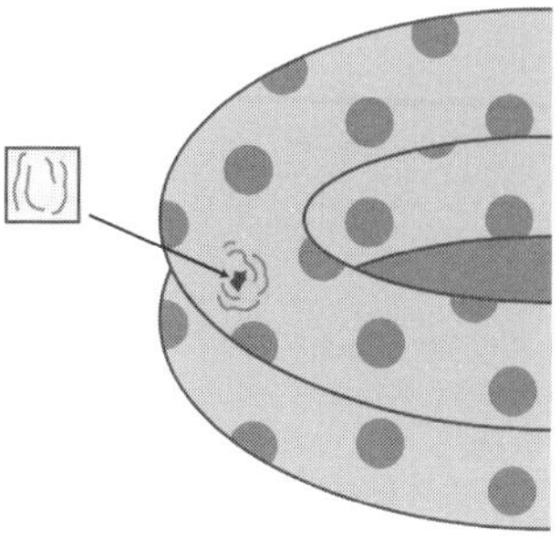

木工用接着剤

用途

木材や竹はもちろん、布、紙、コルクなど、繊維質のものどうしの接着に使える。

特徴

白い液状だが、乾くと透明になる。硬化するまでに時間がかかるが、速乾性のものもある。木工作業でクギ打ちをする場合、クギを打ち込む面に木工用接着剤を塗って、接着剤とクギを併用するようにするとしっかり組み立てることができる。また、乾燥してもあまり固くならないので、接着したあとで、その部分にノコギリやノミ、カンナを使っても刃を傷める心配がない。ただ、接着面と接着面にすき間があるとつかないので注意。

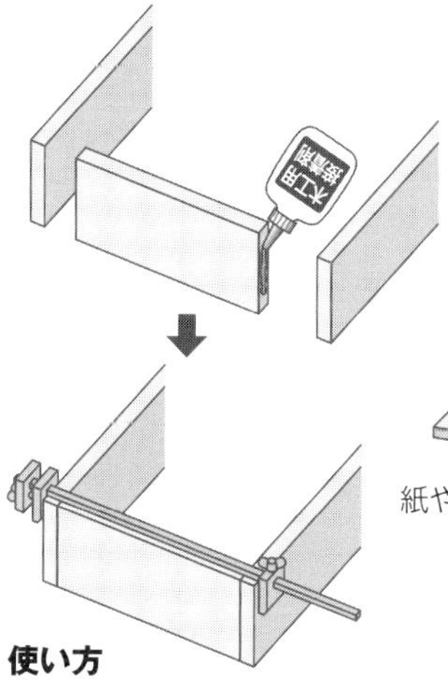

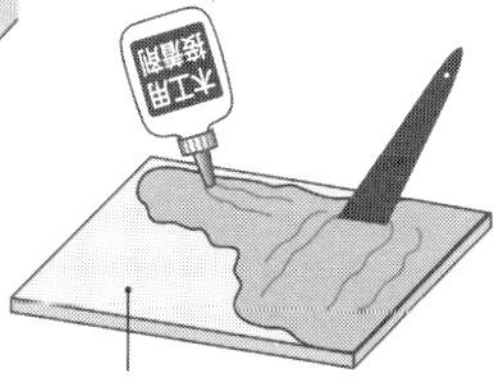

紙や布の場合はムラなく塗りのばす

使い方

接着する片面に塗ってすぐに圧着させ、硬化するまでは、クランプやハタガネ、クギなどで固定しておく。接着剤がはみ出したら、すぐに固く絞った布で拭き取るように。特に木工作業で塗装する場合、接着剤がはみだしていると塗装の際にムラになるので注意。また、紙や布を貼る場合は、ヘラなどで端までムラなく平らに伸ばしてから貼りつけるようにする。

雨どい用接着剤

用途

雨どい、上下水道用の塩ビパイプなど、硬質塩ビどうしの接着に用いる。

特徴

透明で、硬化後、柔軟性、耐水性を有する。

使い方

接着面の片方に塗って、すぐに貼り合わせる。

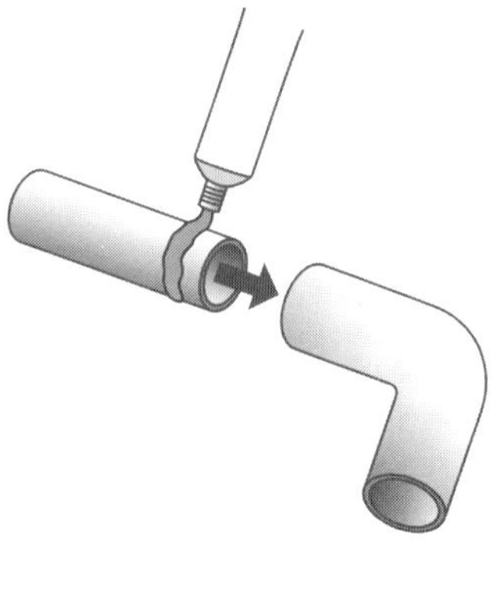

接着剤を使う場合の注意点

接着面をきれいにする

どんなタイプの接着剤も、つけようとする面が汚れているとうまく接着しません。水気、油分、サビ、ホコリや汚れなどは、きれいに拭き取ってから接着剤を塗りましょう。

接着面の凹凸をなくす

木材を接着させる場合など、接着面に凹凸があると接着力が弱くなってしまいます。そんな場合は軽くサンドペーパーをかけてから接着剤を使うようにしましょう。

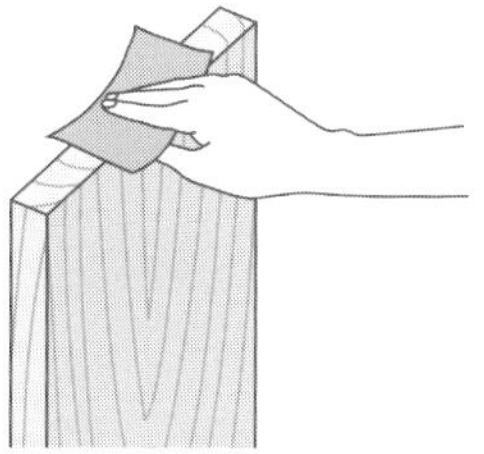

接着剤の量

接着剤の量が多ければ接着力が強まると思っている方も多いかもしれませんが、それは違います。特に、瞬間接着剤系は多すぎるとなかなか接着しないので注意してください。

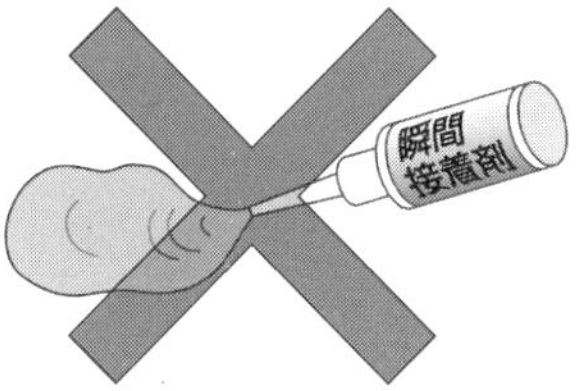

硬化時間を守る

接着剤にはそれぞれ硬化時間があり、それはパッケージなどに表記されています。硬化している途中で接着の様子をみるためにはがしたりすると、接着面がピッタリ合わなくなったり、接着力が極端に弱くなったりしてしまいます。

専用の接着剤でないと接着できないものもある

ポリバケツやポリ缶に使われているポリエチレンと、洗面器などに使われているポリプロピレンは、一般的な接着剤では接着できません（最近は、接着可能な接着剤も一部発売されています）。水に浮くプラスチックはこのふたつのどちらかと考えられます。また、接着が可能なプラスチックでも、割れるなどして接着面がわずかしかない場合も接着できないと考えたほうがよいでしょう。

発泡スチロール、アクリル、ABS樹脂も、それぞれ専用の接着剤を用いたほうがきれいに貼れます。

One Point Advice ＞ 1本あればたいへん便利。万能接着剤「ペグα」

ポリエチレン、ポリプロピレン、ガラス、ビニール以外のものならほとんどのものを接着できるのが「ペグα」。硬いものからやわらかいもの、小さい面から広い面まで、凹凸があったり、ザラザラしている面でも接着することができます。そのうえ、耐候性、耐水性にも優れているため、屋外や水まわりに使ってもOK。さまざまな用途に用いることができます。接着面の片面にB液（変成シリコン）を多めにつけ、その間にA液（ゼリー状瞬間接着剤）をつけて、接着面を押し付けたときにそれぞれが押し広がってA液とB液が接触するように塗るのがコツ。硬化促進剤の働きで数秒で接着するとともに、B液が数時間かかって硬化するため、弾力性と耐久性のある接着が可能となります。

万能接着剤"ペグα"のつけ方の例

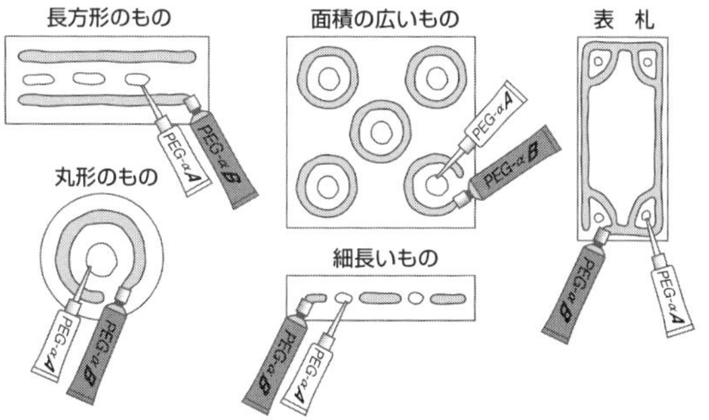

Chapter 1-3

DIYの基礎

木工工作の楽しみ方

好みや、すき間にちょうど合うサイズの家具をみつけるのはたいへん。そんな時、自分で家具が作れたらどんなにいいかと思います。基礎のポイントを押さえて、順序よく作業すれば、手作り家具もそんなに難しくはありません。ここでは、市販のすのこ、カラーボックスを使って、初心者でも簡単にできる家具などの作り方をご紹介します。

すのこを使った本箱

用意するもの

- □木製すのこ（板が偶数のもの） 3枚
- □厚さ4mmのベニヤ板（すのこの長辺×長辺）
- □丸クギ 5cmを24本、1.5cmを60本
- □木工用接着剤
- □ノコギリ
- □カナヅチ
- □四つ目ギリ
- □サシガネ

1 すのこのゲタの中央部分を2カ所切り離す。サシガネを当て印をつけてから、その線にそってノコギリで切る。3枚とも切って6枚にする。

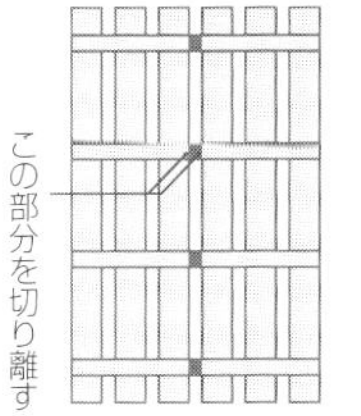

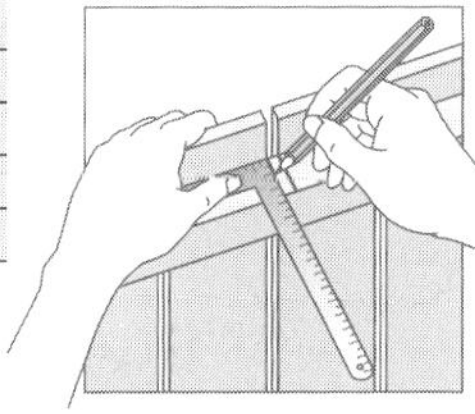

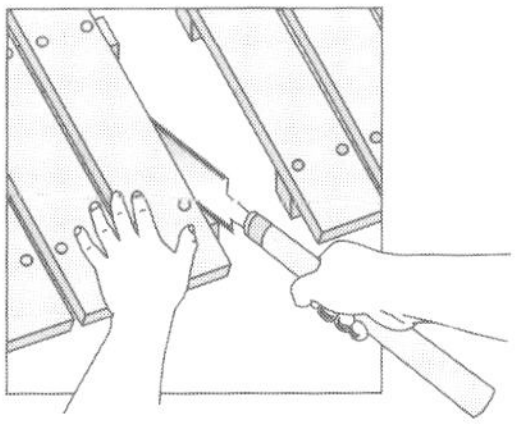

2 6枚のうちの4枚で外枠を組む。まず、側板にするすのこ2枚の各板の端の真ん中にクギを打つための穴を四つ目ギリであける。こうすると、クギ打ちが楽にできる。

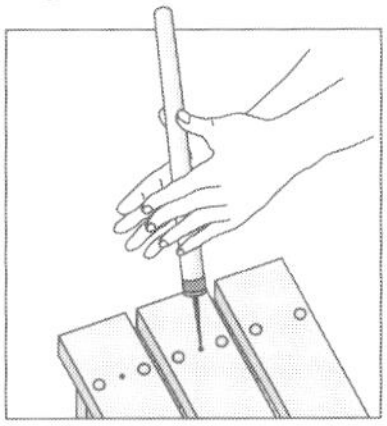

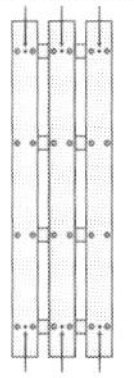

3 側板にするすのこのゲタに木工用接着剤をつけて、底板にするすのこを乗せる。このようにクギ打ちをする前に接着剤で固定しておくと、しっかり仕上がる。

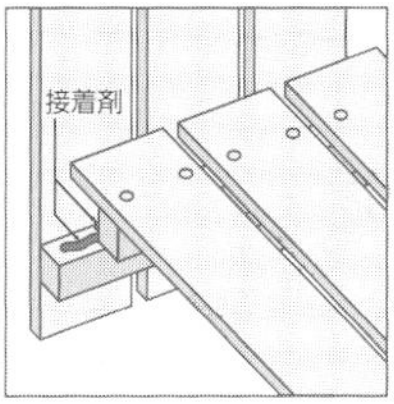

4 2であけたキリの穴に5cmのクギを差し込んでカナヅチで打ち込み、底板と側板のゲタの重なり部分を固定する。天板を同様に、接着剤をつけてからクギ打ちをする。

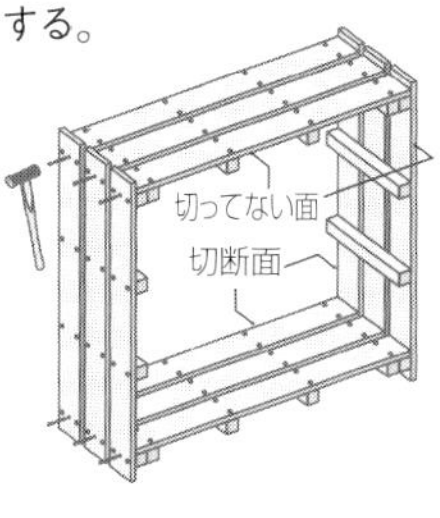

5 背板を取り付ける。まず、ベニヤ板に外枠の大きさに合わせて線を引き、それに合わせてノコギリで切る。

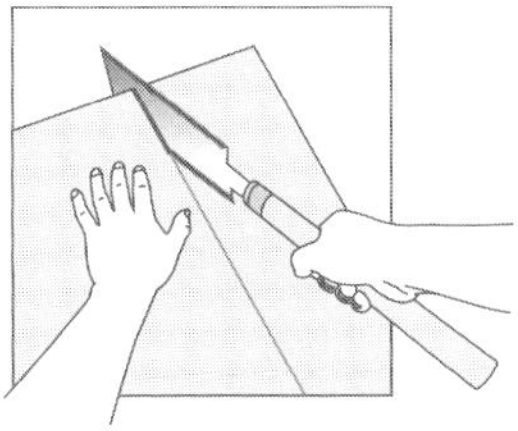

6 すのこの背板をつける面に木工用接着剤をつけて、背板を曲がらないように置き、1.5cmのクギを10cm間隔に打って、背板を固定する。

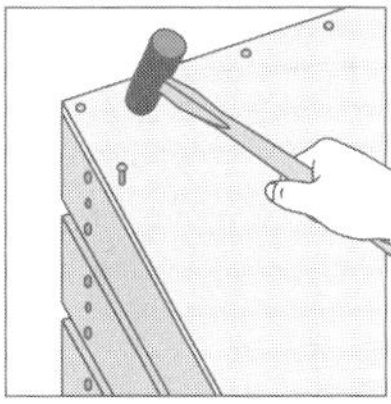

7 側板のゲタの足にのせるように棚板を２枚入れる。このままでもよいが、棚を固定したい場合は、側面から5cmのクギで３カ所止めるとよい。この場合も、最初にキリで穴をあけておくと楽。

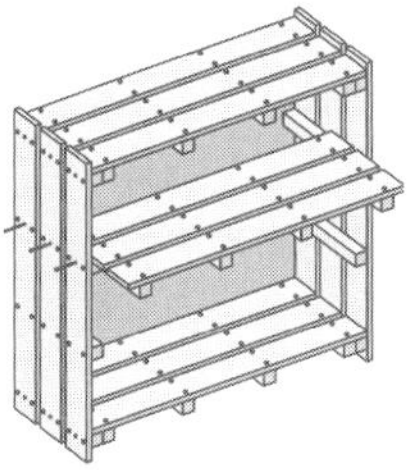

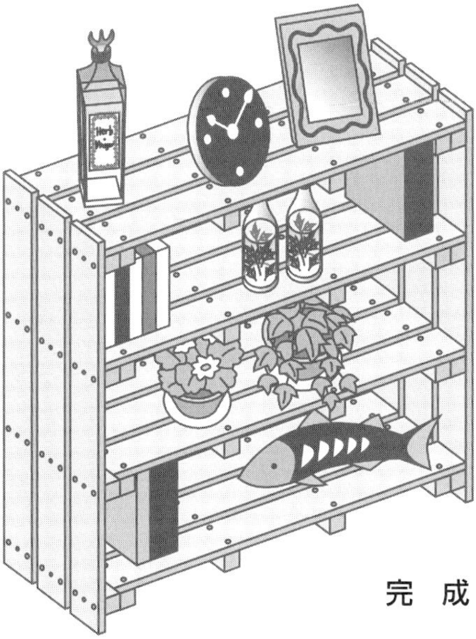

完　成

One Point Advice ＞ノコギリの使い方

ノコギリで木を切る場合は、必ず線を引いてから。厚みの分もきちんと線を引いておかないと、斜めに曲がって切れてしまうこともあるので注意しましょう。また、木目に垂直に切る場合は横びき刃、木目に対し平行に切る場合は、縦引き刃を使います。

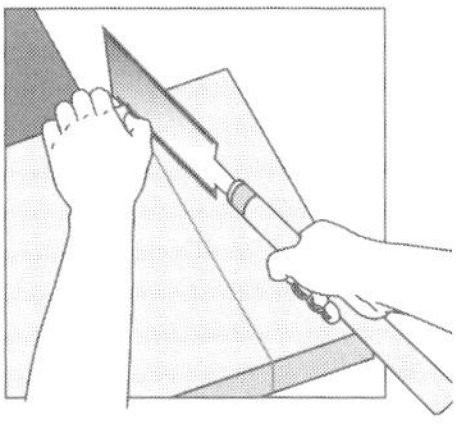

1. 線の外側に親指の爪を立てて刃を当て、ノコ刃を寝かせて小刻みに切り始める。

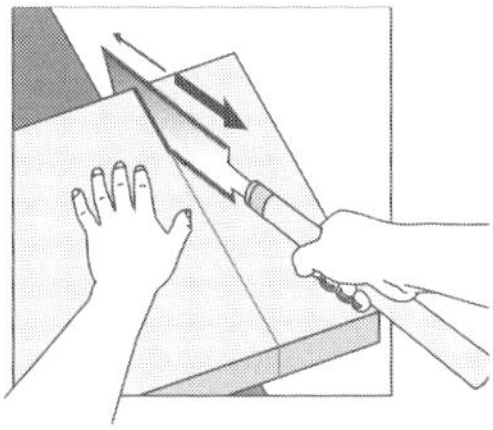

2. その後、ノコ刃を少し立てて刃全体を使って切り始める。このとき、引くときだけに力を入れる。

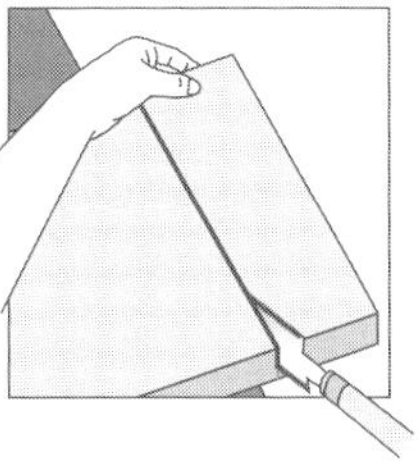

3. 切り終える際は、木の切り口を折らないように、落とす木に片手を添えること。

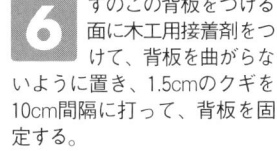

カラーボックスを使った収納ベンチ

用意するもの

- □カラーボックス
  (60cm幅の3段タイプ)
- □1cm角の模型材
  (約58cmを8本とれる長さ)
- □ノコギリ
- □ゼリー状瞬間接着剤
- □集成材あるいはランバーコア
  (カラーボックスのサイズに合わせる)
- □サンドペーパー(240番)
- □カナヅチ
- □丸クギ 1.5cmを4本
- □床用水性ニス
- □スジカイバケ

1 カラーボックスを組み立てたあと、裏返して置く。カラーボックスの背板は薄い合板なので補強しておくと安心。1cm角の模型材を裏面の内幅に合わせて印をつけてノコギリで切る。

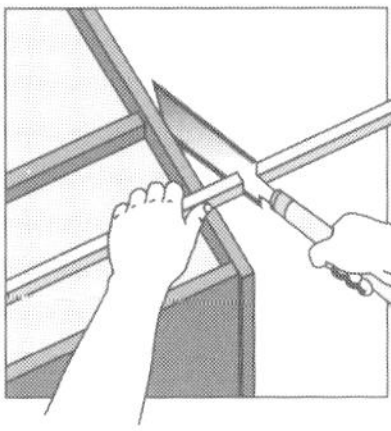

2 切った模型材を接着剤でつける。このように板が薄くクギが使えない場合は、接着剤を使って固定するのも方法。ゼリー状瞬間接着剤なら木でもよく接着し、1分くらい押さえておけば固まるので、簡単な木工工作に便利。

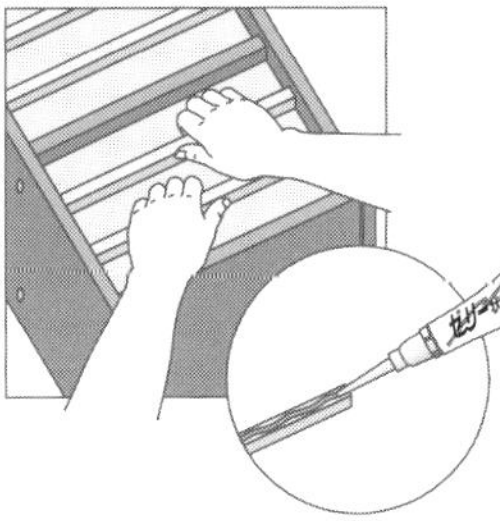

3 ボックスのフタにする集成材をカラーボックスのサイズに合わせてノコギリで切る。ノコギリで切ることに自信がない場合は、あらかじめサイズを計っておいてお店で切ってもらうとよい。ここでは木目を見せる仕上がりにするため集成材を使うが、ペイント仕上げにしたい場合はランバーコアがお勧め。

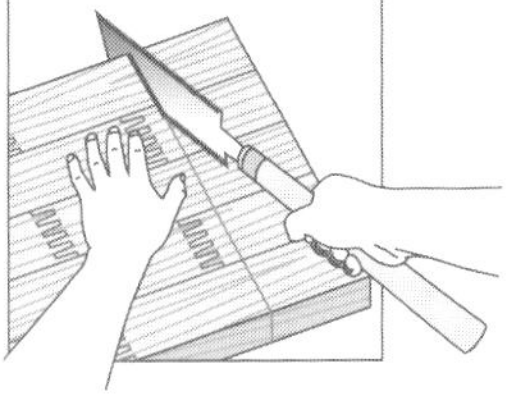

4 集成材(あるいはランバーコア)の角にサンドペーパーをかけて丸く仕上げる。その他、ザラザラしている面があったらそこにもかけて滑らかにする。このとき、サンドペーパーを木片にまいて作業すると楽。

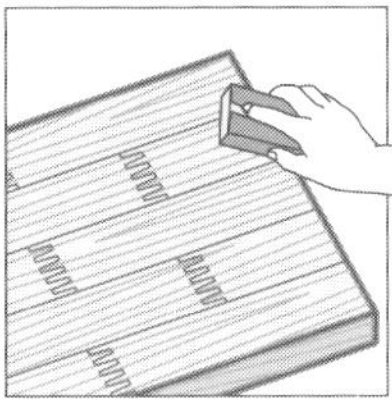

5 フタがずれるのをふせぐため、板の裏側に模型材を取り付ける。位置を確認してから、ゼリー状瞬間接着剤でとめて、クギ打ちする。

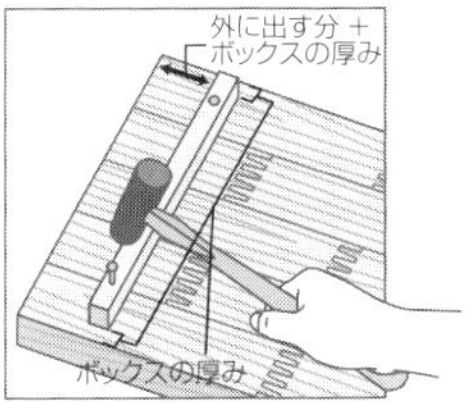

■主な木材の種類

ムク材	パイン材	マツ科マツ属の木材。 木目が美しく、また材質が軟らかいため切ったり、クギを打ったりの加工がしやすい。強度はあるものの、割れやすく反りやすい欠点がある。
	スギ材	軟らかくて加工がしやすく、針葉樹のわりにはゆがみが少ない。ただ、木肌はパイン材に比べて粗い。
	ラワン材	東南アジア原産の広葉樹。針葉樹のような木目はほとんどなく色が濃い。針葉樹に比べて木質が硬いのでその分加工がしにくいが、割れ、反りの心配はほとんどない。
集成材	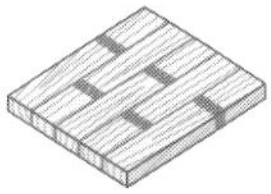	十分に乾燥させた木片を接着させた板。木目の美しさではムク板にかなわないが、反りやくるいが少なく、サイズが豊富で安価なので家具など、いろいろな目的に使える。
ランバーコア	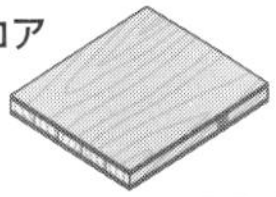	集成材の表面に化粧板を貼ったもの。表面の木目を生かしたい場合は集成材、表面を塗装する場合はランバーコアといったように使い分けるとよい。
合板		板を貼り合わせて加工したもので、厚さも様々なタイプが揃っている。

6 板を塗装する。集成材の場合は木目をいかす床用水性ニスを、ランバーコアを使う場合は水性つやあり塗料を使うとよい。塗装の方法は『7-1 塗装のための基礎講座』を参照。

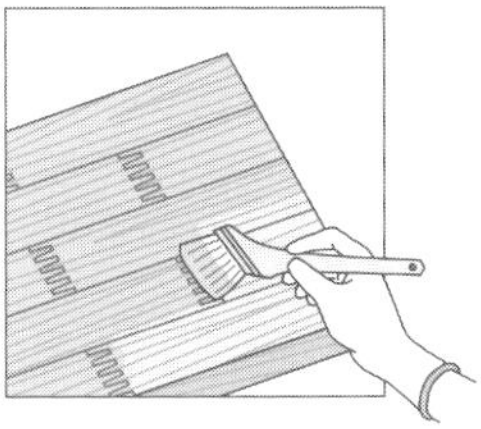

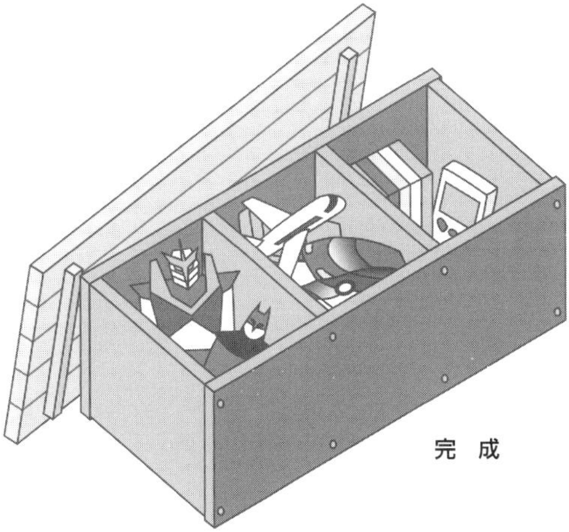

完成

ムク板の選び方

■反っていないものを選ぶ

断面の木口を見て反ってないかどうかチェックを。板を1枚見てもよくわからないが、2枚比べて見るとどちらが反っているかよくわかる。また、木口に年輪の中心があるものは、あとで曲がってくる可能性が高いので、避けたほうが無難。

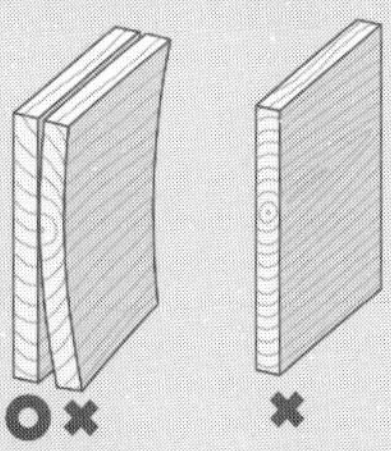

節が黒くなっているものは避ける

節が多いものはできるだけ避けるように。特に節が真っ黒になっているもの、節のまわりに樹皮がついているものは後で穴があくことがあるので要注意。

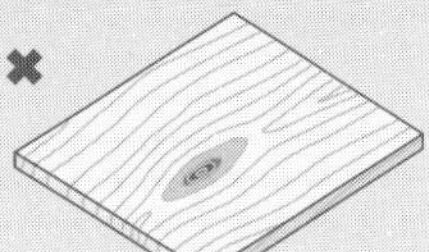

表面にヤニがついているものは避ける

パインなどはヤニが多いのが特徴だが、それが表面にベタついているようなものは避けること。ヤニつぼという節が斜めに伸びたような部分があるものも避けたほうがよい。

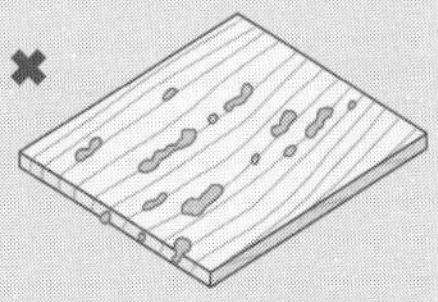

Chapter 1-4

DIYの基礎

壁への吊し方、取り付け方

時計や額を飾ったり、棚を取り付けて収納スペースを増やしたりと、壁はいろいろな用途で使えます。しかし、正しい取り付け方をしないと、急にはずれてしまうことも。壁の材質、構造を知って、それにぴったりなフックを選んで、きちんと取り付けることが大切です。

石膏ボード、合板張りの壁

下地の桟に取り付ける場合

●壁の構造

《木造住宅の場合》

間柱は45cm間隔、胴縁は30～45cm間隔にあり、どちらかが壁に接していることが多いので、それを目安に探すとよい。ただ、家によって構造が違うこともあるので注意。

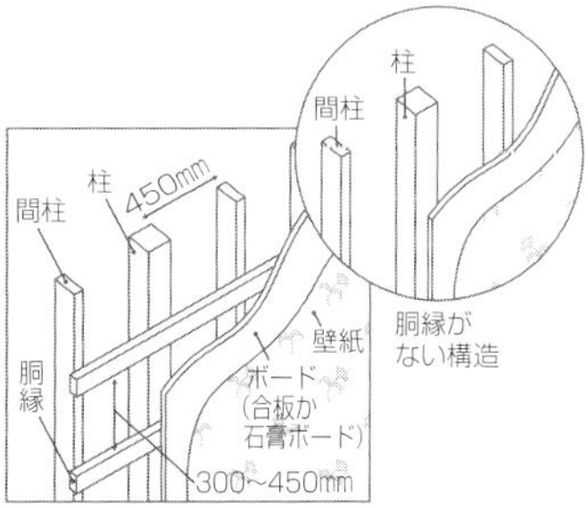

木造住宅の壁の構造例

《コンクリート住宅の場合》

ボードを叩いてみて空洞の音がするようなら下地に桟があると考えられる。その場合は、木造住宅と同じようにして桟を探せばよい。また、コンクリート住宅の場合は、ボード張りであっても接着剤でコンクリートに固定していて下地に桟がないことがある。その場合は、叩いたときに接着剤がついている箇所だけ固い音がする。固い音のする範囲が丸い場合は、この工法と考えられる。

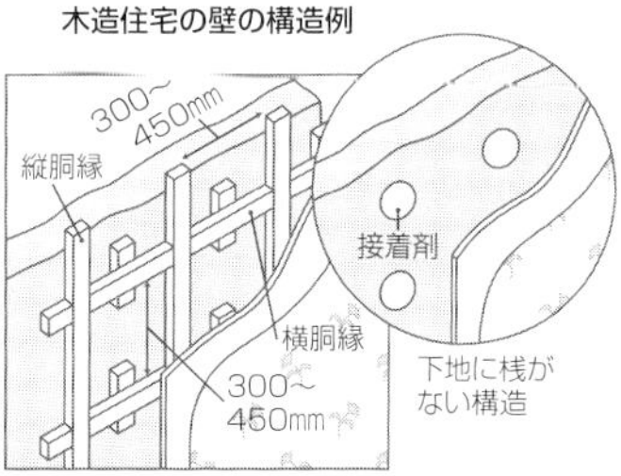

コンクリート住宅の壁の構造例

●桟の探し方

《壁を叩いて探す》

手の甲などで叩いてみる。詰まったような固い音がする箇所に桟があると考えられる。

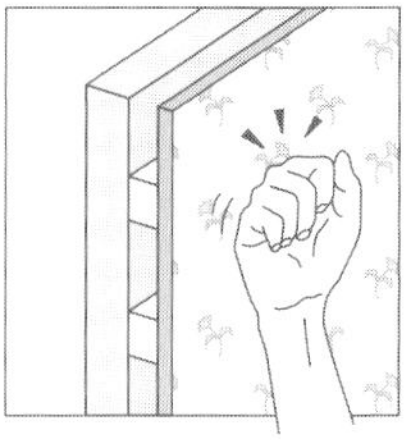

《器具で探す》

叩いてわかりにくい場合や、より正確に桟の位置を知りたい場合は、壁に押し付けると針が出て、その抵抗感の違いで桟の有無を調べることができる道具を使うと便利。また、センサーで壁裏の木材、金属などの位置をキャッチして光で知らせる器具もある。

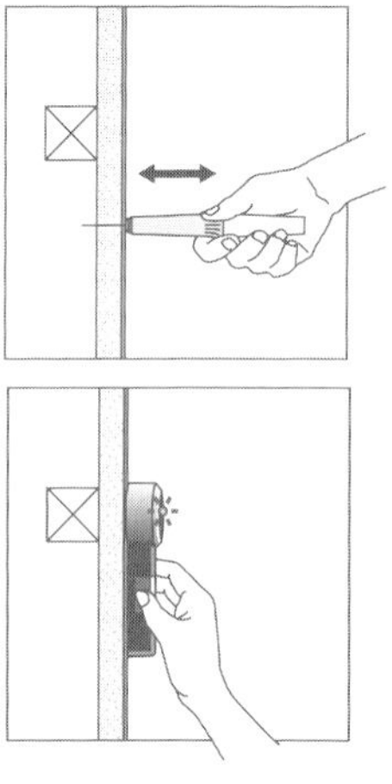

空洞部分に取り付ける場合

壁に額や時計などを取り付けたいけれど、ちょうどよい位置に桟がない、という場合があります。下地に桟がある壁の場合、桟がない場所は空洞（中空構造）になっていて、そのままではネジどめをしてもすぐに落ちてしまいます。そんな場合は、壁の空洞部分にもしっかり固定できるアンカーなどを使ってフックを固定しましょう。ここで紹介する他にもいろいろな種類のアンカーがあるので、説明書を読んだり、お店に相談するなどして、壁の構造や吊り下げるものに合ったものを選んでください。

●石膏クギ

本体に斜めに穴があいており、その穴に細いクギを差し込むことで、フックを石膏ボードや合板にしっかり止めることができるようになっている。

1 本体の壁と接する面の出っ張りに付属のフックの穴を掛けて、取り付けたい壁に当てる。

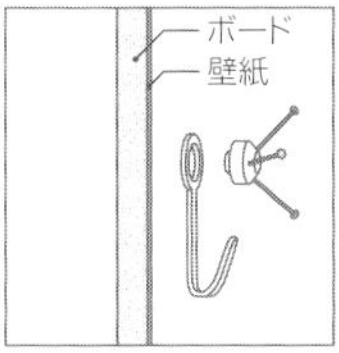

2 クギを差し込む。石膏ボードなら栓抜きなどのように平面のある金具で押し込むように、また合板の場合はカナヅチなどでたたき込むとよい。

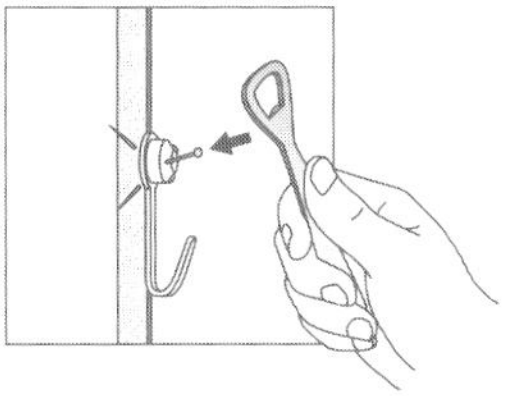

3 キャップをかぶせる。

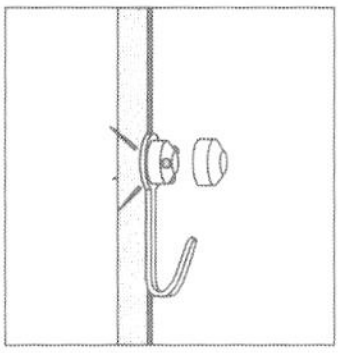

取り付けピースの穴にクギを差し込んで固定してから、そのピースにフック本体をかぶせてスライドさせてはめ込むタイプもある。フックの他、タオル掛けなどもあり、いろいろ便利に使える。

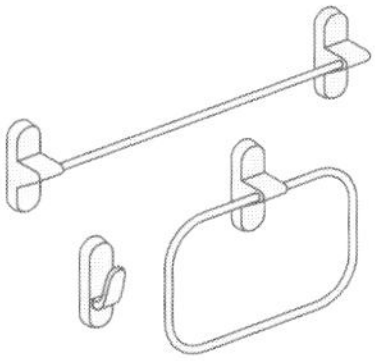

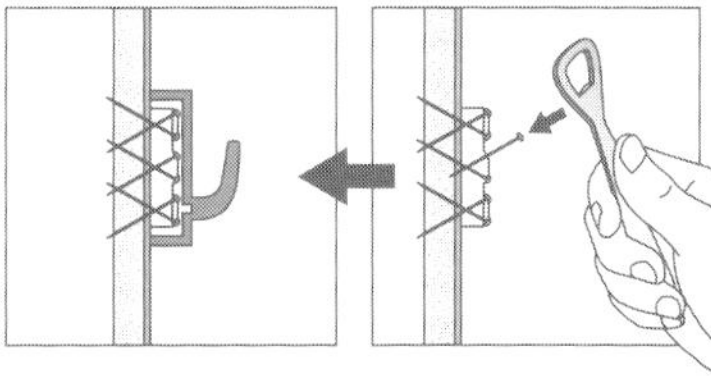

●Xフック

空洞部分に額を吊すための金具。ピンが斜めに差し込めるようになっており、それによって下にかかる力に強くできている。ピンが１本のもの、２本のもの、３本のものがあり、額の重さによって選ぶことができる。
また、最初からピンが斜めについているフックもある。

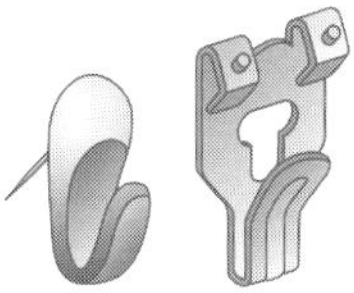

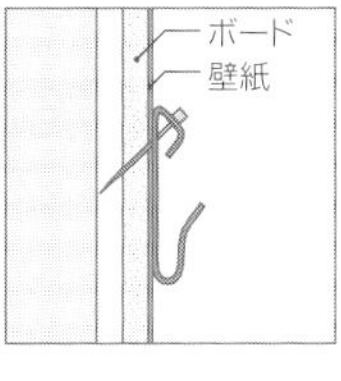

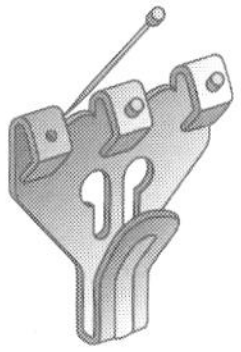

One Point Advice ＞ ネジのゆるめ止め

ネジは一度ゆるみはじめると、何度も締め直さないといけなくなります。そんな場合、便利なのが、ネジのゆるめ止め剤。金属製のネジやボルトにしか使えませんが、ネジをはずして汚れを落としてから、ネジ山にゆるめ止め剤を数滴つけてネジを締め直せばＯＫ。はみ出した液をすぐにふき取ること、固着するまで１～２時間は動かさないでおくことがポイントです。しかも、接着しているわけではないので、ドライバーを使って緩めることもできます。

●ソリッドアンカー

壁に下穴をあけて、アンカーを差し込み、急結剤を注入してから木ネジ止めをするというもの。壁厚に関係なく使え、アンカーの周囲を急結剤で固めるので強度もある。また、何回でも取り外し、取り付けが可能。ネジの径に合わせて3タイプの大きさがある。

1 下穴をあける。小さなタイプなら直径3～3.5㎜の穴でよいので、千枚通しなどであけることができる。また、木ネジなどを一度壁にネジ込んでからはずして下穴にしてもよい。

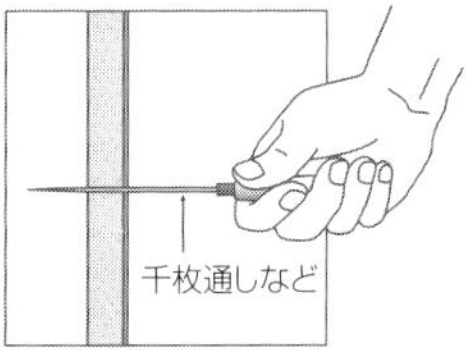

2 アンカーの中央部を折り曲げて下穴に差し込む。

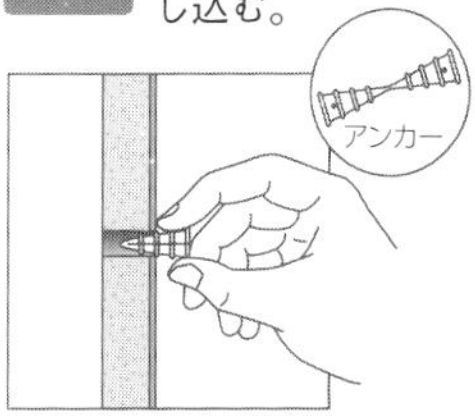

3 急結剤を注入する。

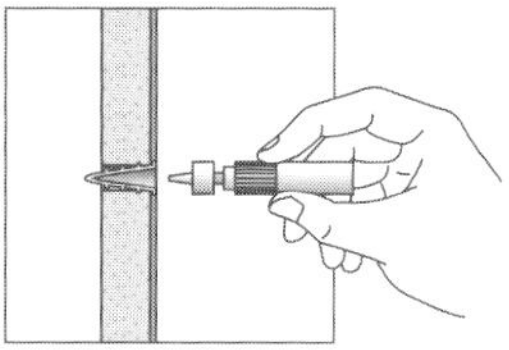

4 下穴の位置に合わせてフックなどを当て、木ネジ止めする。

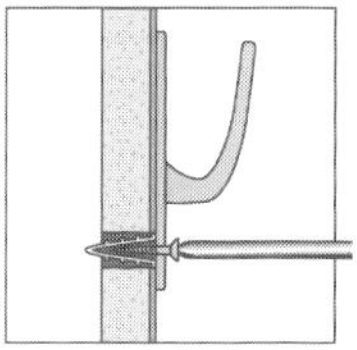

●モノマックス

ドリルであけた下穴に木ネジごとアンカーを差し込んで、アンカーについている羽根を開いて壁裏に引っかけて固定するという仕組み。使用できるネジ径は4㎜で、長さを変えれば1つのサイズで5～26㎜の壁厚に使用できる。また、コンクリート住宅で下地に桟がないような、壁の空洞が狭い場合にも使える。

1 ドリルで直径8㎜の下穴をあけ、その穴に木ネジごとアンカーを差し込む。

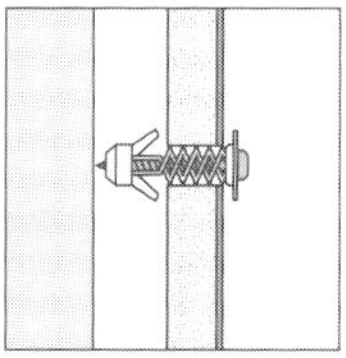

2 羽根が壁裏に引っ掛かったのを確かめてから、いったんネジをはずす。

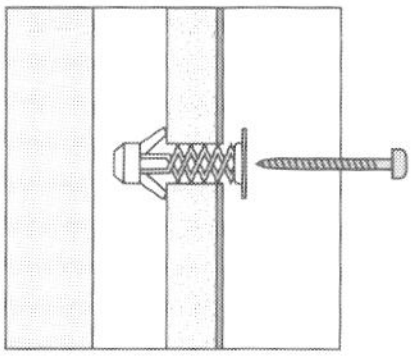

3 フックなどを当ててネジ止めする。

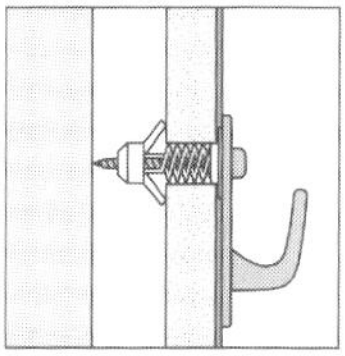

●トグラー

アンカーの先が開いて羽根になり、壁裏に固定できるタイプ。壁厚に合わせて3サイズあるので、スイッチプレートなどをはずすなどして、壁の厚さを確認してから購入を。

1 ドリルで直径8㎜の下穴をあけ、羽根を閉じた状態のアンカーを押し込む。

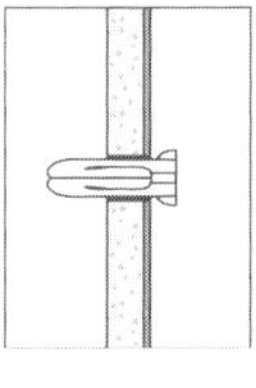

2 付属の赤いピンをアンカーの穴に差し込むと羽根が開いて壁に固定される。

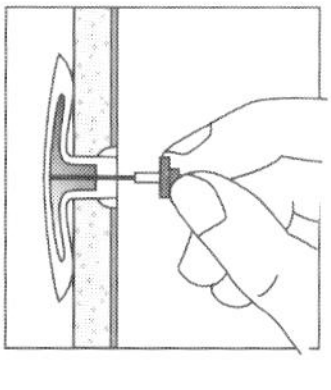

3 木ネジでフックなどをねじ込んで固定する。

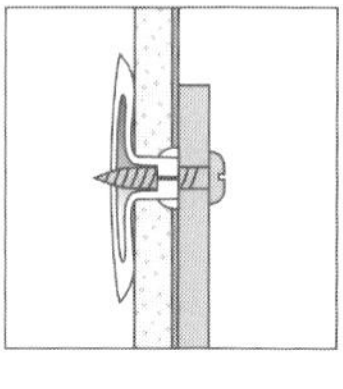

コンクリート壁

コンクリート住宅の場合、コンクリートに直接壁紙を貼ったり、塗装していることがあります。叩いてみて、明らかにコンクリートの音がする場合は、そんなケースだと考えられます。そのような工法の場合も、ドリルで下穴をあけてコンクリートプラグを叩き込めば木ネジやヒートンなどを付けることができます。コンクリートプラグには、使う木ネジのサイズと下穴の径が表示されているので確認してから購入してください。

1 電気ドリル（あれば振動ドリルのほうが楽）にコンクリート用の刃をつけ、低速回転にして穴をあける。下穴はプラグより3㎜ほど深くあけるように。穴あけの深さの目安に、ドリルの刃にビニールテープなどを巻いて使うとわかりやすい。

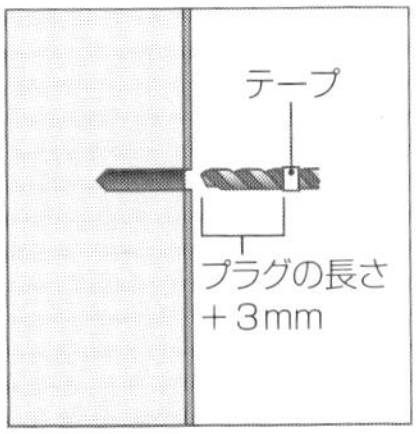

2 下穴にプラグをカナヅチで叩き込む。

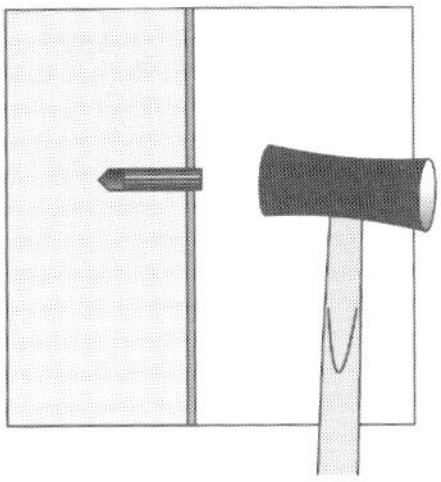

3 木ネジやヒートンのネジ式フックなどをねじ込む。

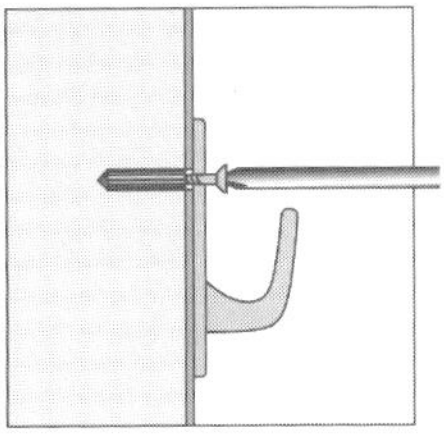

タイル壁

コンクリート壁と同じように、下穴をあけ、コンクリートプラグをたたき込んでフックなどをつけます。下穴をあける場合は、電気ドリルにガラス用、タイル用の刃を使って低速回転でゆっくりと。また、タイルは穴のあけはじめ時に刃が滑ります。セロハンテープを貼ってから穴あけにかかれば、あけやすいでしょう。

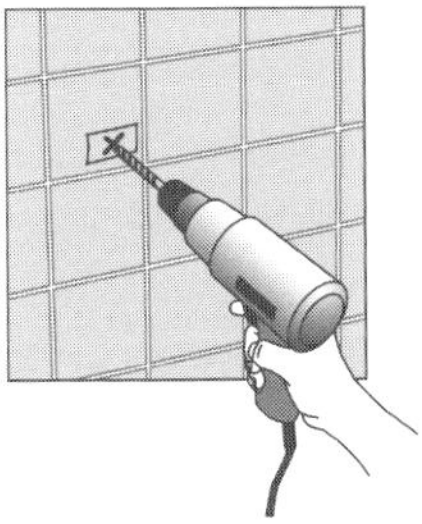

●粘着タイプ、吸盤タイプ
タイルに穴をあけたくない場合は、粘着タイプ、あるいは吸盤タイプのフックやタオル掛けを使うとよい。どちらの場合も取り付けるタイル面をきれいに拭いてから取り付けること。粘着タイプの場合は、よく乾燥させたのち、浴室用に付属している透明シールを貼ってから貼るようにすると水滴がかかってもはがれず、またはがしたいときはシールごと、きれいにはがせる。この透明シールは別売りもされているので浴室以外の場所、例えばスチールの机など表面がツルッとしている面に粘着フックなどを貼り付けたい場合の下貼りにも使うことができる。

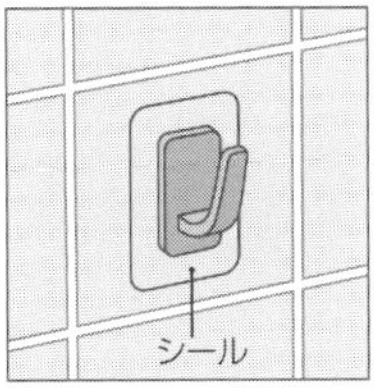

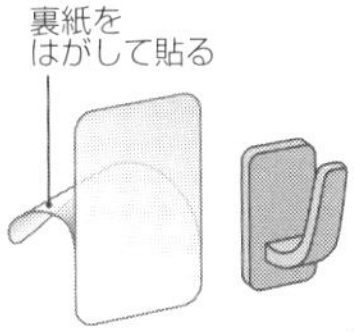

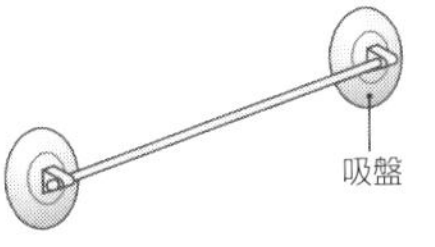

Chapter 2-1

クリーン

キッチンの汚れ落とし

いつも清潔にしておきたいキッチンは、汚れをためないことが大切。特に、油汚れは時間が経てば経つほど、落としにくくなります。ついてすぐならば、水やお湯で拭くだけでもきれいになりますから、気が付いたらすぐ拭く習慣を身につけましょう。また、シンクは夕飯の片付けのついでに台所用洗剤で洗って水気を残さないように拭いておくと常にピカピカに保てます。頻繁に掃除ができない方や、うっかり汚れをためてしまった場合は、以下の方法を試してみてください。

壁面タイル

油がこびりついている部分を割り箸などでこすり落としてから、住宅用アルカリ性洗剤をスプレーしながら、かたく絞った布で拭く。それで落ちない場合は、住宅用アルカリ性洗剤をスプレーしたうえから台所用ラップを貼り付け、15〜20分置いて汚れが浮いてから布で拭き取る。その後、水拭きをして洗剤分をよく落とすこと。

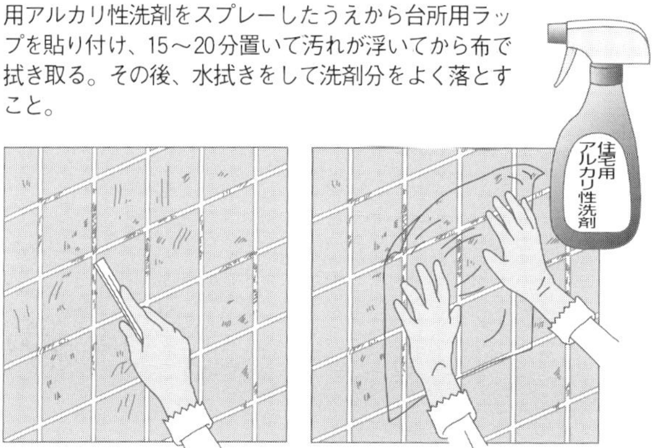

スソを折り返しておくと洗剤液がたれない

かたく絞った布にクリームクレンザーをつけてこするのも手。これなら素手で作業ができるので手軽。点々とした油ハネがついている場合や目地部分は、クリームクレンザーを歯ブラシにつけてこすると落ちる。

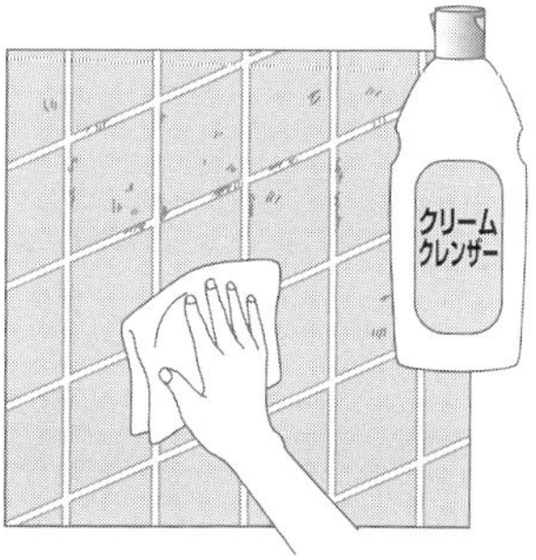

目地の油汚れがひどい場合は、50℃のお湯1ℓに約30g(スプーン5杯くらい)の割合で酸素系漂白剤を入れた液を歯ブラシで目地に塗り、途中乾きそうならもう一度塗るようにして10〜15分ほど置いたあと、歯ブラシで目地を軽くこするとよい。

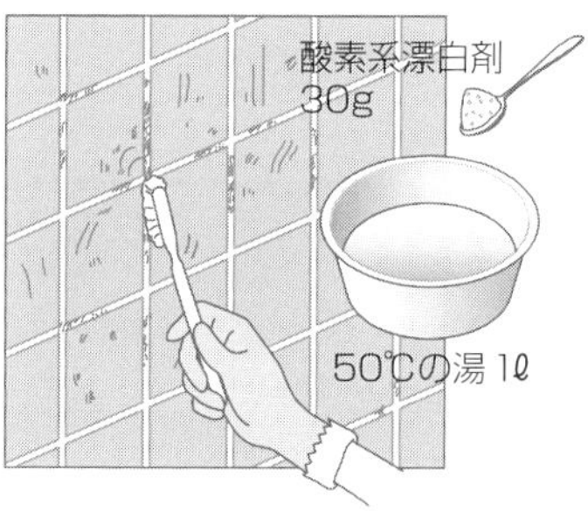

シンク、調理台

ステンレス、ホーローとも日常の手入れは台所用洗剤。汚れがたまった場合はクリームクレンザーをスポンジにつけて磨くときれいになる。洗剤を洗い流したら水気をきちんと拭き上げるのがピカピカを保つポイント。

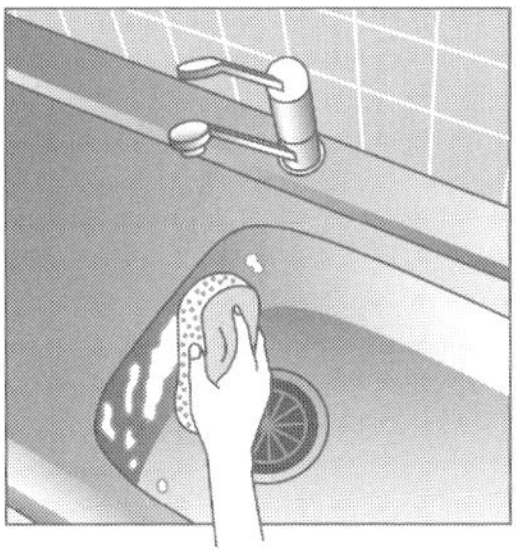

汚れがこびりついている場合や、水のカルシウムが白く固まった場合は石けんつきスチールウールに水をつけてこすれば、ほとんどキズをつけずに落とすことができる。ただ、不用意に置いておくとサビが発生し、下の材質にも移るので使わないときは、小皿などに入れること。こすったあとに出た細かい鉄粉もきれいに洗い流すように。

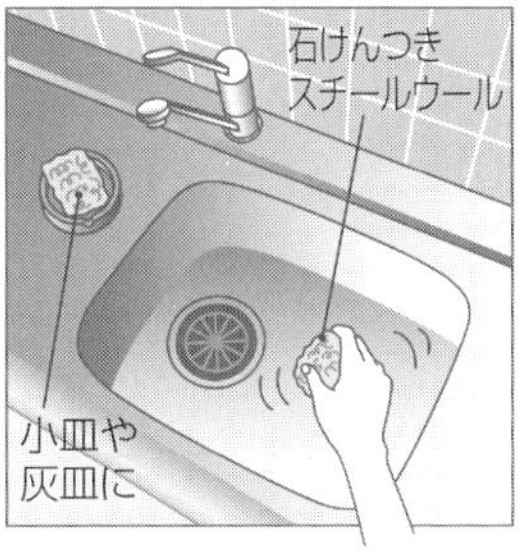

人口大理石のカウンター

スポンジに台所用洗剤をつけて、まめに掃除を。全体が黒ずんできたような場合は、クリームクレンザーをストッキングにつけて磨くとよい。

シミができた場合は、1500番くらいの耐水サンドペーパーに水と石けんをつけてこする方法もある（詳しくは『2-3バス・サニタリーの汚れ落とし』を参考に）。

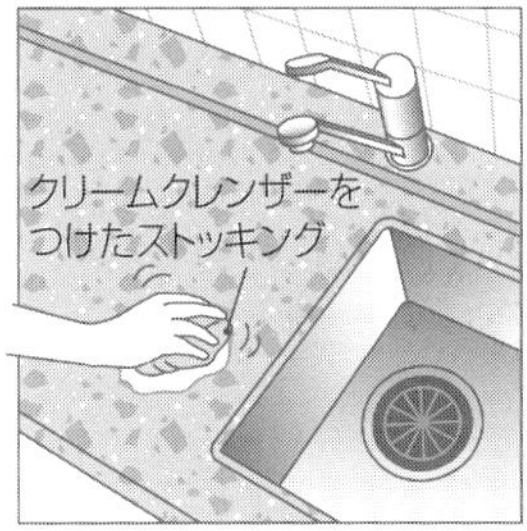

蛇　口

スポンジや布に台所用洗剤をつけて洗い、水洗いのあと、乾いた布で拭き上げる。

汚れが目立つ場合は、クリームクレンザーを歯ブラシか水に濡らしたストッキングにつけてこすると細かな部分、入り組んだ部分も楽に洗える。汚れが落ちたら水洗い、から拭きを。

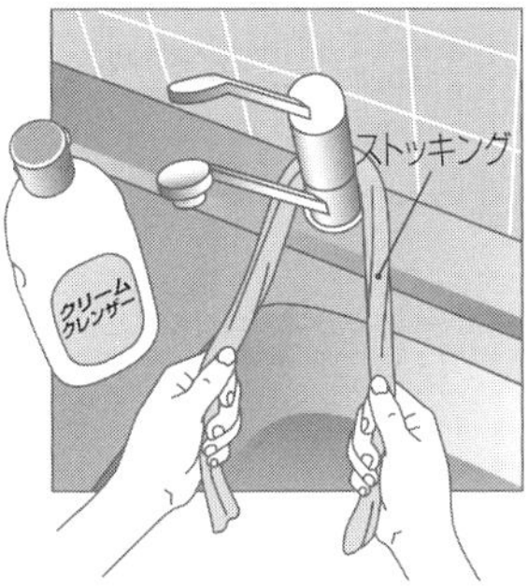

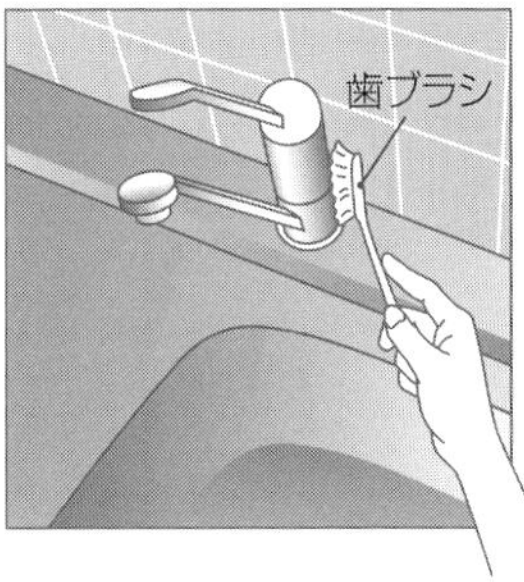

ガスレンジ

油汚れも温かいうちに水拭きかお湯拭き、あるいは台所用洗剤をつけて拭くと簡単に落ちる。また、使い捨ての台所用ウェットティッシュも効果的。汚れをためてしまった場合は以下の方法で。

ごとく、受け皿、グリルの網やトレイなど、はずせるものははずして、浸け置き洗いする（浸け置き洗いの方法は『2-2換気扇の汚れ落とし』を参照）。

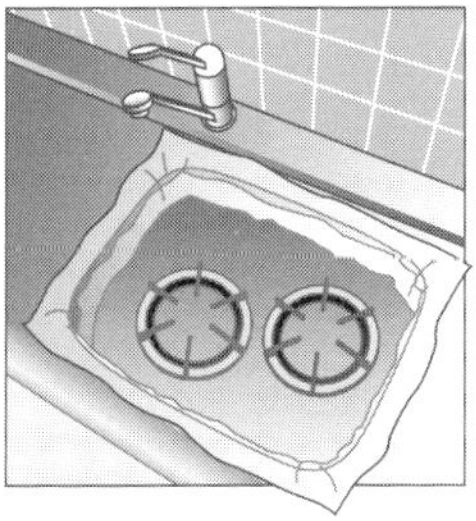

はずれない部分は、布やストッキングにクリームクレンザーをつけてこするか、住宅用アルカリ性洗剤をスプレーして拭き取る。汚れがひどい場合やつまみ部分、ガスの元栓は、住宅用アルカリ性洗剤をスプレーしてからティッシュなどで湿布して拭き取ると効果的。

汚れが焼き付いている場所は、石けんつきスチールウールに水をつけてこすり落とす。溝部分は割り箸や竹グシに洗剤を染み込ませた布を巻いてこそぎ落とすとよい。

換気扇

『2-2換気扇の汚れ落とし』を参照。

吊り戸棚やシンク下の扉

住宅用弱アルカリ性洗剤をスプレーしながら拭いたあと、水拭きする。

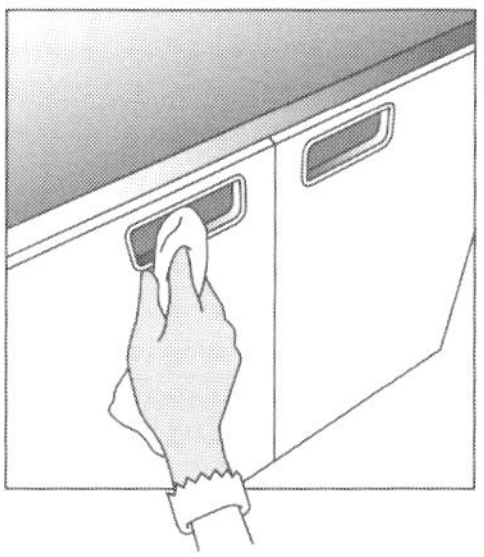

手アカのつきやすい
取手部分は念入りに

One Point Advice > 電化製品の焼きつけ塗装面の黄ばみや色のくすみの直し方

自動車のボディの色あせ、日焼け変色を復活させる「カラーカット　ホワイト・淡色用」を使うと便利。容器をよく振ってから、濡らした布を軽く絞ったものに液をつけて磨いては、乾いた布で拭き取るという作業を繰り返していけば、表面の塗装が薄く取れ、ひと皮むけたようにきれいに。その後、シリコンスプレーか自動車のワックスを塗るか、食用油をごく薄く塗るなどして表面に保護皮膜を作っておくと美しさを保つことができます。また、カラーカットはコーヒーメーカーの保温部などアルミ、メッキ部分、プラスチックの汚れ落としにも効果があります。

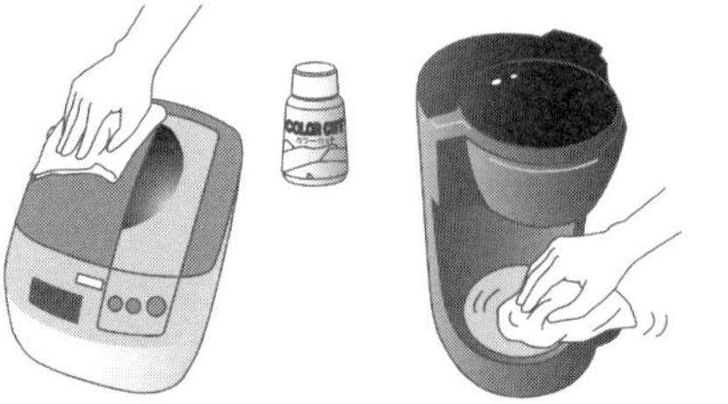

流しの下

中身を出して、台所用中性洗剤液で固く絞った布で拭いてから水拭きを。仕上げに消毒用アルコールで拭いておけば、殺菌、消毒効果も。掃除後は扉をしばらく開けて通風をよくしておくとよい。

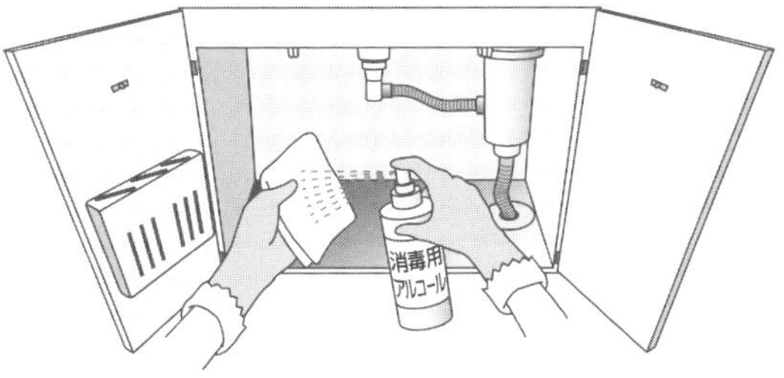

冷蔵庫、冷凍庫の内部

プラグを抜いてから食品を取り出し、庫内の取りはずしができるものを全部はずして台所用洗剤で洗って水きりする。そのあと庫内と扉内側、はずして洗った器具を消毒用アルコールや殺菌・消臭・衛生スプレーを使って殺菌しておくとよい。
ただし、スチロール樹脂（透明なプラスチック）が使われている引き出しはアルコールで拭くと白く曇ることがあるので注意。この場合は、ゴム手袋をして塩素系漂白剤を水で2～3倍に薄めた溶剤で拭けば殺菌効果がある。

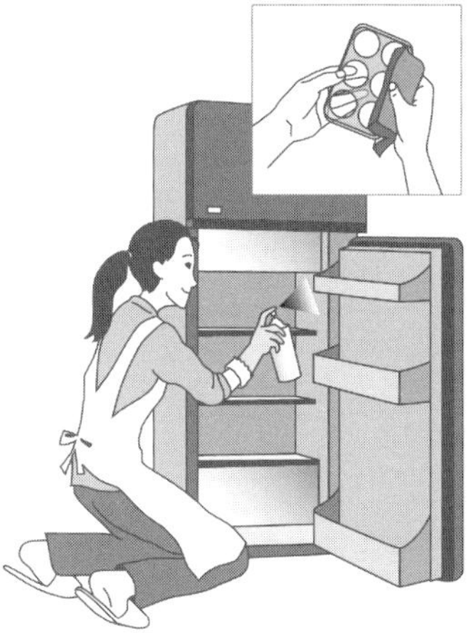

電子レンジの内部

オーブン機能が付いていない電子レンジなら、耐熱容器に水を入れてラップなしで3～6分加熱してから拭くと、水蒸気で庫内が湿り、汚れが浮いてよく落ちる。このとき、庫内が熱くなっているので、タオルは厚く折り、手や腕が庫内に触れないように注意して作業すること。
回転皿などは、取り外して台所用中性洗剤でまる洗いに。また、においが気になる場合は、冷蔵庫と同じく消毒用アルコールなどで拭くとよい。

電気製品の外側

炊飯器、ポット、コーヒーメーカーなど台所用電気製品の外側が汚れてきた場合は、水での清め拭きが不要で、電気製品にも安心して使うことができるアルコール系クリーナー「クリンボーイ」がおすすめ。使い方は、布につけて拭くだけと簡単。落ちにくい場合は、少し厚めに塗りつけ15分ほどおいてから布でこするときれいになる。凹凸部分は歯ブラシで円を描くようにこすってから布で拭き取るように。
これは、プラスチック、ビン、缶、ビニールレザー、スチールなどの汚れに使えるので、調味料入れについた油汚れなども中身を出さずに落とすことができる。

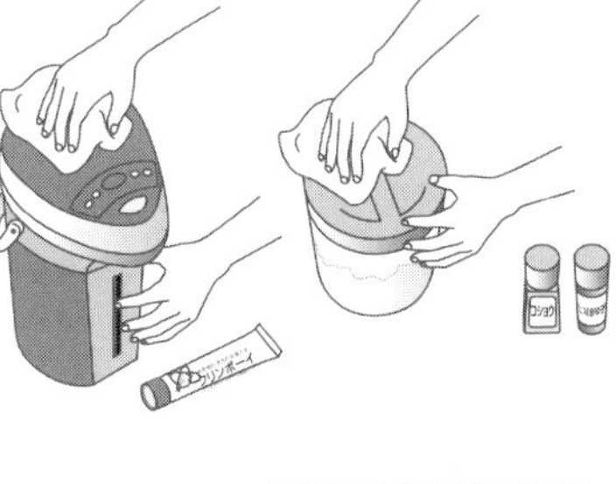

Chapter 2-2

クリーン

換気扇の汚れ落とし

換気扇やレンジフードは、分解して、取りはずせるものははずして洗います。メーカー、機種によって多少、構造が違うので、初めて分解するときは取り扱い説明書などで確かめ、不明な点はメーカーや販売店に問い合わせてください。また、安全のため、分解は必ずコンセントを抜いてから行いましょう。

換気扇、レンジフードの分解のコツ

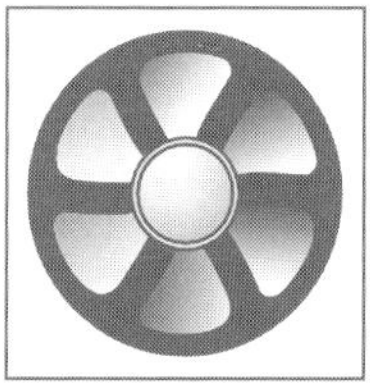

一般換気扇

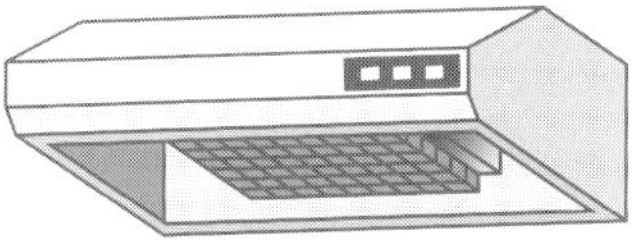

浅型レンジフード

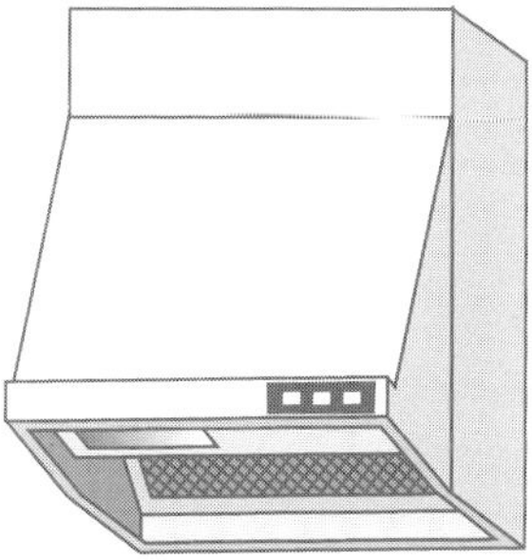

深型レンジフード

プロペラファン

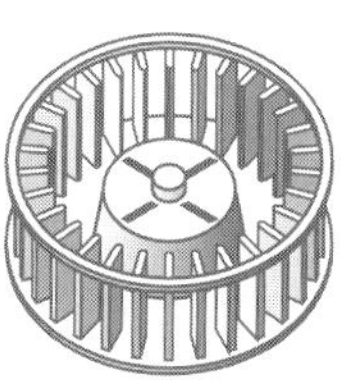

シロッコファン

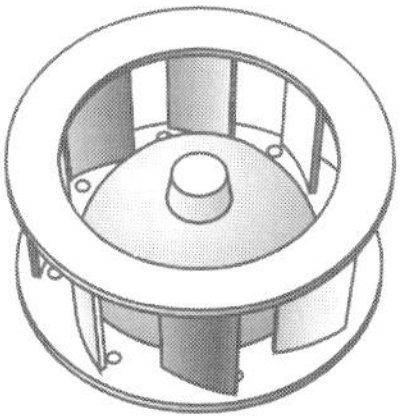

ターボファン

カバーのはずし方

ほとんどの換気扇のカバーは、両手で少し持ち上げるようにしてから、手前に引けばはずれます。浅型レンジフードは、ガードをはずしてから、油受けの手前にあるネジをはずして開き、少し持ち上げるようにしてヒンジからはずしてください。

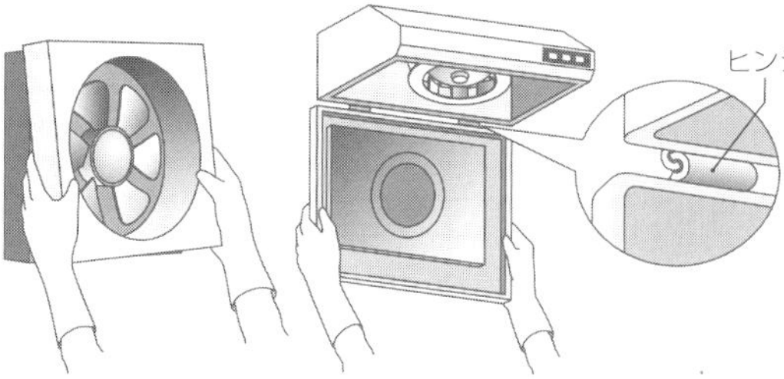

ファンのはずし方

換気扇のプロペラは、羽根どめをプロペラの回転方向の逆に回してはずして（ほとんどのものは、右に回せばはずれる）から、手前に抜けばはずれます。ターボファンやシロッコファンも同様にしてはずしますが、下向きについているので、羽根どめをはずすときは、落下しないようにファンを支えながら行いましょう。

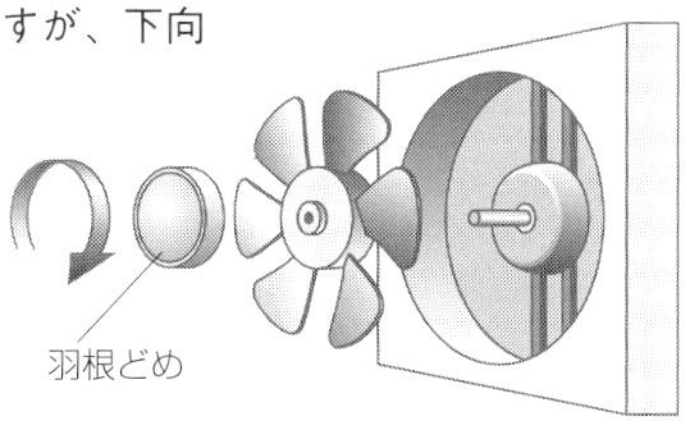

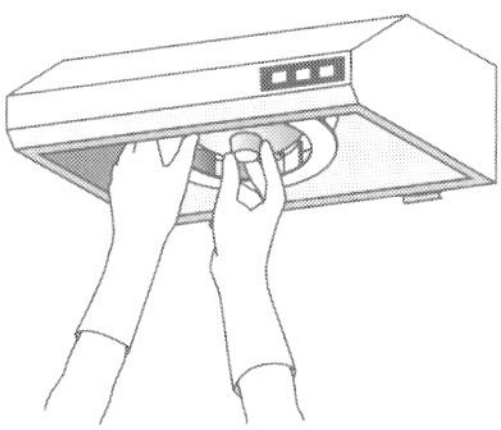

小物の洗い方

ネジやビスなどの小物は、浸けおき洗剤液を入れた空き瓶やビニール袋に入れて汚れを浮かしてから歯ブラシなどでこするときれいになります。

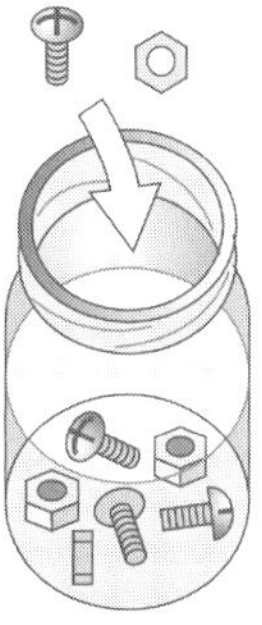

コード、プラグなどは布に強アルカリ性洗剤をつけて拭き取ります。汚れが落ちにくい場合はクリームクレンザーを使ってもよいでしょう。その後、水拭き、から拭きを。

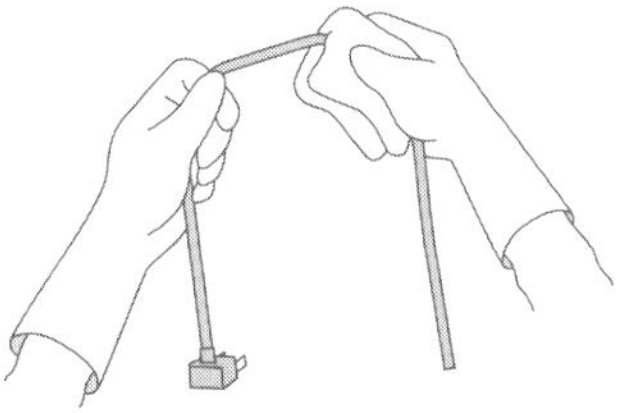

フードに照明がついているものは、そのカバーもはずして洗います。電球が汚れている場合は、強アルカリ性洗剤液で固く絞った布で拭いてから、水拭き、から拭きし、よく乾いてから取り付けるようにしましょう。

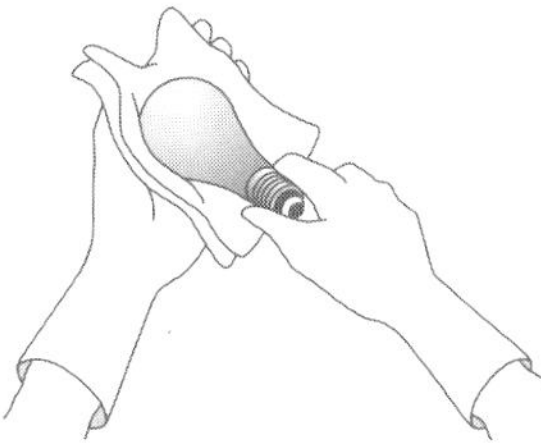

はずせない部分の汚れ落とし

モーター部分

モーター部分は水気厳禁のことが多いので、乾いた布に強アルカリ性洗剤をつけて拭きとるようにします。

その他の部分

使い捨てできる布に強アルカリ性洗剤を含ませて汚れを拭き取ります。細かな部分は、割り箸に布を巻き付け輪ゴムでとめたものに強アルカリ性洗剤を含ませてこすりとると効果的。汚れがひどい場合は、洗剤をスプレーしてからペーパーを貼りつけ、さらに洗剤をスプレーし、しばらく置いて汚れを浮かせてから拭き取るとよいでしょう。縦面は、洗剤をスプレーしたあと、ラップを貼りつけると、ペーパーのようにはがれてきません。どの部分も、洗剤を使ったあとは、何度か水拭きして洗剤分を完全に取り除き、から拭きして仕上げてください。

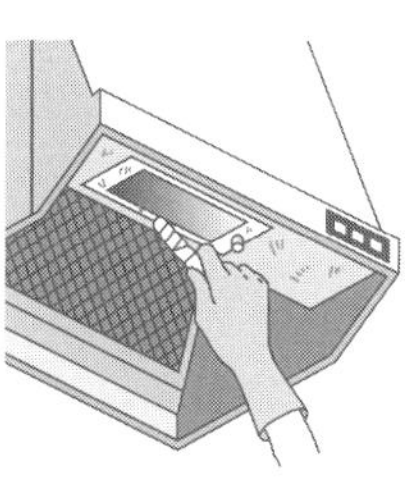

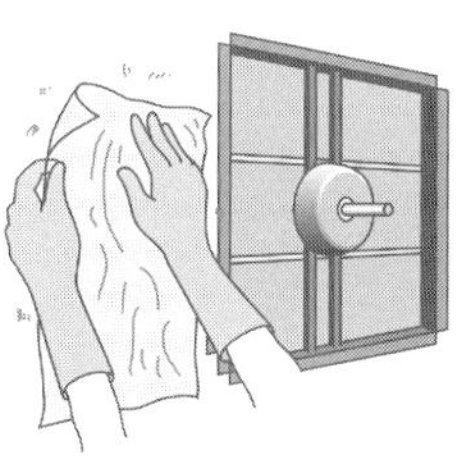

分解した部品の汚れ落とし

強アルカリ性洗剤は、塗料をはがしてしまったり、アルミ材を変色させてしまうことがあるので要注意。目立たない箇所で変色や塗装はがれがないことを試してから、できるだけ短時間で洗い落とすようにしてください。
浸けおきタイプの洗剤も、塗装面やアルミ材に使う場合は、あまり長時間浸けておかないように気をつけましょう。
ベタついた汚れがある場合は、最初に割り箸の先かプラスチックのヘラなどで汚れをできるだけこそげ取っておくと、後の作業がその分楽になります。

洗剤を湿布する方法

1 汚れている面を上にして、油汚れ用アルカリ性洗剤を直接スプレーした後、ティッシュペーパーかペーパータオルを貼りつけ、その上からもう一度、洗剤をスプレーする。泡状にスプレーできる強アルカリ性洗剤なら湿布する必要はない。

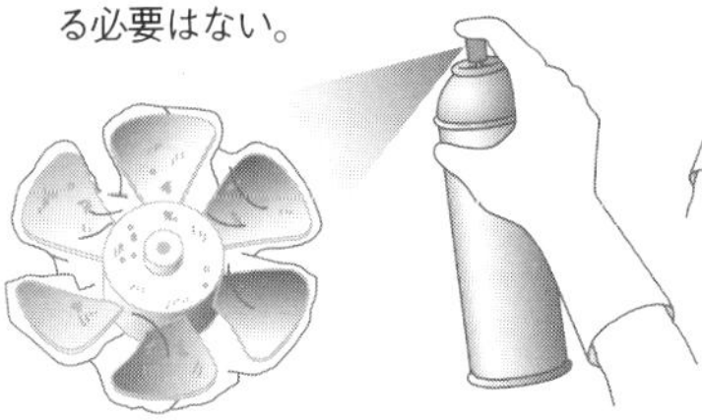

2 そのまま5～10分ほど放置した後、湿布したペーパーや使い捨てのボロ布で汚れを拭き取る。

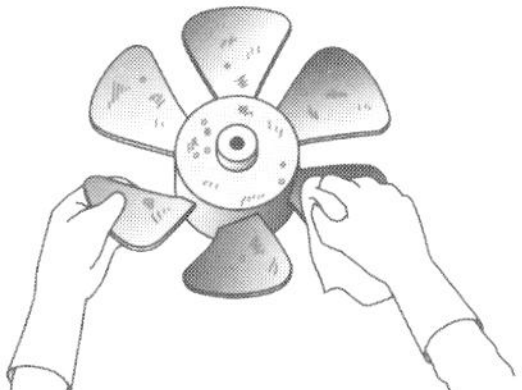

3 隅などに汚れの固まりが残った場合は、割り箸や竹串の先などでこそげ落としてから再度、洗剤をつけて歯ブラシなどで汚れを落とし最後に水洗いする。

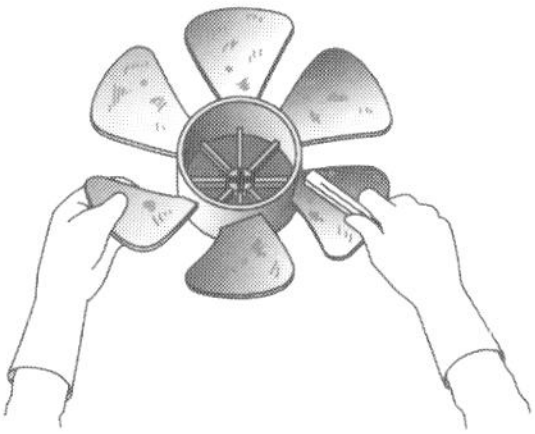

浸けおき洗いの方法

1 油汚れ用の浸けおき洗剤にはシンク用のポリ袋が入っているタイプがある。それをシンクにセットするか、大きめのポリ袋をダンボール箱や手近な容器にセットするなどして、浸けおく場所を作る。

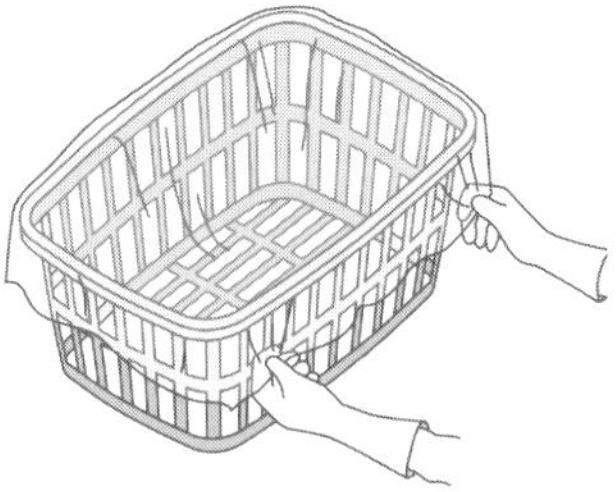

2 浸けおき用洗剤を40℃くらいのお湯に溶かし、汚れのひどい面を下向きにして、部品を入れる。

3 30分～1時間ほど浸けおき（洗剤によって時間が異なるので洗剤容器の裏面にある説明に準じる）、汚れが浮いたら、浸けおいた洗剤液をつけながら、古歯ブラシなどを使って隅の部分の汚れまで落とす。汚れが落ちたら、洗剤液を捨て水洗いする。

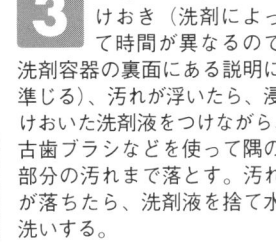

掃除のあとは、汚れ防止フィルターカバーを

換気扇の汚れ防止には、ポリエステル不織布の特殊フィルターが効果的。油やほこりをキャッチしてくれるので、換気扇本体の汚れ具合が軽くなり、掃除が楽になるばかりか、フードやダクトの中、また外壁の換気扇排気口の下に油汚れがつくのを防ぐ効果があります。フィルターカバーには、フィルターを交換することで長期間使えるものと使い捨てタイプがありますが、最近は、磁石やマジックテープで簡単に取り付け交換ができるもの、伸縮自在で換気扇に合わせて自由にサイズが変えられるものなど、換気扇、浅型レンジフード、深型レンジフードの各タイプとも、さまざまな種類が出回っています。各商品の裏面に記載されている取り付け方やサイズを確認して選び、上手に利用しましょう。

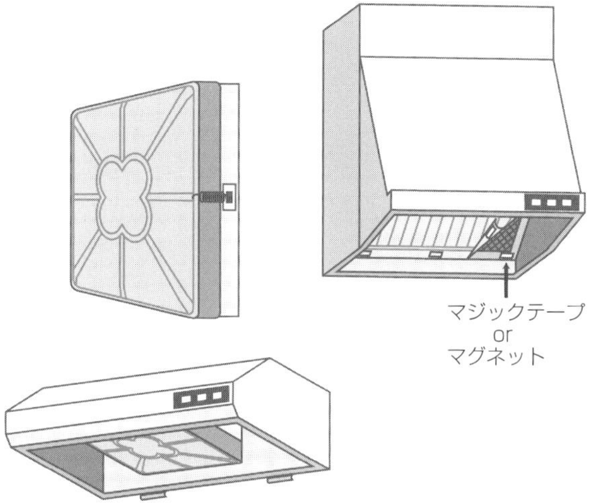

油汚れに効果がある洗剤の中にも最近は、イオン効果で汚れを分離させるものや、天然素材を使った洗剤など、地球にも、手にもやさしい洗剤が発売されています。環境問題が取り沙汰されている現在、こうした商品を上手に利用したいものです。

One Point Advice ＞ 油汚れ掃除にはボロ布が便利

ベタベタした油汚れに、ぞうきんやスポンジを使うと、すぐベットリと油がついてしまい、なかなか洗い落とせません。そんなとき、使い捨てのボロ布がたくさんあると便利。汚れを拭きとったら、どんどん捨てるようにすると手も汚れません。日ごろから、古くなったタオルやTシャツなどの衣類を適当な大きさに切ってストックしておきましょう。

Chapter 2-3 クリーン

バス・サニタリーの汚れ落とし

トイレ

便器の中

洗剤やブラシで落ちない汚れは、トイレットペーパーを貼り付けてから酸性のトイレ用洗剤をかけて湿布し、20～30分置いてからブラシでこする。

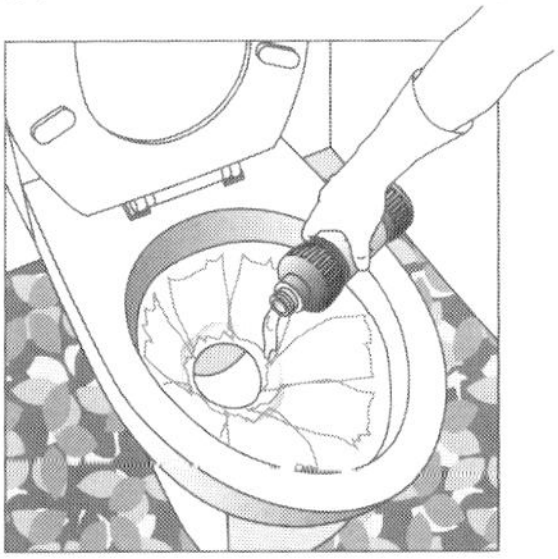

便器の内側の縁

トイレ用のミニブラシでクリームクレンザーをつけてこする。

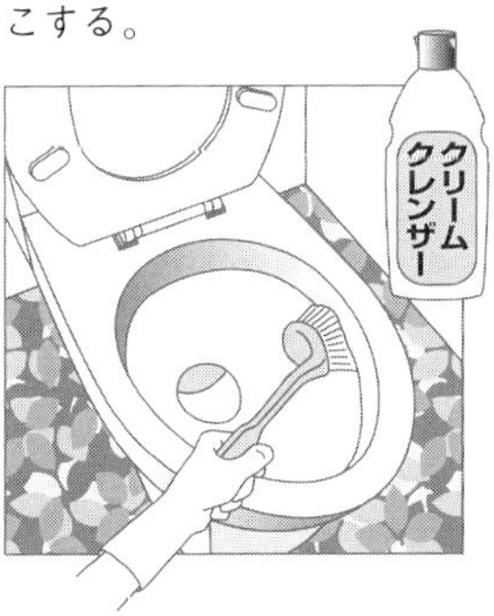

水位部分の黄ばみ

クリームクレンザーをミニブラシや歯ブラシなどにつけてこする。それで落ちない場合はビニール手袋をして1200～1500番くらいの耐水サンドペーパーでこするときれいになる。

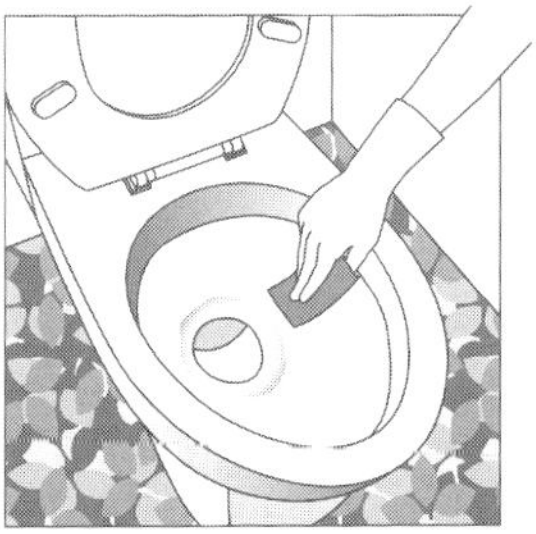

塩素系洗剤と酸性の洗剤を混ぜて使うと有毒な塩素ガスが出てたいへん危険です。混ぜなくても、2つの種類の洗剤を続けて使用すると結果的に混ぜたのと同じことになるので、ひとつの洗剤を使用したら、必ずよく流してから次の洗剤を使うようにしてください。

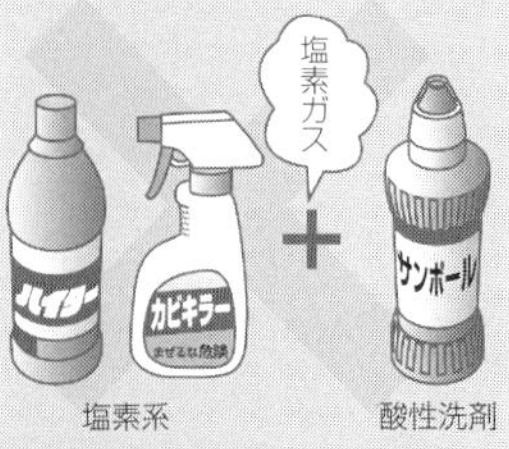

便器の外側

トイレットペーパーかトイレ掃除用シートで毎日、簡単に拭く習慣を。細かな部分は次の方法で。

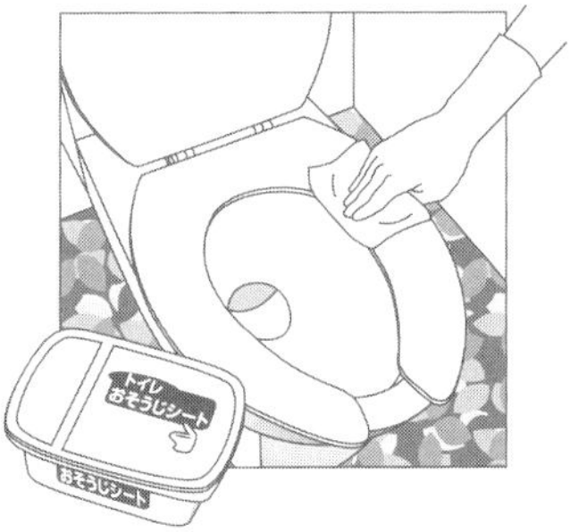

蓋のちょうつがい

割り箸にボロ布を巻き付けて輪ゴムでとめたものにトイレ用洗剤をつけてこすると効果的。汚れが落ちたら、布を取り替えて清め拭きをする。

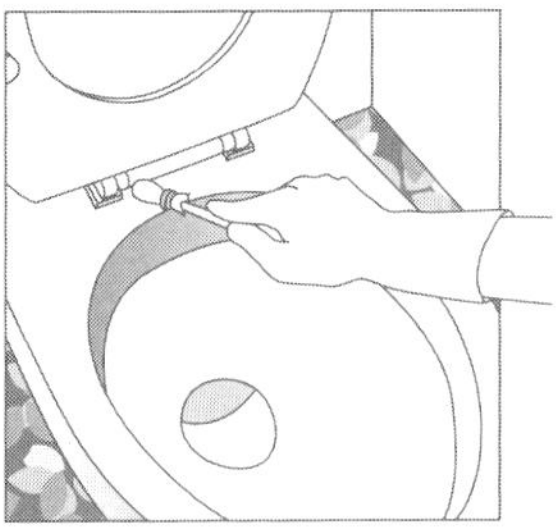

便器と床が接する部分

すき間に飛び散った尿がこびりついている場合は、竹串で汚れをかき出してから、エタノールで拭くとよい。また、足元にネジがあるタイプは時々、手でネジのカバーをはずしてきれいに拭くとスッキリきれいになる。

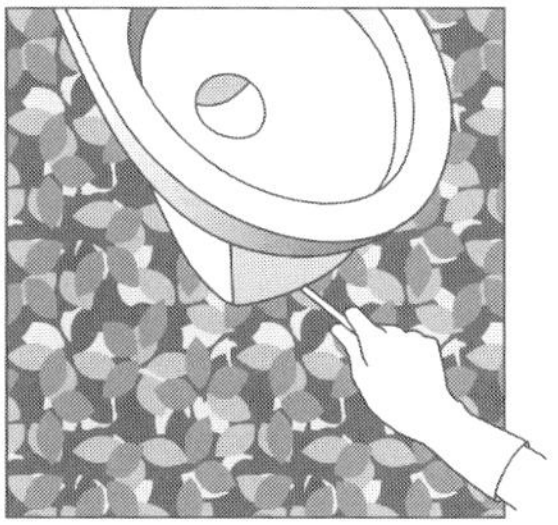

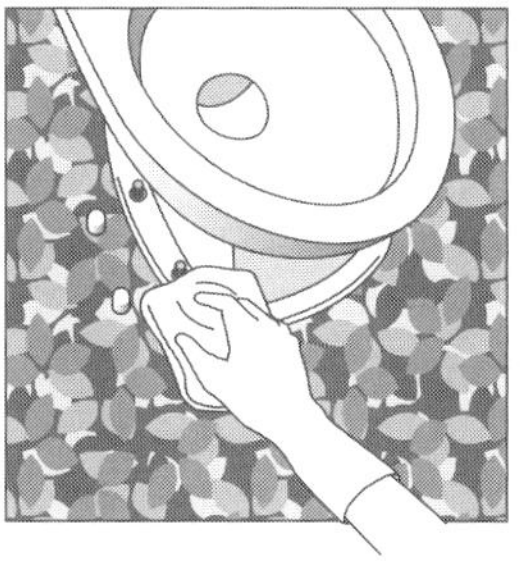

シャワートイレのノズル

新しいタイプなら、ノズル掃除ボタンを押すか、手でつまんで引き出せるようになっているので、説明書で確認を。古いタイプはノズルを出すことができないので、ボタンを押してノズルが出てきたら素早く手でつまみ、水が出る瞬間にストップボタンを押すという方法で、ノズルを出す。この時、ノズルを無理に引っ張ったり曲げたりしないように注意。ノズルが出たら、洗浄水が出る穴などを歯ブラシや布でやさしく洗う。

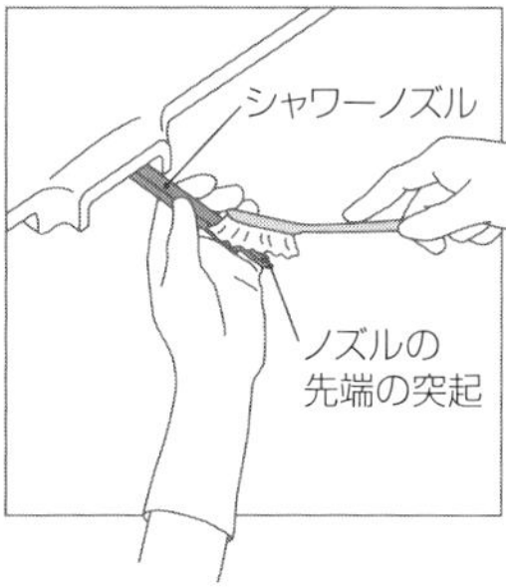

バスルーム

バスタブ

入浴後、お湯が温かいうちに毎日、掃除をすれば洗剤なしでもＯＫ。スポンジなどでこすり洗いをすればきれいになる。残り湯を洗濯などに使う場合も、水位部分だけでも入浴後にすぐ洗っておくと掃除が楽。そのうえで週に２～３回、バス用洗剤で洗うとスッキリ、きれいになる。湯アカがこびりついている場合は、バス用洗剤を含ませたティッシュペーパーを貼り付けるか、バス用洗剤をスプレーしてから台所用ラップを貼り付けて湿布し、汚れが浮いてからスポンジなどで軽くこすると効果的。ただ、人工大理石や一部のポリ浴槽は湿布すると変色することがあるので注意を。それで落ちない場合はクリームクレンザーで磨くとよい。

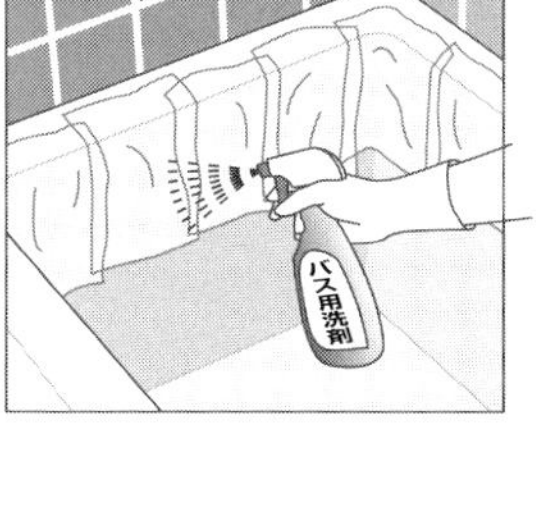

タイル

毎入浴後にシャワーで石けんカスやアカを洗い流しておくと掃除が楽。また、台所でふきんや食器の殺菌漂白に使った塩素系漂白剤の使用済み溶液をタイル床にまく習慣をつけるのも掃除を簡単にする方法。液をまいてからしばらくおいて後で水で流すとよい。

壁面

スポンジか、布に浴室用洗剤をつけてこする。落ちにくい所は、洗剤を湿布してからこするとよい。その後、シャワーで流して、から拭きを。

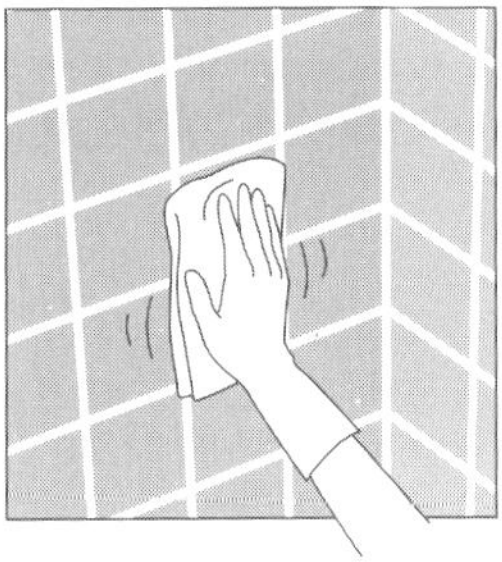

目地の汚れ落とし

タイル目地ブラシが便利。これにクリームクレンザーをつけてこするとほとんどの汚れを落とすことができる。これで落ちない汚れはカビと考えられるので、カビ取り剤をスプレーするか、塩素系漂白剤を2～3倍に水で薄めたものを綿棒などで塗って数分置き、カビが漂白されてから水洗いをするときれいになる。

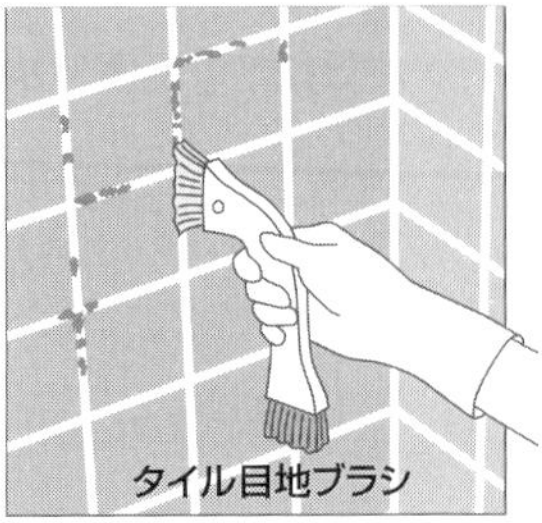

カビが発生している場合

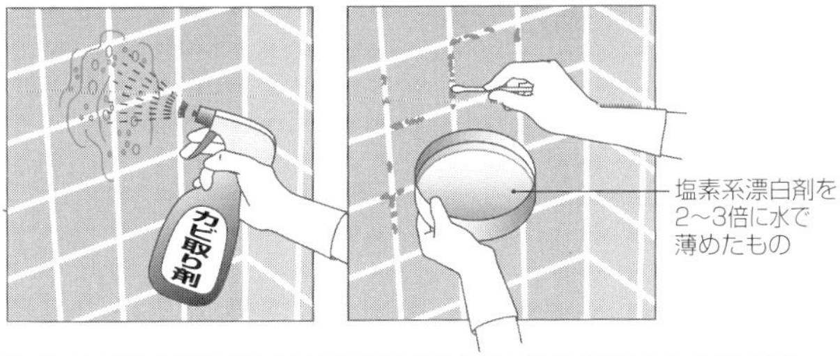

床面

しつこい汚れは、浴室用洗剤をつけてから10分程置いてタイル用ブラシでこすり洗いを。それで取れない汚れにはクリームクレンザーを使うとよい。

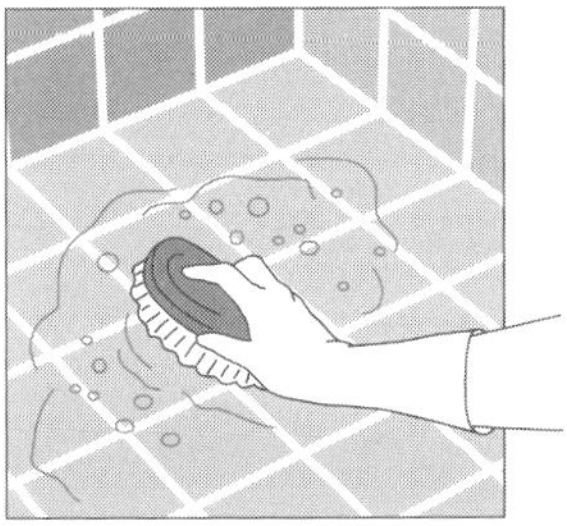

One Point Advice ＞ 陶器やホーローなどについた茶色のシミの落とし方

トイレの手洗い器や洗面ボウルの水が落ちる部分などに洗剤では落ちない頑固な茶色のシミができる場合があります。これらのシミは、水道水の鉄分が長い間かかってシミになったもの。その場合は、シミに50℃程度のお湯をかけ、還元系漂白剤「ハイドロハイター」を振りかけるか、シミにハイドロハイターを振りかけたあとお湯をゆっくりたらしてから、ナイロンタワシなどでこするときれいに落ちます。これは、ヘアピンや缶などを置いていてサビがうつったようになっているときにも効果的です。

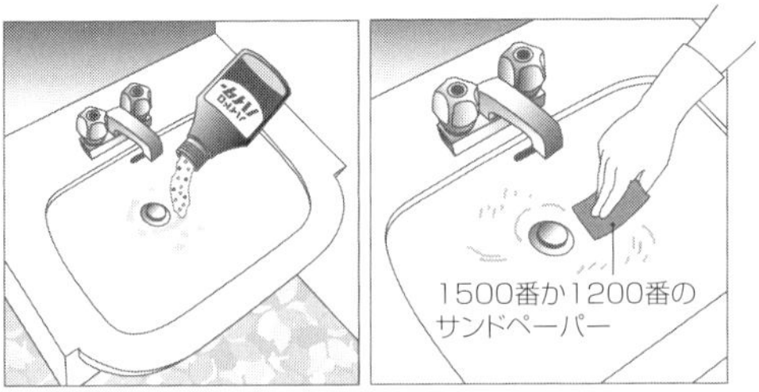

これで落ちない場合は、1500番か1200番の耐水サンドペーパーに水と石鹸をつけてこすると頑固な汚れもきれいに落とすことができます。

洗 面 所

ボウル

洗面ボウルが薄汚れてきた場合は、ナイロンタワシやスポンジなどにクリームクレンザーをつけてこすれば、ほとんどの汚れは落ちる。水あふれ防止の穴、排水口のまわりなど細かな部分、また汚れのひどい部分は、歯ブラシか、歯ブラシにストッキングを巻き付けたものにクリームクレンザーをつけてこするとよい。

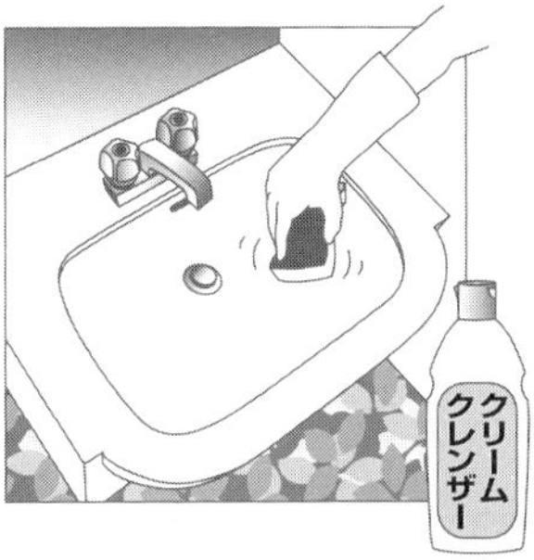

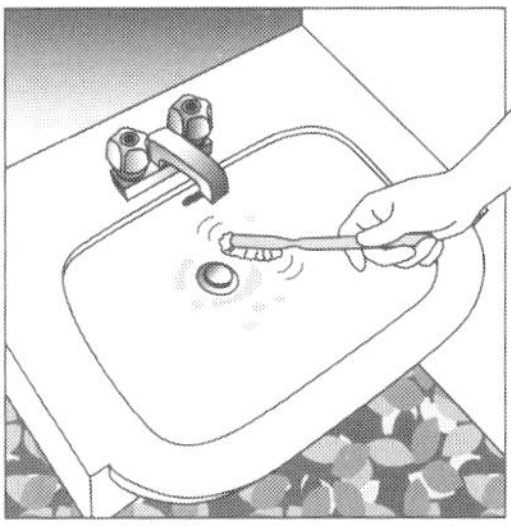

蛇口

クリームクレンザーを歯ブラシかストッキングにつけて磨く。湯水混合栓の場合はプラスチックハンドルをはずしてから作業すると中まですっきりきれいになる。

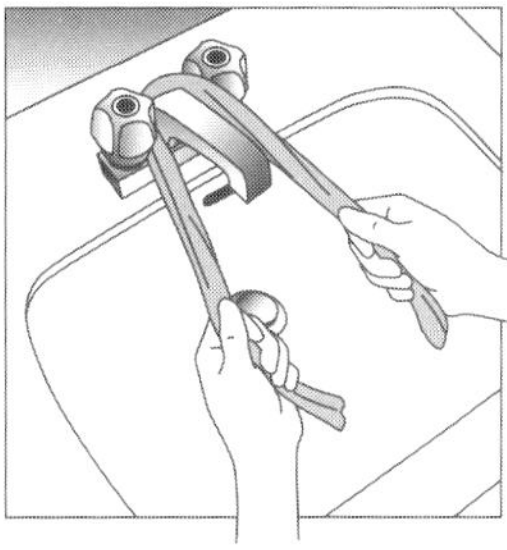

プラスチックハンドルのはずし方

1 カラーキャップを小さなマイナスドライバーかキリではずす。

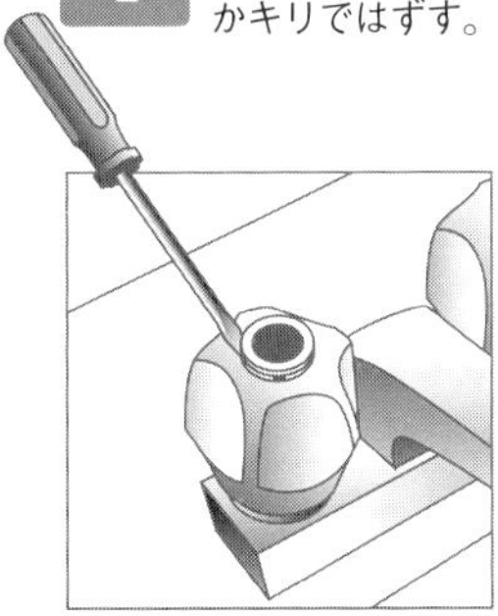

2 ネジに合うサイズのプラスドライバーでネジを左に回してはずす。

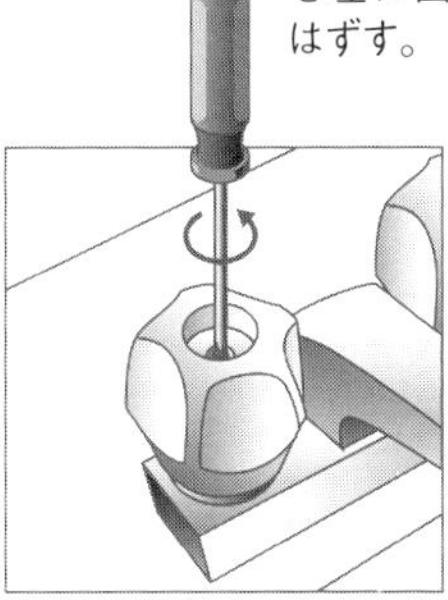

3 プラスチックハンドル、カバーを上に引き抜いてはずす。

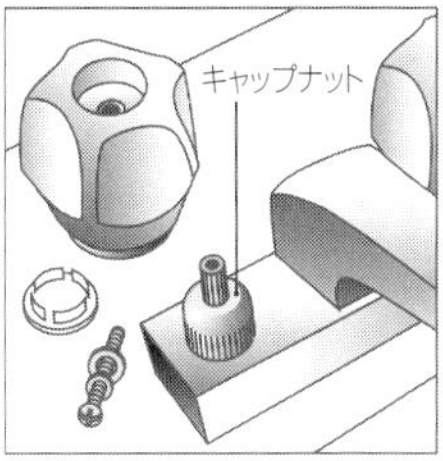

鏡

ガラス用洗剤やアルコールなどで拭き掃除を。歯磨き粉などが飛び散ってこびりついている場合は、ナイロンタワシに水をつけて円を描くようにこすったあと、キッチンタオルかティッシュペーパーで水分を取るとよい。

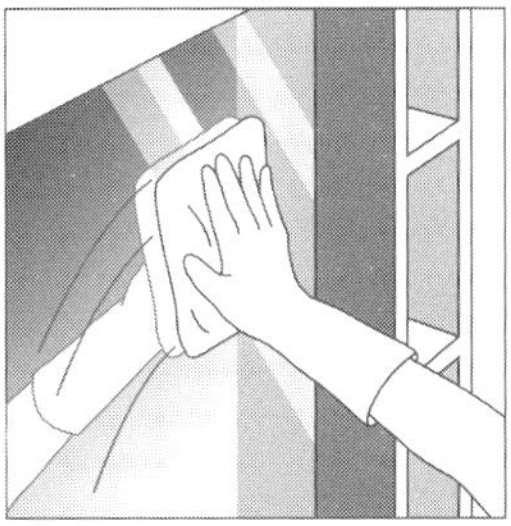

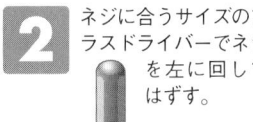

Chapter 2-4

クリーン

住まいの汚れ落とし

汚れにはその性質があり、その汚れにあった掃除の仕方を工夫する必要があります。汚れの種類と汚れた面の素材を見定めて効果的に汚れ落としをしましょう。
台所は『2-1キッチンの汚れ落とし』と『2-2換気扇の汚れ落とし』を、浴室、洗面所、トイレは『2-3バス・サニタリーの汚れ落とし』をご覧ください。

場所別汚れ落としの方法

床　部

カーペット、じゅうたん

髪の毛やペットの毛などが入り込んで掃除機をかけても取れない場合は、ナイロンブラシでかき集めてから粘着テープで取るとよい。その後、固く絞った布で水拭きを。時々カーペットクリーナーを使うとすっきりする。汚れがひどい場合は住宅用洗剤を薄めたもので拭いてから、固く絞った布できよめ拭きをするのも手。拭き掃除をする際は"の"の字を書くようにして拭くと毛足の中の汚れもよく落ちる。ウール100％の場合は住宅用洗剤の代わりにウール用洗剤を使うと生地を傷めない。

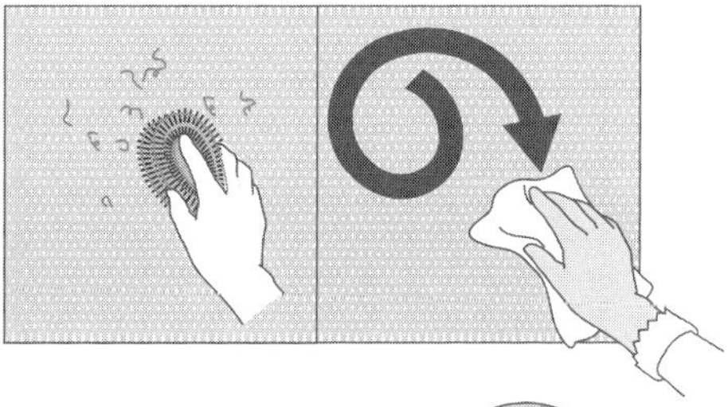

クッションフロア

掃除機をかけてゴミやホコリを吸い取ってから全体を湯拭きする。また、ときどきは住宅用洗剤で拭き掃除を。その際、ブラシで模様の凹部に入り込んだ汚れをこすり落とすときれいになる。また、こびりついた汚れは洗剤をつけてしばらくおいてゆるませてからこそぎ落とすとよい。拭き掃除の後、よく乾かしてから水性ワックスを塗っておくと、今後の手入れが簡単になる。

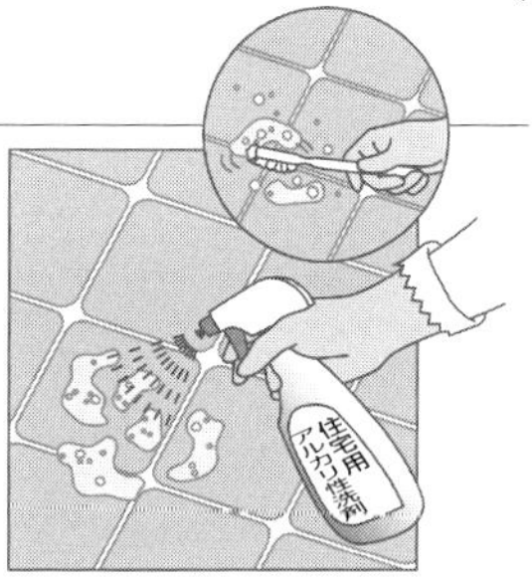

畳

水気を吸うと汚れや傷み、カビの原因になるのでから拭きが原則。ただし、汚れが気になる場合は固く絞った布で水拭きしてもよい。その場合は、天気のよい日を選んで風通しをよくして行うと乾燥が早い。また、汚れがたまったまま水拭きすると汚れを畳の目に擦り込むことになるので、掃除機などでホコリをよく取ってから行うこと。

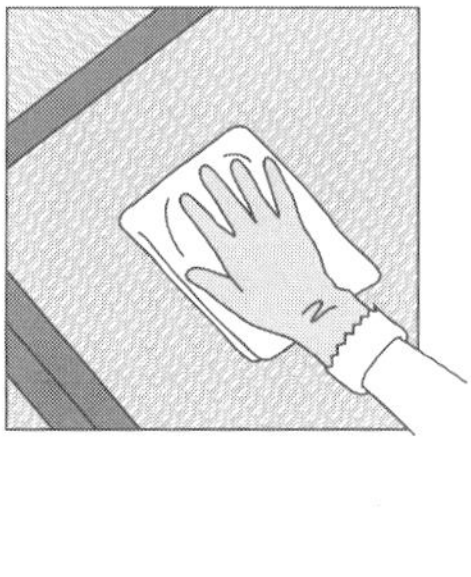

フローリング

『5-5 フローリングの手入れ』を参照。

建具、窓

障子

破かないように気をつけて、紙の面にポリバタキをかける。桟は太めの綿棒でなぞるようにすると隅のホコリもきれいに取れる。

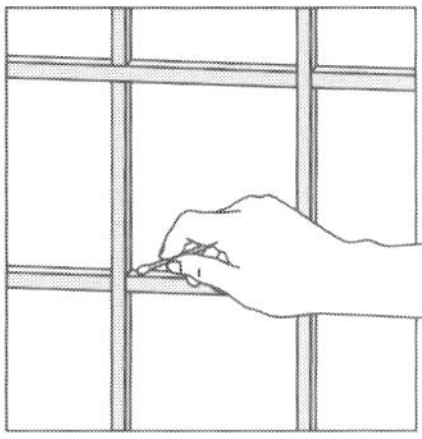

●ふすま

水拭きができないので、ポリバタキをかけるか、掃除機の先にアタッチメントをつけてホコリを吸い取る程度に。取っ手と枠は材質によっては住宅用洗剤で拭くことも可能。また、取っ手の周囲に防水スプレーをかけておくと、手垢汚れがつきにくくなる。

窓ガラス

外面の汚れは、泥や排気ガスがほとんど。こうした汚れは水拭きできれいになる。それで落ちない部分にだけ、洗剤を使うと能率的に落ちる。内側も水拭きでよいが、油やヤニなどで汚れている場合は洗剤拭きを。ガラス用洗剤を使う場合は、つけすぎないのがコツ。ガラスに×印をつけるようにスプレーして、固く絞った布でまず周囲をきれいに拭き、中央に向かって拭くとよい。その後、乾いた布でから拭きを。古い綿のＴシャツ、Ｙシャツ、ハンカチなどケバが出ない布や、新聞紙、あるいは濡らしてから固く絞ったセーム皮を使うときれいに仕上がる。

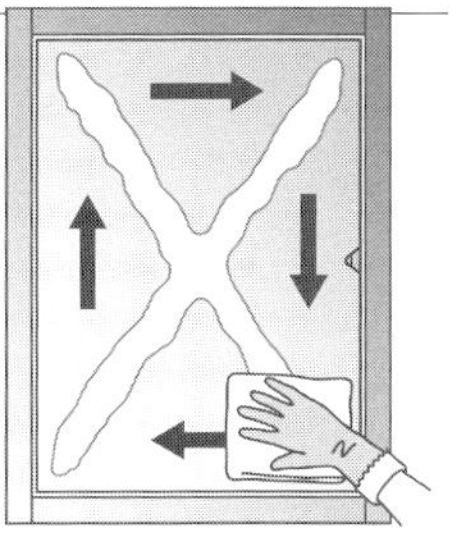

アルミサッシ窓のレールの土ぼこり

割り箸の先や、サッシブラシ、歯ブラシなどでこすって汚れを浮かしてから掃除機で吸い取る。その後、割り箸に濡らした布を巻き付けたもので溝の汚れを拭いていくときれいになる。

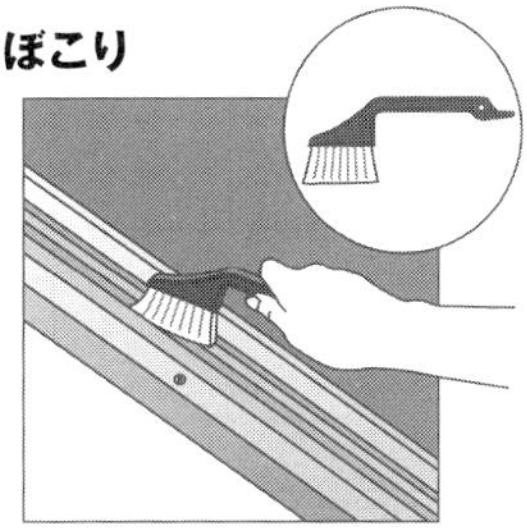

ブラインド

ホコリ程度の汚れなら、ブラインドクリーナーで拭くときれいになる。これは、スポンジがついていて、一度に何枚もの羽根を拭くことができるので能率的。

汚れがひどい場合は、ゴム手袋をして、利き手にだけ軍手をはめて、薄めた住宅用洗剤を入れたバケツにつけて軽く絞ってから、１枚１枚拭いていくと細かな部分まできれいになる。拭き終えたら、水拭きして洗剤を落としてからから拭きを。

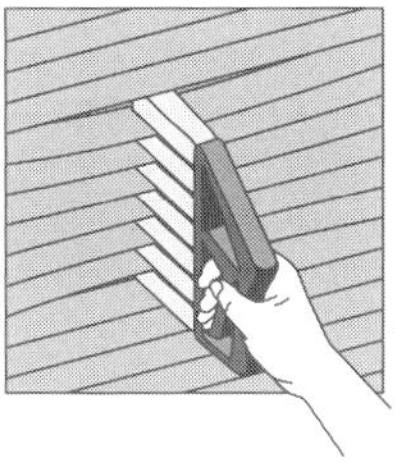

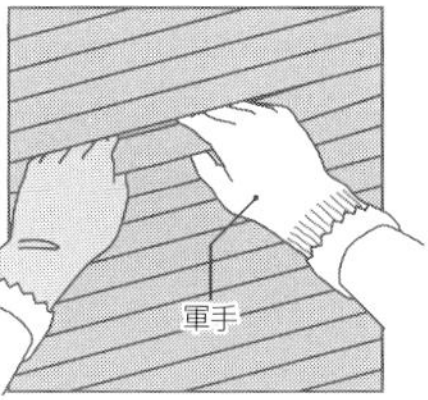

●網戸

『6-4 網戸の張り替え』を参照。

天　井

天井面

静電気でホコリを吸い寄せるポリプロピレン製のハタキでなでるようにすると、ホコリが下に落ちないので楽。古いストッキングをホウキにかぶせて使っても同じ効果がある。その後、板張り、ビニール壁紙、塗装している天井なら住宅用弱アルカリ性洗剤で、布壁紙の場合は固く絞ったぞうきんで水拭きをするとすっきりする。しかし、ロックウールなどもろい天井材はホコリ取りだけに。

照明器具

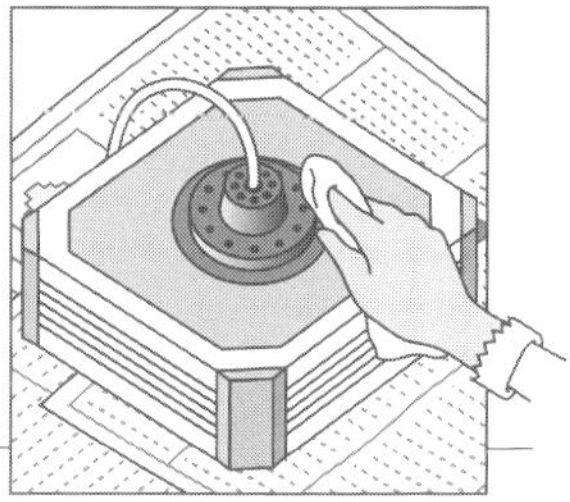

通常の掃除はハタキなどでホコリを払うだけでもよいが、汚れがたまったら拭き掃除を。その場合、取り外せるタイプのものははずしてから掃除したほうが楽。ガラスやプラスチック製で水が使えるものなら丸洗いするのも方法。和室の照明などは、ホコリを掃除機で吸ってから、住宅用洗剤で拭いて汚れを落として水拭きを。このとき、電球も忘れずに拭くこと。完全に乾燥させてから元に戻すように。

壁　部

ビニール壁紙

ポリバタキなどでまめにホコリ取りを。そのうえで、3カ月に1回ほど水拭き掃除をするとすっきりする。汚れがたまった場合は、スプレータイプの住宅用弱アルカリ性洗剤で拭き掃除を。また、凹凸があるタイプは、やわらかいブラシでこすりながら拭くとよい。カビが発生している場所は、カビ取り剤か、塩素系漂白剤を2～3倍に薄めた液をカビに塗ってそのままおき、カビが消えてから水拭きをする。

その他の壁

布の壁紙⇒水や洗剤を使うとシミになるので、ポリバタキなどでまめにホコリを取ることしかできない。汚れが気になる場合も、固く絞ったタオルなどで軽く拭く程度に。

プラスター壁⇒ポリバタキをかけてから、から拭き、水拭きするときれいに保てる。汚れがひどい場合は、固く絞った布に住宅用アルカリ性洗剤をつけて拭くとよい。手垢汚れは乾いた布にクリームクレンザーをつけてこするときれいになる。洗剤、クレンザーを使ったあとは必ず固く絞った布で水拭きを。

化粧合板張りの壁⇒プラスター壁と同じだが、プリント合板の場合は強くこすらないように注意。

塗装壁⇒プラスター壁とほぼ同じ。ただし、住宅用アルカリ性洗剤は使わないほうがよい。

しっくい壁⇒水を吸うとシミになるので、水拭きは厳禁。ポリバタキでホコリを取る程度に。手垢汚れが気になる場合は、240番くらいのサンドペーパーで軽くこすり落とすようにする。

■主な洗剤の種類と用途

中性洗剤	台所用	食器洗いのほか、レンジ回りの油汚れ、テーブルやイスの汚れ落としなど幅広く使える。
	トイレ用	台所用より汚れを落とす力が強く、トイレ特有の黄ばみ汚れを落とすことができる。
	浴室用	浴室のバスタブや壁、床などにこびりついた水アカやせっけんカスなどを落とすことができる。洗面所の汚れにも効果的。
	衣類用	デリケートなウールのじゅうたんについたシミなどには、柔軟剤の入った衣類用洗剤を使うとよい。
弱アルカリ性洗剤	住宅用	拭き掃除用、台所用、レンジ用など各種あるが、基本的な１本があればさまざまな箇所の汚れ落としに使える。汚れ落ちの効果は中性洗剤よりは高いが、アルカリ性洗剤 には劣る。しかし、アルカリ性の洗剤のように清め拭きの必要がなく、また肌などへの刺激も少ないので手軽に使える。
アルカリ性洗剤	住宅用	中性洗剤、弱アルカリ性洗剤では落ちないしつこい汚れに効果的。拭き掃除用、台所用、レンジ用など種類が多いが、基本的な１本があればＯＫ。
	浴室用	こびりついた頑固な汚れも分解して取ることができる。住宅用でも代用可。
	ガラス用	液状タイプと泡状タイプがあり、どちらもガラスにこびりついた油汚れやヤニを落とすことができる。住宅用でも代用可。
	つけおきタイプ	洗剤液につけておくだけで換気扇や五徳などのひどいベタベタを落とすことができる 。
酸性洗剤	トイレ用	中性洗剤では落ちない頑固な特殊汚れも分解して洗浄することができる。
クレンザー		しつこい汚れを研磨して落とす。クリーム状と粉末状があるが、クリーム状のほうが粒子が細かいため、ステンレスやホーローなど傷をつけたくないものの汚れ落としに向いている。
漂白剤	酸素系	漂白のほか、除菌、除臭、洗浄効果がある。色柄ものにも使えるので、塩素系が使用できない色柄のカーテンやカーペット、布地の座面のシミ抜きや、ビニールクロス壁や畳のカビ取りにも向く。
	塩素系	漂白力が最も強く、除菌、除臭効果も高い。カビ取りのほか、台所用品の漂白、除菌と幅広く使える。取り扱いには十分注意を。
	還元剤	鉄分による黄ばみの漂白に効果的。40～50℃のお湯を使うことで効果を発揮する。
カビ取り用洗剤		浴室などに発生したカビに効果的。使用時は取り扱いに注意し、換気をよくして、マスク、ゴム手袋を使用すること。塩素系漂白剤でも代用できる。
パイプ用洗浄剤		排水パイプ内の汚れを発泡する泡の力で洗浄する。詰まり、ニオイの防止に効果的。

掃除のコツ

★上から下へ
ホコリは上から下へ落ちるので、最初に天井部、次に壁、家具、最後に床の順で掃除をすると無駄がありません。

★軽い汚れから重い汚れに
まずは水拭き。それで落ちない汚れに中性洗剤。それでも落ちない油汚れにはアルカリ性洗剤、特殊な汚れには酸性の洗剤。それでもまだ落ちない頑固な汚れはこすり洗いするといったようにすれば、無駄なく掃除ができます。

★ついた汚れはすぐに落とす
汚れはついてから時間がたてばたつほど落としにくくなるので、気づいたらすぐに落とすように。ためてやろうとせず、毎日少しずつでも掃除をすれば、その分、手間も時間もかけずにすみます。

One Point Advice ＞ 掃除機の入らないすき間の掃除方法

家具のすき間など、掃除機の先が入らない場所の掃除は困りもの。家具を動かすのはたいへんですし、かといってそのままではダニなどの発生の原因に。そうした場所の掃除にお勧めなのが、古いストッキングを利用した手作りハタキ。これに市販の吸塵剤（帯電剤）をスプレーして、すき間に入れ、柄を回しながら引き出すとホコリを取ることができます。

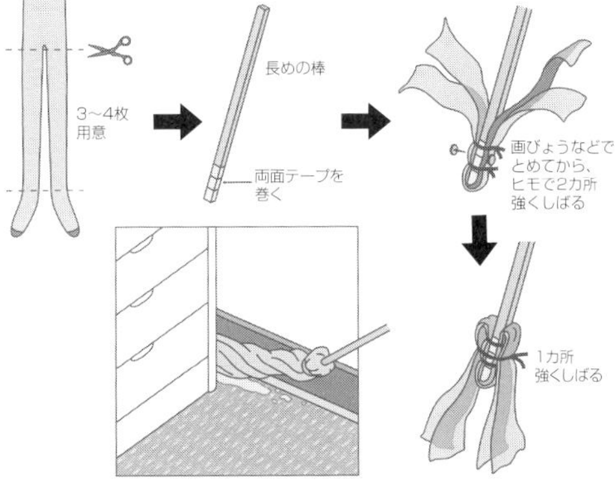

3～4枚
用意
長めの棒
両面テープを
巻く
画びょうなどで
とめてから、
ヒモで2カ所
強くしばる
1カ所
強くしばる

Chapter 3-1
暮らしの知識

ダニ、カビ、結露の防止対策

結露対策

空気は温度が高いほど水分を含むことができます。そんな水分を多く含んだ空気が冷たい物質に触れて冷やされると、水分の一部が水滴になります。それが結露の原理。夏、コップに冷たい水を入れておいておくと外側に水滴がつくのと同じです。結露になると湿度が上がるため、カビやダニの原因になるので注意してください。

結露の予防法

湿度を上げない

浴槽に水をためておかない、洗濯物を室内に干さないなど、できるだけ家の中で水蒸気が発生しないように気をつけましょう。冬は乾燥していると思いがちですが、現在のように気密性が高く、暖房設備が整っている住宅の場合は、決してそうではありません。結露ができるのは、湿度が高い証拠なのです。反射式、対流式のガス、石油ストーブを使っているお宅は特に注意を。それらは燃焼するときに大量の水蒸気を発生させています。結露がひどい場合は、そうした暖房器具をエアコンや電気ストーブに替えるのも方法です。

室内の温度を上げ過ぎない

温度が高ければ高いほど、空気中に含まれる水蒸気が多くなってしまいます。冬の暖房の効かせ過ぎは要注意です。

換気をよくする

調理のときや入浴後には必ず換気扇を回して湿気を外に追い出してください。部屋も時々、窓を開けて乾燥した空気を入れるようにしましょう。また、空気の流れが悪いところは水蒸気がたまりやすいので、通風をよくするよう工夫してください。

押入れの結露対策

壁面の結露には断熱効果のあるボードを貼るのが効果的。コンクリート用接着剤をチューブから絞り出しながら周囲を一周させ、中は格子状になるように塗って、押し付けるように貼ります。また、クギで打ち付けるのも方法です。

窓の結露対策

ペアガラスを使えればベストですが、外気が冷える夜間は必ず雨戸を閉める、カーテンは厚手のものを（できれば二重にして）天井から床までかける、などの方法で対策を。またガラス窓に断熱シートを貼るのも効果的です。ただ寒冷地ではあまり効果がないこともあるので注意を。ガラスやサッシの下に貼れば結露による水滴を吸い取るテープも市販されています。

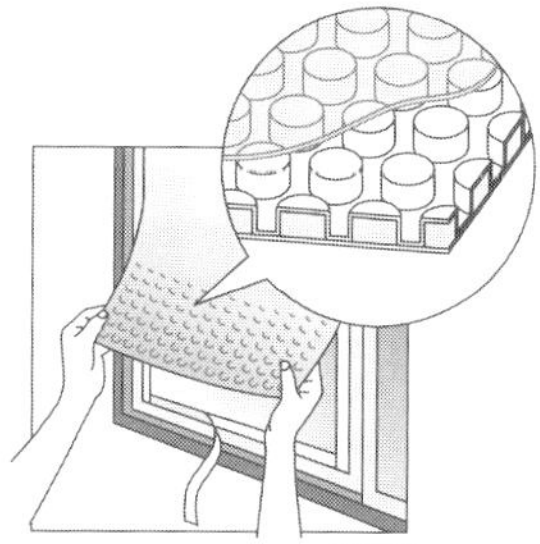

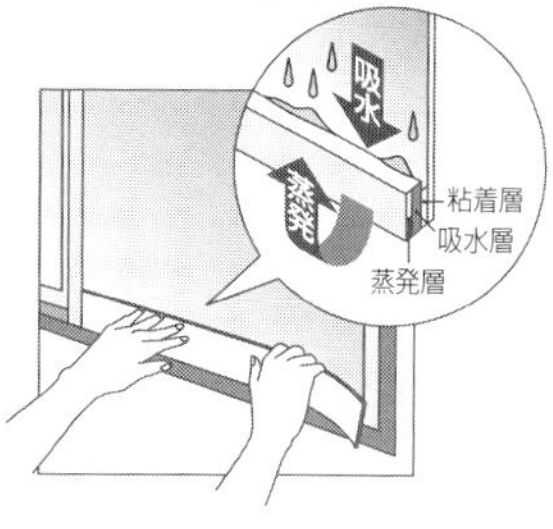

ダニ対策

毎日、掃除している家でも、ホコリ１ｇの中にダニが200匹いると言われています。ただ、このチリダニは人を刺さない種類で、200匹くらいなら害はほとんどありません。しかし、チリダニが繁殖すると、それを食べるツメダニが発生します。このツメダニに刺されるとかゆくなるのです。また、アレルギー体質の方にとっては、チリダニやその死骸、フンがゼンソクやアトピー性皮膚炎の原因となるので、念入りに掃除することが大切です。

ダニが発生する条件

ダニは、①温度20～30℃、②湿度60～80％、③ホコリ・フケ・食べ物のカス・カビなどといったダニのエサがある、④畳・カーペット・家具の後ろのホコリがたまっている場所などもぐりこんで産卵できる場所がある、この４つの条件が重なると発生します。つまり、ダニは、換気をよくして湿度、温度を下げ、掃除機をこまめにかけてチリやホコリをためないようにすることが大切なのです。

ダニの予防法

換気をよくして湿度を下げる

留守がちで、いつも部屋を閉め切っているという状態はＮＧ。冷房を使っている状態でも、閉めっぱなしはよくありません。また、気密性が高く暖房設備が充実している現在の住宅では、冬だからといって安心するのは厳禁。定期的に窓を開けるなどして、風の通り道を作り、湿度を下げる工夫をしてください。また、汗を吸い込んだふとんを入れる押し入れも要注意。梅雨どきなどには、扇風機の風を当てる、除湿器を使うなどして強制的に通風、除湿を行うようにしましょう。

天日干しする

畳

和室の風通しをよくして、その場で畳どうしを立て掛けるようにしておくだけでもずいぶん違います。屋外に出せるのならば、表裏交互に直射日光を当てて十分に乾燥させれば、さらに効果的。その後、畳をはずした床、畳の裏表に掃除機をかけて元に戻してください。また、畳の上にカーペットを重ね敷きしておくと、吸収された湿気が放出されず、ダニ繁殖の好条件を作ることになるので注意を。

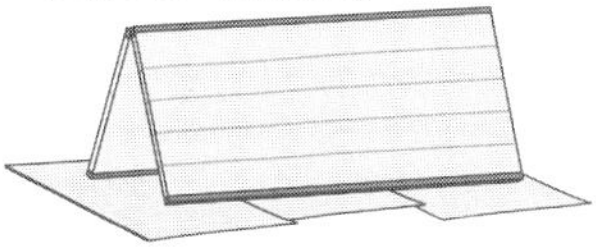

寝具

寝汗をかきやすい夏は頻繁に天日干しを。取り込んでから掃除機をかけるようにするとダニのフンや卵なども除去できます。天日干しができない場合は、ふとん乾燥機を使うとよいでしょう。また、シーツ類もこまめに取り替えて清潔に保ってください。梅雨時には、普段は使わない客用ふとんなども天日干しすると安心です。

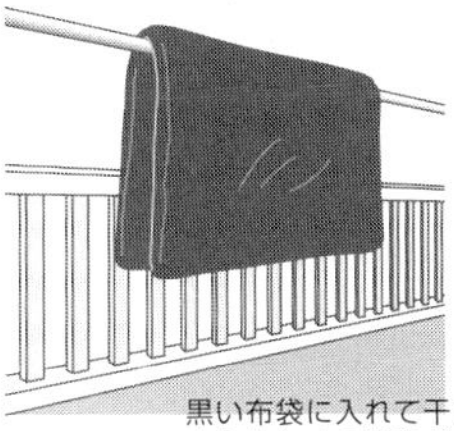

黒い布袋に入れて干すとふとん内の温度が上がるのでさらに効果的。

掃除機をよくかける

掃除機をかけて、ダニのエサとなるホコリや、ダニやその死骸、フンを取り除くことが大切。畳やカーペット、ホコリのたまりやすい四隅や家具の裏などもていねいにかけるようにしてください。また、座ぶとんやクッション、布製のソファやぬいぐるみも忘れずに。寝具には、ふとん用のノズルをつけてかけるようにしましょう。

防虫シートを敷く

畳やカーペットの下に防虫シートを敷き込んでおくと、約１年間ダニを寄せ付けません。

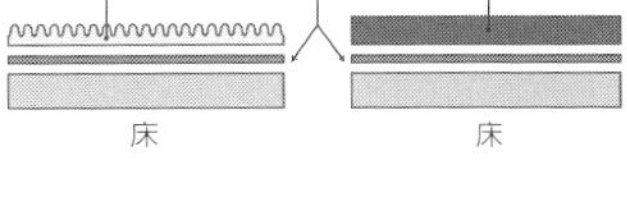

ダニが発生したときの対処

ダニが大量発生した場合、畳やカーペットの表面にも防虫シートを敷き詰め、状況に応じて１週間～１カ月そのままにしておきます。

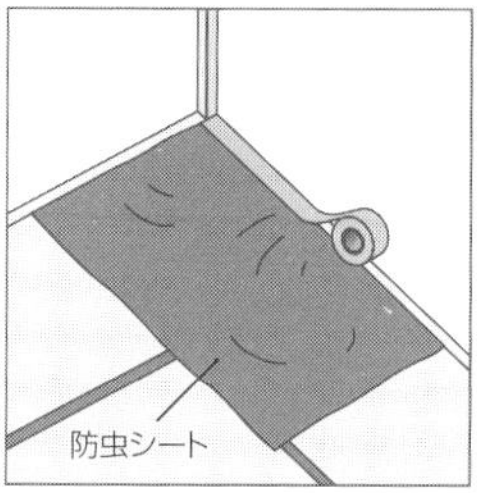

カビ対策

カビは、アレルギーの原因にもなります。また、カビはダニのエサになるので、そのままにしておくとダニの発生も誘発してしまいます。そのうえ、ひどいと家の土台や床を腐らせる原因にも。しっかり対策して、健康と、住まいを守りましょう。

カビが発生する条件

カビは温度5～45℃の間で繁殖しますが、20℃以上、特に28℃前後が最も盛んになります。湿度は60％以上で繁殖しますが、80％を超えると一気に増大。それに、ホコリや汚れなど、カビの栄養源となるものがあると、あっという間に繁殖していきます。

One Point Advice

窓を開けたままロックできるカギ

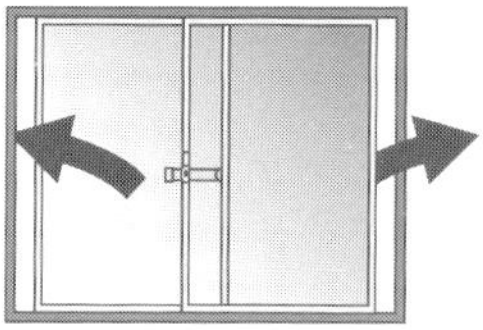

サッシのカギ（クレセント）に取り付けると、約5～7cm開けたままロックできる金具があります。これを使うと、浴室や部屋の換気にたいへん便利。夜間や、ちょっと留守にする場合も安心して換気ができます。窓は、左右にすき間ができるようにして開け、風の入り口と出口を作ってやることがポイントです。

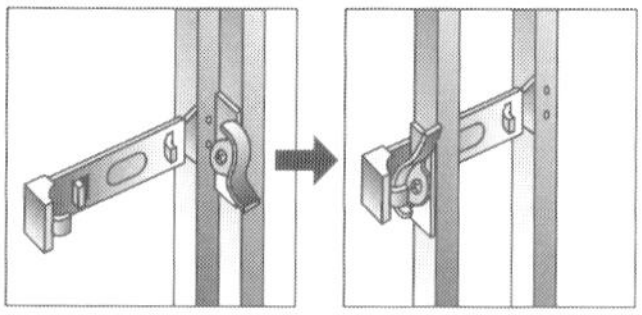

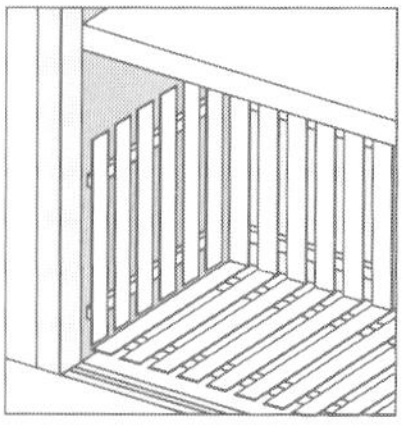

押入れにすのこを敷いて通風対策

押入れの床、壁にすのこを敷くと通風がよくなり、温度、湿度を下げるためカビやダニの防止対策になります。また、万が一結露が発生した際も、ふとん類が壁に直接触れないので安心です。

カビの予防法

湿度を上げない工夫を

室内

換気をよくするため、窓をできるだけ開けて、換気扇があれば回して空気をよどませないようにしましょう。エアコンや除湿器を使って除湿を行うのも効果的です。押入れやクロゼットには、除湿剤を使うとよいでしょう。

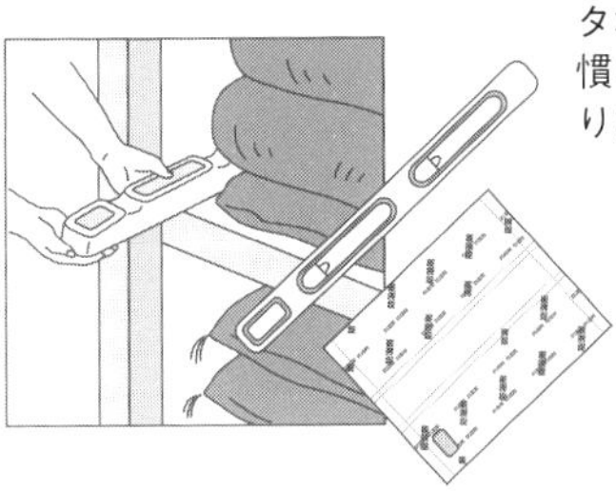

浴室

水分をできるだけ残さないのがポイント。浴槽に残ったお湯は流してしまうか、きちんとフタをするようにしましょう。そのうえで、窓を開ける、換気扇を回すなどして、できるだけ早く湯気を逃がすようにしてください。すこし大変ですが、入浴後、タオルなどで水分を拭き取る習慣をつけるとたいへん効果があります。

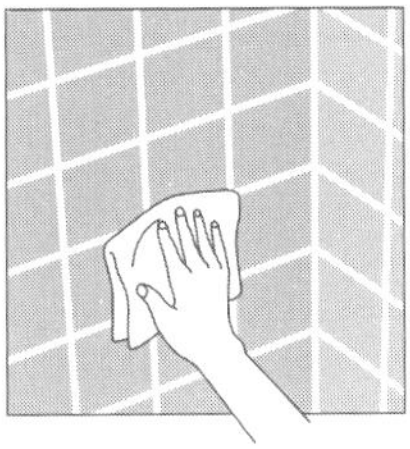

汚れを残さない

高温多湿でカビが発生しやすい浴室も、きちんと掃除しておくとカビは生えません。カビの栄養素となる石けんカスやアカを残さないように毎日壁から天井まできれいに洗い流すようにしましょう。

定期的に防カビスプレーを

カビが生えやすい場所には2～3カ月ごとに防カビスプレーをかけると効果的です。

カビ取り剤の種類

塩素系カビ取り剤

カビの胞子を殺菌し、さらに漂白してカビを取る効果があります。また、塩素系漂白剤を水で3～5倍に薄めたものもほとんど同じ効果があります。
塩素系のカビ取り剤を使う場合は、塗ってしばらくそのままおくのがポイント。殺菌漂白してカビを取るのですから、こするとかえって落ちづらくなります。
また、においやアルカリ性が強いので、換気をよくする、ゴム手袋を着用するなど取り扱いには十分注意し、使用後は水洗いか水拭きを必ず行うことも大切なポイントです。

アルコール

エタノールなどのアルコールもカビを殺菌しますが、漂白効果はないので、カビを消すことはできません。カビの発生防止としてスプレーするなどして使用するとよいでしょう。

乳酸系カビ取り剤

除菌、抗菌効果があるうえ、においがなく、弱酸性なので手についても安心なカビ取り剤です。これらは、塗ってしばらくおいたあと、こすってカビを取ります。

カビ取りの注意点

塗装壁やタイル目地、室内のビニール壁紙に生えたカビはカビ取り剤で落とすことができますが、布壁紙や京壁、繊維壁に塩素系カビ取り剤を使うとそこだけ色が抜けるので注意。そうした場所に生えた場合には、アルコールで殺菌するしか方法がありません。
また、カビ取り剤は泡状にスプレーできるものなどがあり、床や壁面に使うには便利ですが、浴室の天井などに使用する際には困ります。そんな時や、漂白剤を使う場合に便利なのが塗装用品。平らな場所ならコテバケ、凹凸のある場所ならローラーバケを使うと簡単に塗れます。天井など高い場所に塗る場合は別売り継ぎ柄をつけると楽。タイル目地や隅などにはミニコテバケが便利です。

Chapter 3-2

暮らしの知識

地震対策
【家具の転倒とガラス飛散防止】

家具の転倒防止

L字金具で壁に固定する

タンス、本棚、食器棚などほとんどの家具に利用できる方法。金具で直接、壁に付けるので、しっかり固定できます。

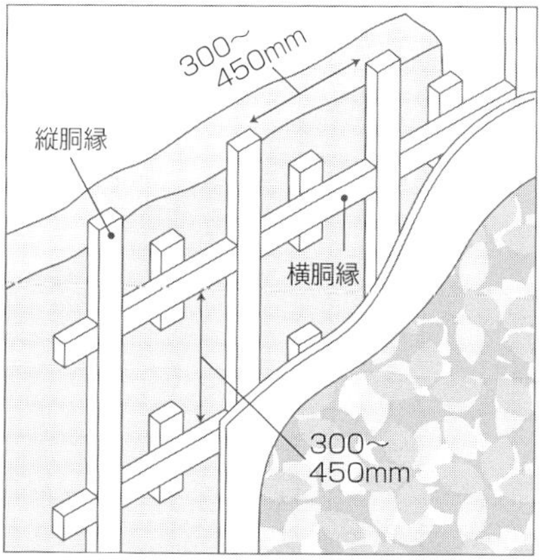

コンクリート住宅の壁の構造例

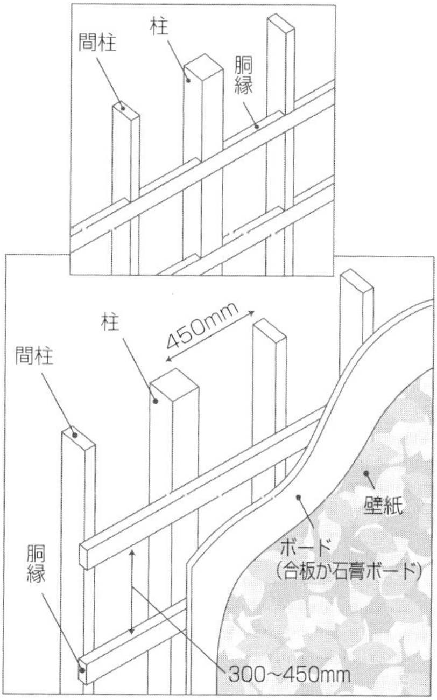

木造住宅の壁の構造例

1 取り付け位置を決める

合板や石膏ボードの張ってある壁の内側（下地）には、柱、間柱、胴縁と呼ばれる桟が入っている。壁にL字金具等を取り付ける際は、これらに固定しないと、振動でネジが抜けるなどして、イザという時に効果がない。また、間柱の上に胴縁が取り付けられている場合は、胴縁にしかネジがきかないので注意を。通常、間柱は45㎝間隔、胴縁は30～45㎝間隔にあるので、それを目安に壁を叩き、固い音がする場所を探すとよい。その際、桟の位置をセンサーでチェックする器具か、壁に押し付けると針が出て、その抵抗感の違いで有無を調べる道具を用意すると、もっと確実に簡単に探すことができる。
家具は、両端の側板と天板が接している箇所に取り付けるようにする。

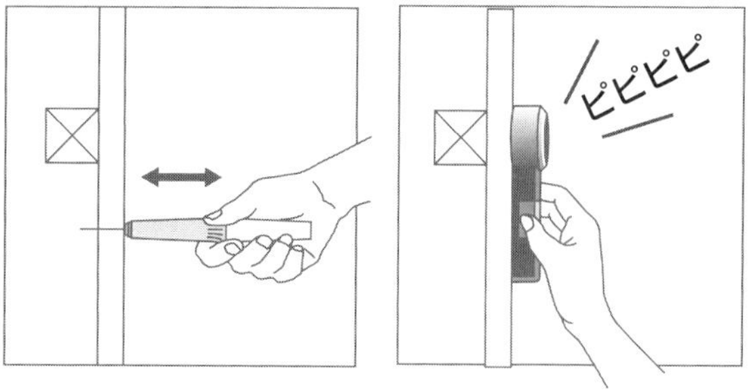

2 マークを付け下穴をあける

取り付け位置を決めたら、金具を当ててみて、すべてのネジ穴の中央に鉛筆などでしるしをつける。一旦、金具をはずし、しるしをつけた箇所にキリで下穴をあける。

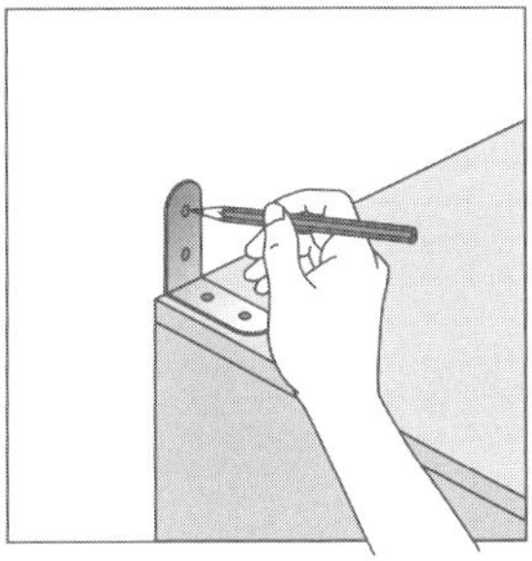

3 しっかりとネジ留めする

穴の位置に合わせて金具を当て、下穴にネジを差しこんでドライバーでしっかり締めて固定する。

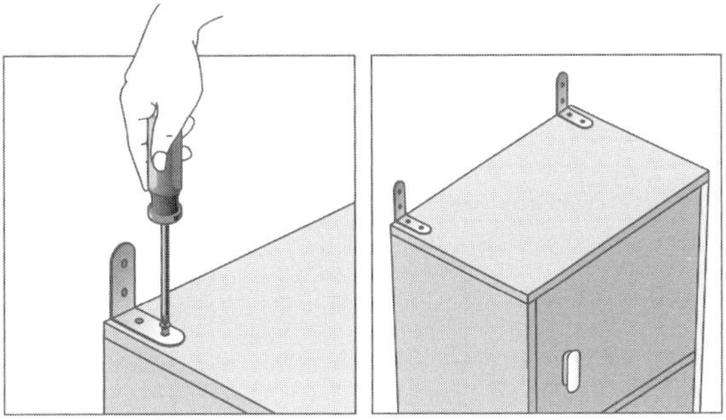

家具にキズをつけたくない場合

賃貸住宅などで壁に穴をあけたくない場合や、コンクリート住宅で、壁にネジがきかない場合は、以下のような方法があります。

●突っ張り金具で固定する

天井がしっかりしているコンクリート住宅なら、天井と家具の間に入れ、上下に突っ張って固定するタイプがおすすめ。家具と天井との隙間に合う長さのものを選び、家具の天板の両端に取りつけるようにしてください。できるだけ壁面に寄せ、天井と家具の隙間に垂直に立てるのがポイントです。

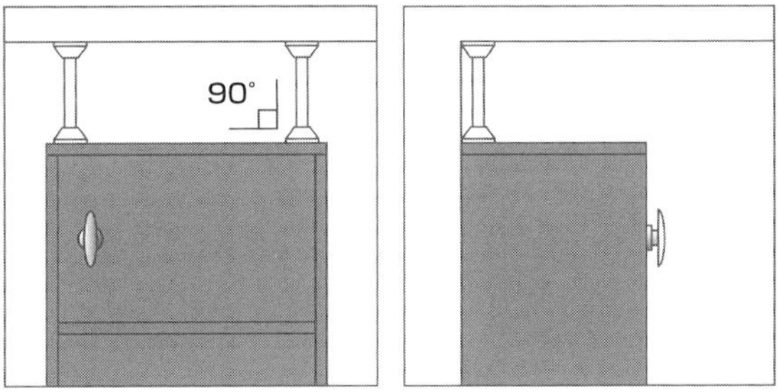

●安定板をはさむ

家具の前面に安定板をはさみこむことで、重心を後に移して前側に倒れにくくする方法。合成樹脂やゴム製で、そのままはさみこむ固いタイプと切っても使える柔らかいタイプがあります。長さも各種揃っているので、家具の大きさに合わせて選びましょう。

取り付ける際は、デコボコのある面を家具に当ててはさみこみ、家具の後上部が壁にピッタリつくように調整してから中身を入れ、揺らして安定しているかどうか確かめるように。カットして使う場合は、1本20～30cmの長さにして、両端とまん中の3カ所にはさみこむことが大切です。

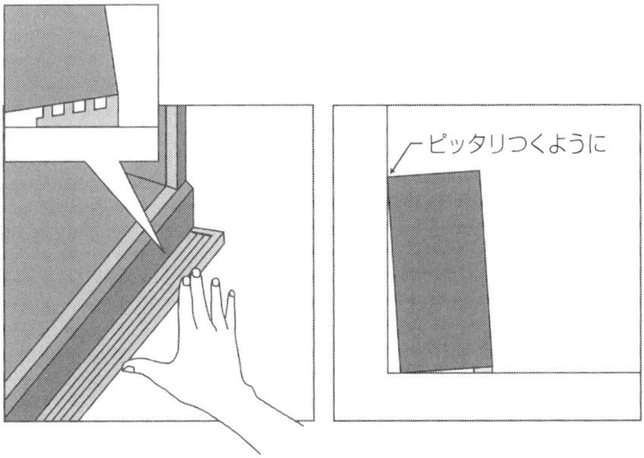

中身の飛び出し防止

扉付き家具の場合

扉にネジで簡単に取り付けることができるラッチを付けてストッパーにすると安心。さまざまなタイプが市販されていますが、扉の内側につけるタイプだと、インテリアも損ねません。取っ手つきの扉なら、子供のいたずら防止用のストッパーを使うのも方法です。

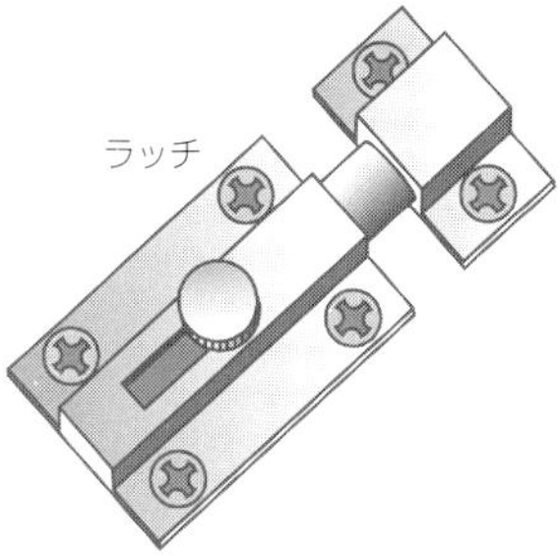

ラッチ

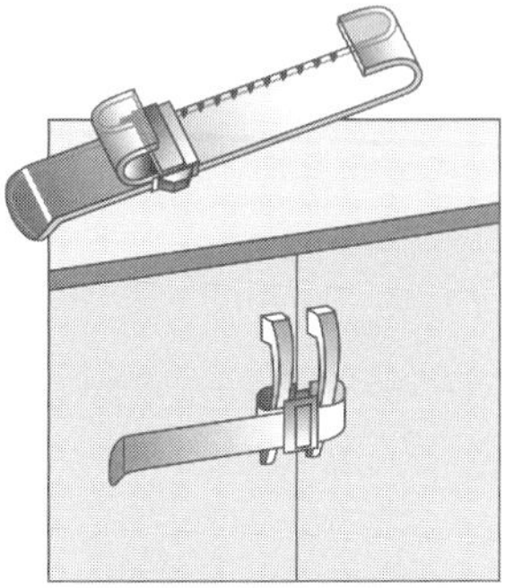

赤ちゃん用ストッパー

オープン棚の場合

角材やチェーン&ヒートン、突っ張り棒などを使って棚板にガードをつけておけば、最初の一揺れで落ちるということは防げます。ただし、確実ではないので、揺れがきたら、できるだけ早くオープン棚から離れるように。また、落ちて危険なものはオープン棚に飾らないように注意してください。

突っ張り棒

チェーン&ヒートン

One Point Advice > 家具の配置にも気をつけましょう。

●重いモノは下段に

上部に重いものを置くと不安定になり、倒れやすくなるので注意。収納棚の安定をよくするため、重いモノは下段に入れるようにしましょう。高い位置に重いもの、危険なものを飾るのもＮＧです。

●出入り口付近に家具を置かない

家具が倒れるとドアが開かなくなり、閉じ込められる危険性があります。

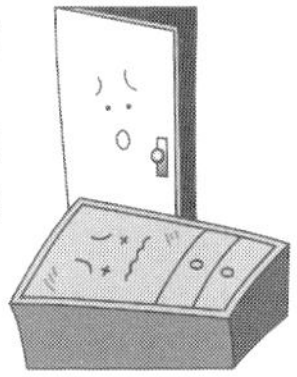

●寝室にはできるだけ家具を置かない

眠っている無防備な時に家具が倒れてきたら、それを防ぐ手立てはありません。寝室に家具を置く場合は、できるだけ背の低いものを選びましょう。高さが奥行きの3倍以上の家具は危険と考えて間違いありません。また、頭上に額縁や大きな時計を飾るのも危険です。

ガラスの飛散防止

ウインドウフィルムを貼っておけば、万が一ガラスが割れても、その破片でケガをするという事態は防げます。透明タイプから、カラー、ステンドグラス柄などが揃っていますから、窓やドア、食器棚や本棚の扉のガラス面にはもちろん、額縁や掛け時計のガラス面、鏡、水槽などにも貼っておきましょう。ガラス天板のテーブルは、裏面に貼っておけば日常も邪魔になりません。また、浴室や洗面所の鏡には、曇り止めシート（貼り方はウインドウフィルムと同じ）を貼る方法もあります。

1 ウインドウフィルムをカットする

ガラス面や枠の汚れをきれいに洗い落としてから、寸法を測り、それより周囲1～2㎝大きなサイズにウインドウフィルムをカットする。

2 ガラス面に水をスプレーする

貼る前にガラス面に水をスプレーするのがポイント。そうすると、貼る時に失敗しても、曲がりやシワを自在に直すことができる。

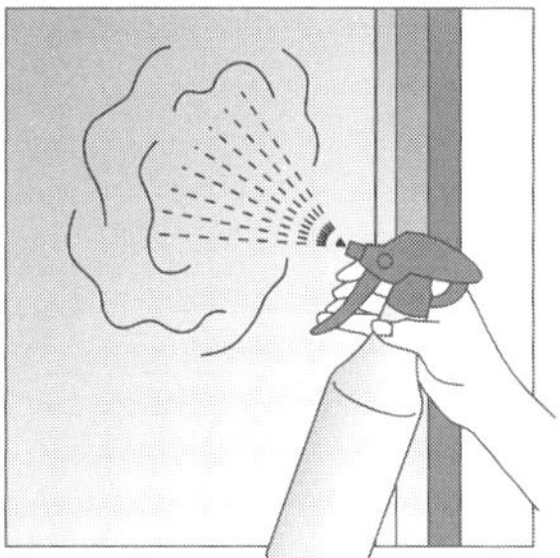

3 フィルムの裏紙をはがす

はがしにくい場合は、フィルム角の裏表両面にセロハンテープを貼って開く。フィルムの裏側に水をスプレーしながらはがすと、裏紙とくっつかないので作業が楽。

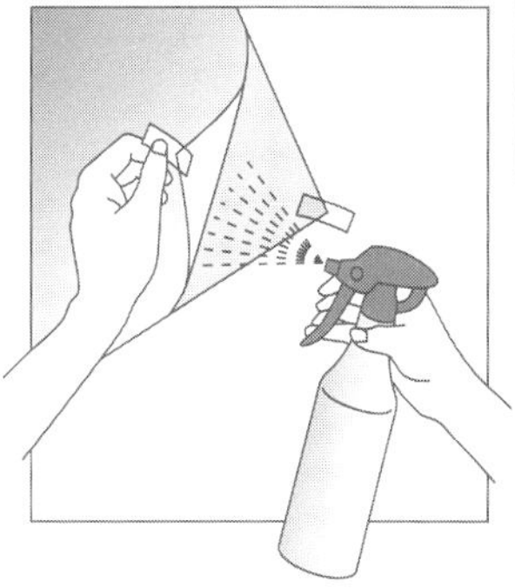

4 ガラス面にフィルムを貼る

ゴムベラで中心から外へ向かってこするようにして、空気と水を追い出して密着させる。

5 余分なフィルムをカットする

ガラスのまわりのゴムを切らないように、枠から2～3㎝内側をカットするように定規を当て、カッターで切りとる。

Chapter 3-3

暮らしの知識

非常用持ち出し袋

大地震やその他の災害で、避難せざるを得ない状況に追い込まれた時、強い味方になってくれるのが、非常用持ち出し袋。災害は、いつ襲ってくるか解りません。いざという時に慌てないよう、災害対策は万全にしておきたいものです。非常用持ち出し袋は、避難所に避難して、救援物資が届くまでの期間、3日間を目安にして、中身を考えましょう。あまり欲張って、大荷物になるとかえって避難の邪魔になります。一人5 kgまでを目安に、体力に合わせて調整してください。災害の際に、どのように行動するかをよく考えて、それに合った準備をすることが大切です。赤ちゃんのいるお宅では、紙おむつ、おぶいひも、粉ミルク、哺乳瓶もお忘れなく。

1 リュックサック

軽くて丈夫なものを。防水、防炎加工が施されているものがよい。

2 ヘルメット、防災ずきん

ヘルメットはジャストサイズのものを各自、用意。あごひもでしっかり装着できるツバ付きがおすすめ。また、火災時の避難の際には、顔や首筋を守ってくれる防災ずきんが役に立つ。不燃布で手作りすることも可能。

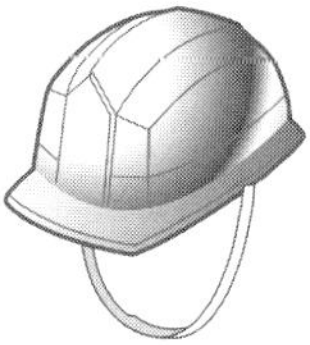

3 懐中電灯

夜間の災害に備えて、強力ライトのものを用意。頭に装着できるヘッドハンド付きのタイプなら、両手が自由に使えるので便利。

4 携帯ラジオ

デマに惑わされることなく、周囲の状況を正しく把握するために、ラジオは不可欠。カード式ならポケットに入れて聴きながら移動ができる。

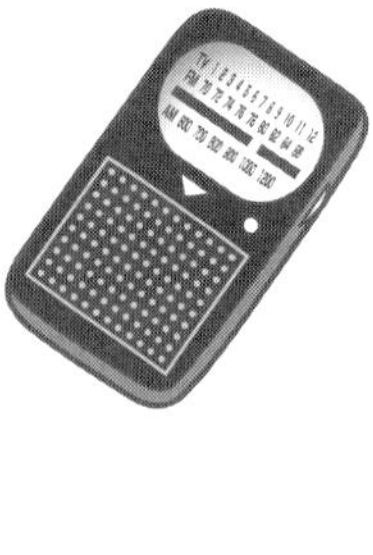

5 予備の乾電池

懐中電灯、ラジオとも、最低3日は使えるように、予備の乾電池を用意しておく。

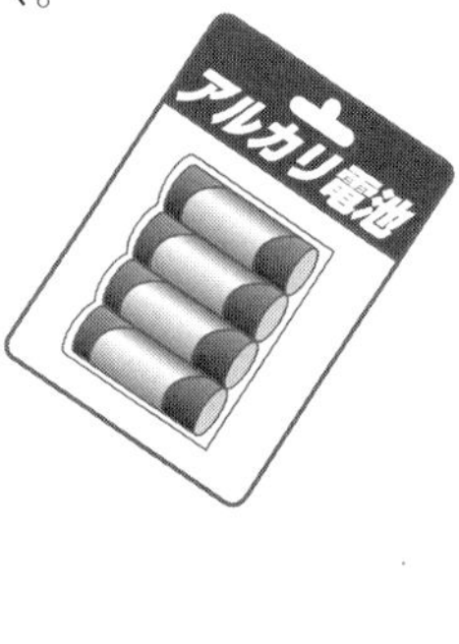

6 雨　具

動きやすい携帯レインコートを準備。防寒効果も期待できる。

7 現　金

当座の費用として、3万円くらい準備しておく。釣銭不足も考えられるので、小銭も忘れずに。公衆電話で連絡を取ることに備えて10円玉を多めに準備しておくとよい（停電時の公衆電話は、グレーのデジタル電話を除き、カード、100円玉が使えない）。

8 救急セット

持病の薬のほか、三角巾、包帯、消毒液、傷薬、シップ薬といった外傷薬と、胃薬、頭痛薬、腹痛薬などの内服薬をコンパクトにまとめる。粉塵が舞うことが多いので、目薬も忘れずに。女性なら生理用品も用意しておこう。

9 証明書のコピー

保険証や土地、家屋の権利書のほか、免許証やパスポートなど、顔写真入りの身分証明書のコピーを用意しておくと何かと便利。

10 軍手・ロープ

細めで丈夫なロープが一巻あると、避難の際、便利。軍手は、熱いものを触っても溶けないように、繊維にビニールが織り込まれていないものを選ぶように。

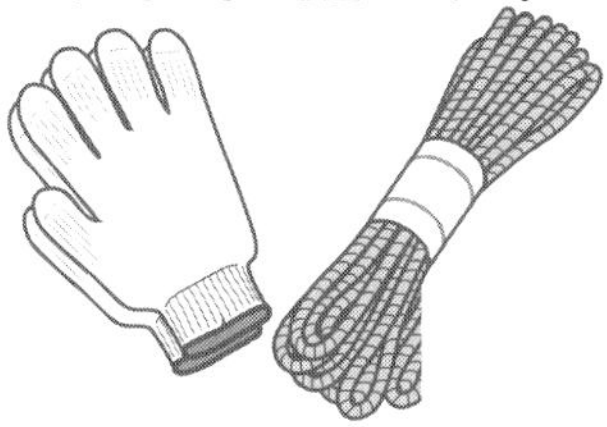

11 携帯用トイレ

災害直後、混乱している避難所では、トイレが使えるとは限らない。数秒で尿を固める凝固剤が入ったものがあると、いざという時に安心。

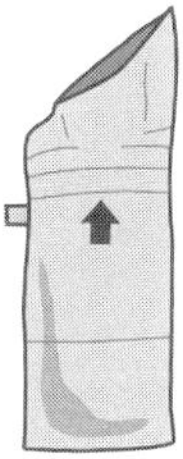

12 ティッシュペーパー、ウエットティッシュ

水を使えないことが多いので、手や顔を拭きたい時、ウエットティッシュは、たいへん重宝する。

13 油性マジック

家族がはぐれて連絡を取り合いたい時、近所の方に避難先を知らせたい時などに利用できる。

14 マッチ、ライター

暖をとったり、煮炊きをするのに欠かせない。マッチは、雨風の中でも使える防風マッチがあると安心。ライターもターボ式の方が火力があり、風にも強い。ただ、災害直後は、ガスが漏れている可能性があるので、火をおこす時は、十分注意すること。

15 レジャーシート、ポリ袋

床に敷いたり、雨よけに使ったりと、1枚あると何かと便利。毛布3枚分の保温効果があるアルミ製のシートがあると、さらに重宝。ポリ袋があれば、飲料水を運搬するバケツの代わりなどにも使える。

16 飲料水、食糧

理想は3日分だが、重い場合は2日分だけでも確保しよう。災害直後は、水がなかったり、煮炊きできない場合が多いので、開けてすぐ食べられるものの方がよい。

17 多機能ナイフ

ハサミ、ナイフ、缶切り、ヤスリ、ノコギリなど、数種類の機能を持つナイフがあると便利。スプーンやフォークが付いているものもある。

18 衣　類

かさ張らない使い捨て下着があると便利。衣類は動きやすい長袖のものとズボンを用意しておこう。余裕があれば、スニーカーも入れておくと安心。

19 緊急連絡メモ、写真

子供がはぐれた場合や、万が一意識を失ったような場合、名前、緊急連絡先、血液型、持病の有無、発作時の対応などを書いたメモがあると安心。家族の写真があると、はぐれた時、捜し出すのに便利。

20 タオル

汗や雨を拭き取るほか、傷口を押さえたり、冷やしたり、寒いときは首に巻いたりと、多機能に使える。

21 予備のめがね&補聴器

日頃、めがねや補聴器を使っている人がその補助なしで災害時に移動するのはたいへん危険。粉塵が舞い上がっていることが多いので、コンタクトレンズを常用している人も非常時には、めがねを使った方が安全。

One Point Advice

置き場所も考えて

非常用持ち出し袋は、玄関や廊下など、家族の誰でもが、すぐに持ち出せる場所においておきましょう。家が倒壊したような場合に備えて、できれば、車のトランクや物置などにも、必要最低限のセットを入れておくとよいでしょう。勤め先のロッカーなどにも、地図や雨具、非常食、スニーカー、連絡先のメモなど、家族と合流するのに必要と思われるものを用意しておくと安心です。

ベッド周りには衣類と靴を

就寝中、大きな地震などがあって、すぐに避難する必要がある場合、薄手の寝間着に素足ではたいへん危険です。すぐ手が届く場所に長袖の服と長ズボン、スニーカーをおいておきましょう。

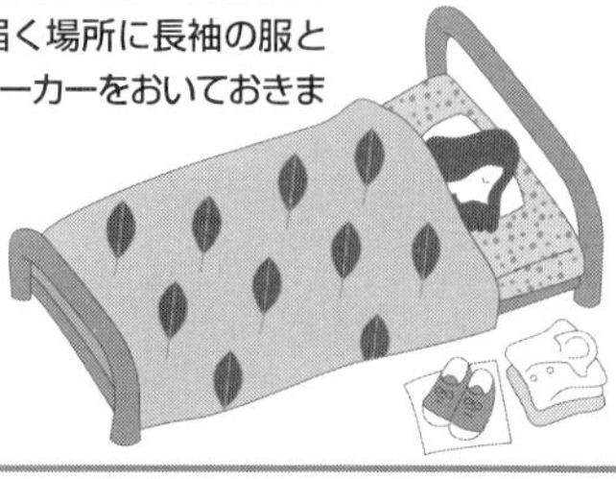

避難する際の注意点

避難ルートを決めておく

自治体指定の避難場所がどこにあるかチェックを。実際に歩いてみて、所要時間や周りの危険物の有無も調べておきましょう。建物の倒壊や橋の落下などで通れなくなった時のことを考慮して、最低2通りのルートを決めておくとよいでしょう。

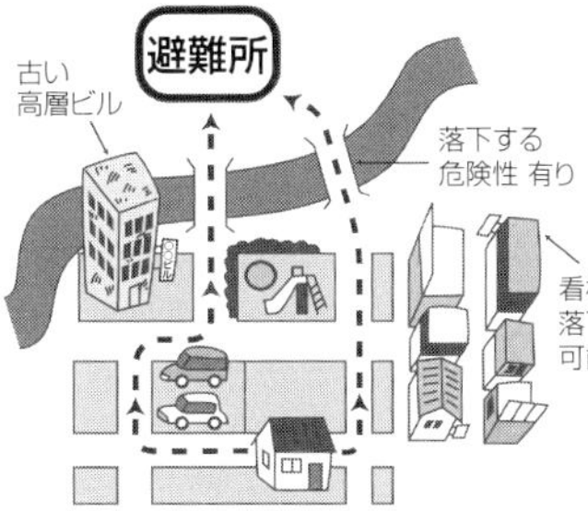

緊急時の連絡先は最低3件

学校や会社などに出掛けて家族がバラバラな時に災害に遭った場合に備えて、連絡先を決めておきましょう。災害直後は、電話がつながりにくくなるので、その影響を受けない遠方の親戚や知人のお宅を連絡先にするとよいでしょう。第3連絡先まで決めておくのがベスト。

ブレーカーを切る

電気が復興した時に、漏れたガスに引火して爆発が起きるケースがあります。停電の時でも必ずメインブレーカーを切ってから外に出ましょう。

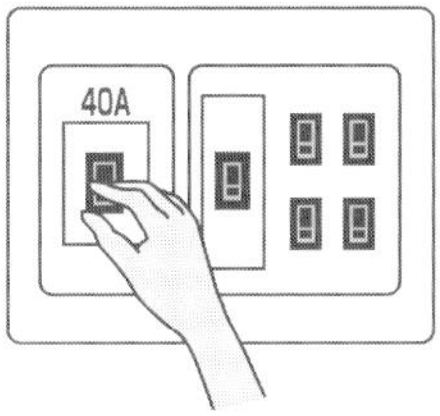

縄ばしごの準備

ドアが開かない、階段が壊れた、廊下で火災が起こったなどの場合は、避難はしごが役立ちます。一戸建や低い集合住宅の場合は、地面までの長さのものを、高層マンションの場合は、とりあえず1フロア下まで降りられる長さのものを用意しておきましょう。

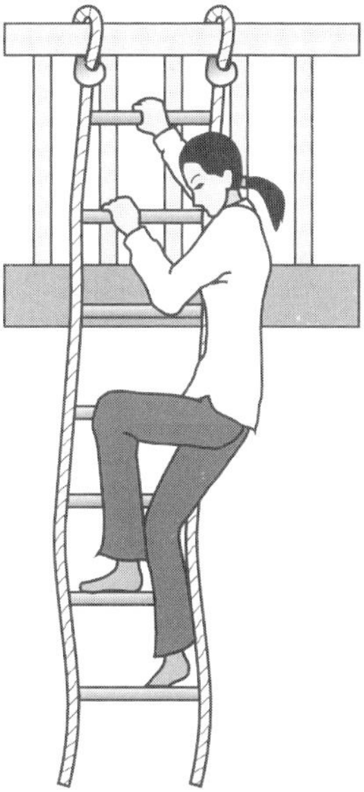

ガスの元栓を閉める

ガス漏れはたいへん危険です。外出する際は、必ず元栓を閉める習慣をつけておきましょう。避難する場合は、住宅に引き込まれている元栓を閉めておくとさらによいでしょう。

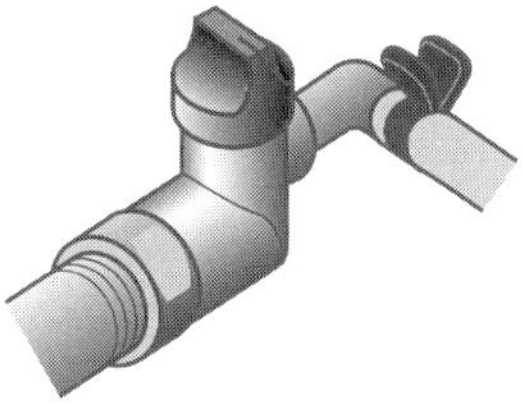

窓やドアを閉める

万が一、家が火事になった場合、窓が開いていると燃え広がりやすいので、窓やドアはぴったり閉めてから外に出ましょう。

Chapter 3-4

暮らしの知識

引っ越し準備

梱包や運搬に便利な用品

1 エアーマット

クッキーの底などに入っている、空気の入った粒があるポリエチレンのシート。家具からはずしたガラス扉や、掛け時計、花瓶、美術品などのワレモノを衝撃から守ってくれる。２～３重に巻いておけば、多少の振動で壊れることはないので安心。1.2ｍ×10ｍ程度のものをロールで購入しておくとよい。
また、このシートを袋状にしたものも販売されている。このタイプがあると皿など食器の梱包が手早くできる。

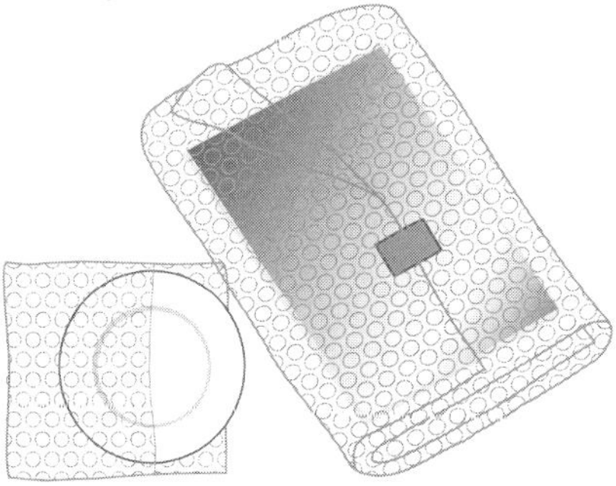

2 クイパック

梱包用のテープとストッパーのセット。ストッパーにテープを通し、ギュッと引っ張るだけで、簡単にダンボール箱へのひも掛けや、雑誌の結束ができる。

3 ふとん袋

布製のふとん袋は、引っ越し後の収納にも便利。布製より安価な紙製のものもある。

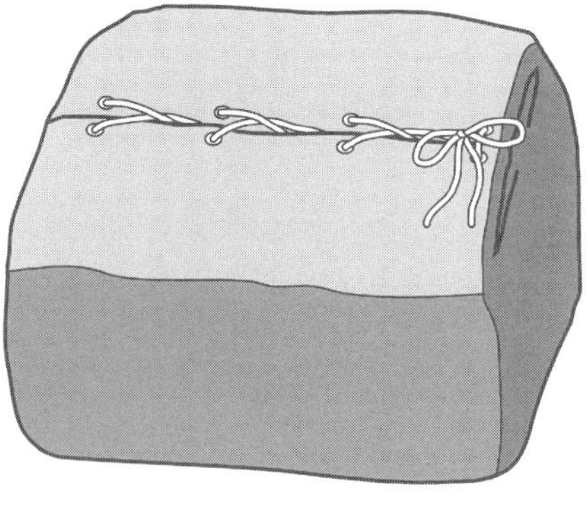

4 ポリ袋

使いかけの油や醤油などを運搬する時、大きめのポリ袋をダンボール箱の内側に敷いておけば、もし中身がこぼれても安心。ビン類は、ダンボールを切ったものなどでクッションを作って間に入れておくと破損も防げる。また、濡れたら困る衣類や本などもポリ袋に入れておくとよい。小さなポリ袋は、小物の区分けなどに重宝する。

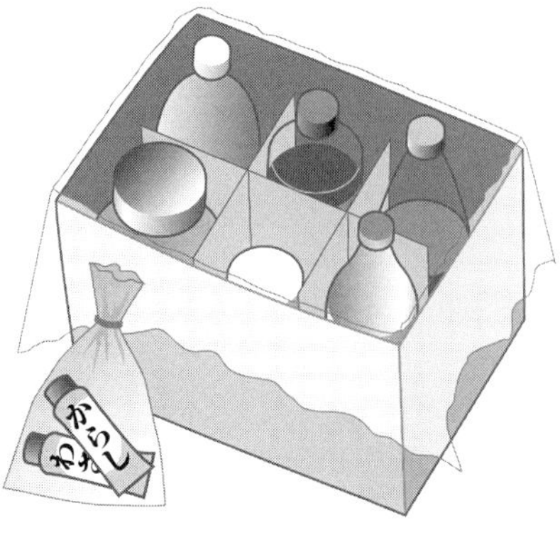

5 荷札シール

箱には必ず、中身と運び込む場所を書き入れておこう。箱に直接書くのもいいが、白無地の荷札シールに書いて、決めた位置に貼るようにすれば、一目瞭然。取り扱いに注意したい荷物には、専用のシールも販売されている。

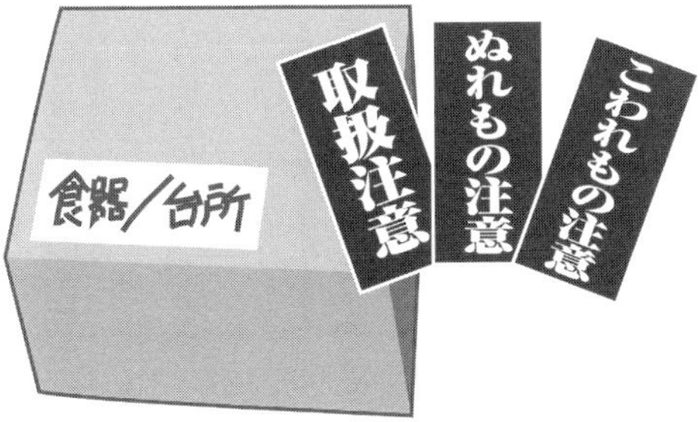

6 すべり止めつき軍手

手のひら部分にゴムのつぶつぶのすべり止めがついた軍手。普通の軍手より、荷物が運びやすい。

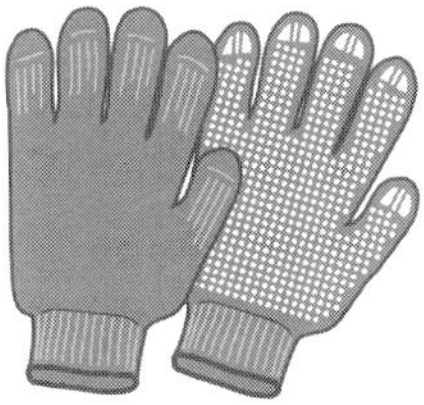

7 その他必要なもの

ビニールひも、布製ガムテープ、カッター、ハサミ、油性マジックペン、ドライバー、ダンボール箱、新聞紙、ボロ布など。古い毛布やシーツ、カーテンなどもあると便利。

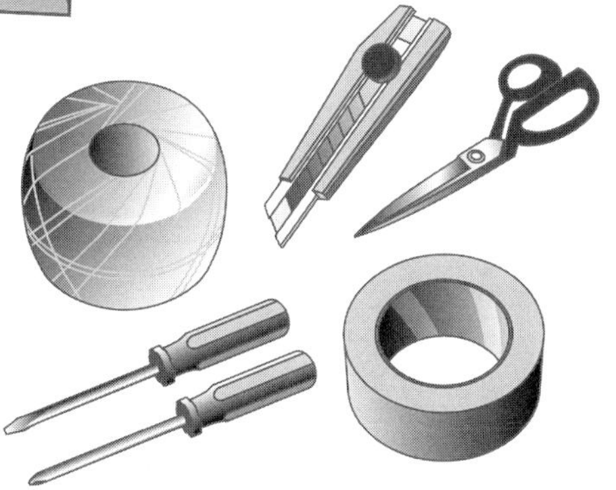

One Point Advice ＞引っ越しの前に

●家具配置の決定

転居先の家の各部のサイズを測って正確な間取り図を書き、何をどこに置くか家具配置を考えましょう。これをしておかないと、家具が入り切らなかったり、荷物がバラバラになって、たいへんです。

●冷蔵庫の霜取り

引っ越し前夜か朝には冷蔵庫をカラにして、霜取りを。運搬前に蒸発皿にたまった水を忘れずに捨ててください。その後、内部をアルコールで拭いておくと、いやな臭いを防ぐことができます。

●石油ストーブなどの灯油抜き

石油ストーブ、ファンヒーターなどはタンクの灯油を抜いて空にしてから運ばないと危険です。

荷造りのコツ

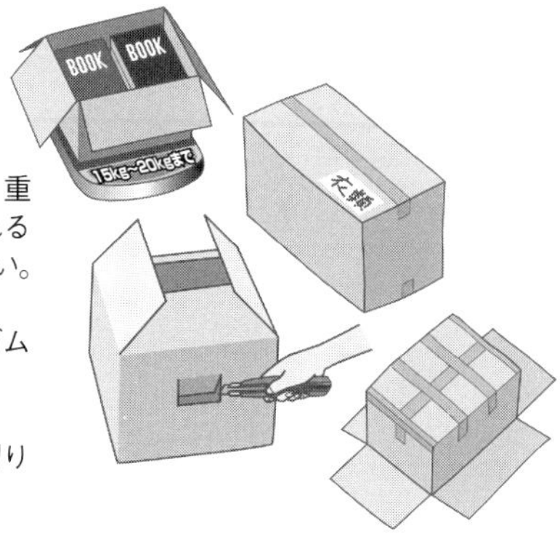

ダンボール箱を使いこなす

●中身にあわせて大きさを決める

本や食器など重い荷物を大きな箱に入れると、運搬がたいへん。重くなるものは、小さな箱、衣類など軽めなものは大きな箱に入れるようにしましょう。１箱の重量は15〜20㎏が限界と考えてください。

●しっかり補強する

運んでいる途中で底が抜けた、ということがないように、底はガムテープでしっかり補強してから荷物を入れましょう。

●手掛かりをつける

重い箱は持ちにくいもの。ひもを掛けるか、側面にカッターで切り込みを入れて内側に折り返して手掛かりを作っておきましょう。

本をしばる時は当て紙を

大切な本などを結束する場合は、四隅に厚紙を折ったものをはさむようにすると、ひもの跡がつくのを防ぐことができます。

貴重品の荷造り

通帳、印鑑や保険証書類、宝石などの貴重品は、人任せにせず、できるだけ手荷物にして自分で運びましょう。

すぐ使うものはひとまとめに

工具や掃除道具のほか、タオルや引っ越ししてすぐに使う食器類（湯飲み、コップ、ヤカン、お茶葉など）は、ひとまとめにして、すぐに取り出せるように、解りやすくしておきましょう。

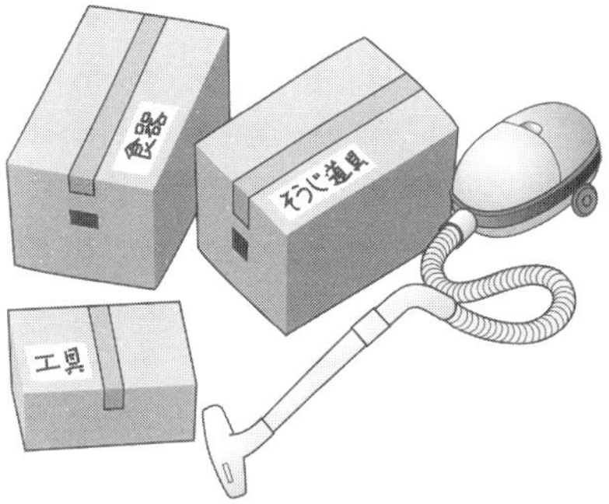

引き出しの固定は布製ガムテープで

運搬中に引き出しが開かないように、テープでとめておきましょう。この時、クラフト製のテープを使うと後ではがしにくくて大変。布製のものを使って、一端を折り返して貼るようにするとよいでしょう。ただし、できるだけ早くはがすようにしてください。

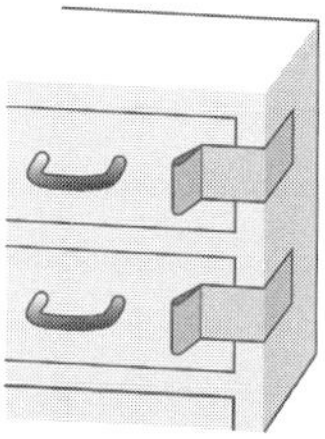

不用品の処理は早めに

傷んでいない家具やきれいな衣類など、まだ使えるものは、バザーやガレージセール、リサイクルショップに出すなどしてできる限り有効利用しましょう。それで処理できない粗大ゴミは、受け持ちの清掃事務所に早めに連絡を取って処分を。連絡先は役所、役場に問い合わせると教えてくれます。可燃ゴミ、不燃ゴミなども不当に処分すると罰せられるので、その地域のルールをきちんと守って。そのためにも、早めに処理することが肝心です。

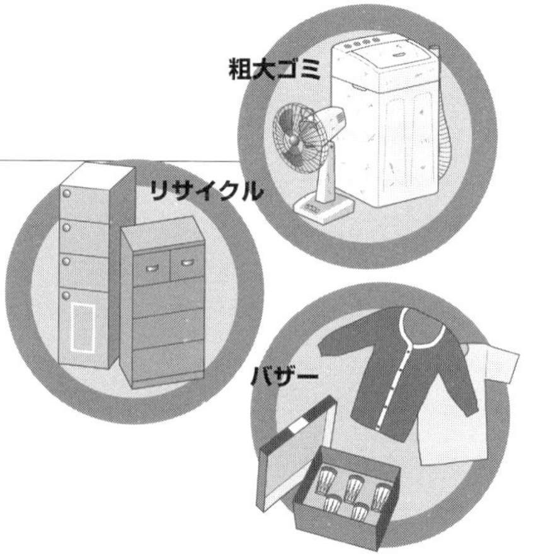

引っ越しに関する主な手続き一覧表

（各市町村によって多少の違いがあるので確認してください）

1カ月～2週間前

家屋賃貸借契約解除の通告	貸　主	契約条項を確認して期日までに報告する。一般には１カ月前までが多い。
電話の移転	ＮＴＴ	「１１６」番に電話。古い番号に掛けてきた人に新しい番号を知らせる番号案内サービスも受けられる。
転校手続き	学　校	担任教師に話し、転入するのに必要な在学証明書などを発行してもらう。

10日～1週間前

水道の使用中止届け	市区町村役所・水道局営業所	検針表などに書かれてある連絡先に電話すれば、引っ越し当日までに日割り精算してくれる。
電気、ガスの精算	各営業所	〃

1週間～前日まで

転出届、国民健康保険の資格喪失届、国民年金の住所変更、印鑑証明の廃止届	旧住所の市区町村役所	印鑑が必要（印鑑証明がカードの場合は、そのカードも）。
郵便物転送届	郵便局	最寄りの郵便局所定の専用はがきか、官製はがきに、旧住所、新住所、引っ越す家族全員の名前、転出日を明記して、旧住所の本局に連絡すれば、1年間は転送してくれる。
銀行、ローン、保険	各本支店	窓口で所定の用紙に記入して住所変更手続きをとる。印鑑が必要。

引っ越し後

転校届	転入学先の学校	学校長に届け出る。入学願書のほか、前の学校の在学証明書等が必要。
転入届、国民健康保険の加入、国民年金の住所変更	新住所の市区町村役所	同じ市区町村で引っ越した場合は転居届を。印鑑と転出届、国民年金の場合は年金手帳が必要。引っ越し後14日以内に届け出ること。
印鑑証明登録	新住所の市区町村役所	当日発行はできないので、必要になる前に早めに申請しておくとよい。
運転免許証の住所変更	警察署、または運転免許試験場	住民票が必要。
自動車の登録変更	陸運支局	引っ越し後15日以内に届け出る。警察で手続きした車庫証明書、住民票等が必要。
犬の住所変更	市区町村役所または保健所	自治体によって届け出に必要なものが異なるが、鑑札、狂犬病予防注射済票と印鑑等が必要。

Chapter 4-1

水まわり

水道蛇口の水もれを直す

水道の水もれの原因のほとんどは、パッキング類の摩耗です。これらの交換は、10分もあれば簡単にできます。水道代、資源の節約のため、水もれに気がついたらすぐに交換しましょう。

水道蛇口の構造と名称

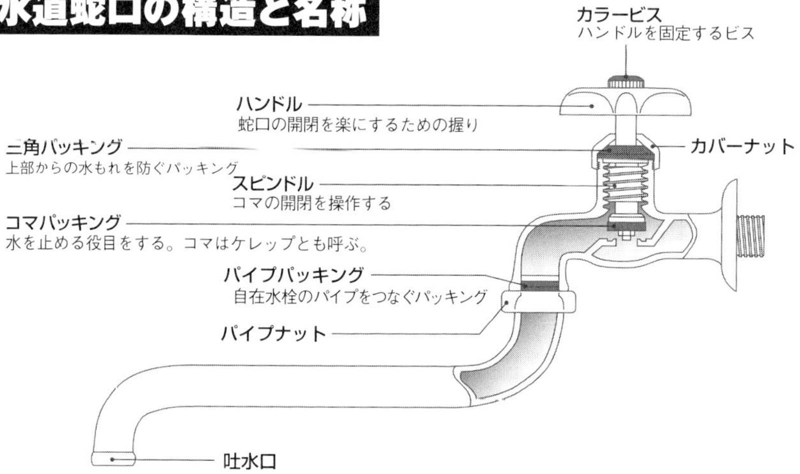

修理を始める前に

止水栓を閉じる

止水栓は普通、屋外の水道メーターボックス内にあり、ハンドルを右に回すと閉じることができます。丸い鉄のフタがついた止水栓ボックスの場合は、止水栓キーか水道修理セットを使って回せば閉めることができます。中高層住宅の場合は、玄関の近くにガスや水道のメーターをまとめたメーターボックスが一戸ずつ設置されており、その中にあります。洗面台の水もれを直す場合は、流し台の下にある止水栓のハンドルを閉めればＯＫ。ネジ式ならマイナスドライバーか、コインを使って閉めます。

※止水栓の位置が分からない場合は、集合住宅なら管理を行っている人に、一戸建なら最寄りの水道局に問い合わせてください。

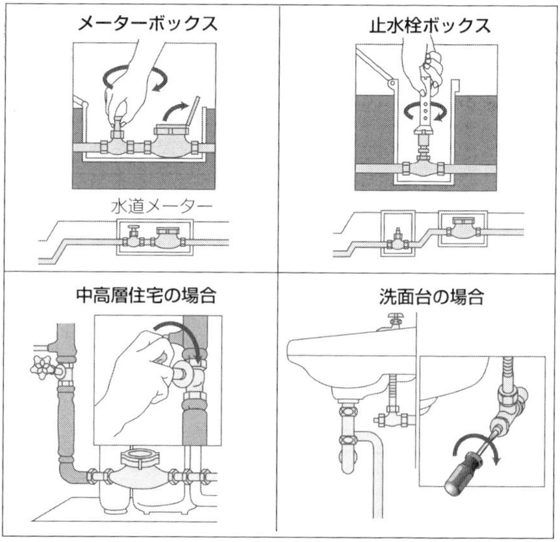

水もれ修理に便利な道具

修理はウォーターポンププライヤーやカランプライヤーを使うのが一般的ですが、モンキーレンチやコンビネーションプライヤーを使って行うこともできます。また、水道修理に必要な工具とパッキングなどがセットになっている経済的なセットも市販されています。

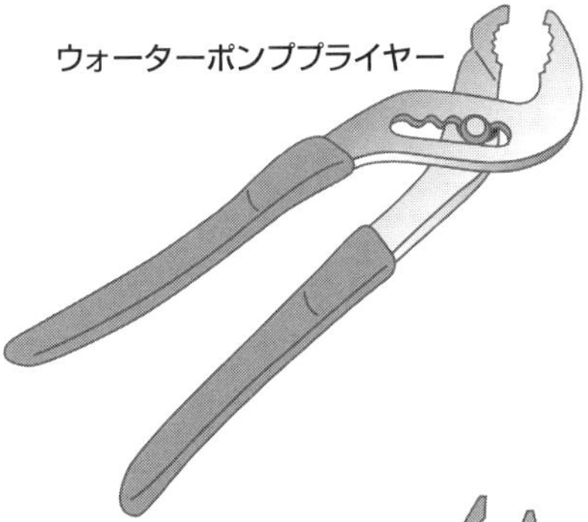
ウォーターポンププライヤー

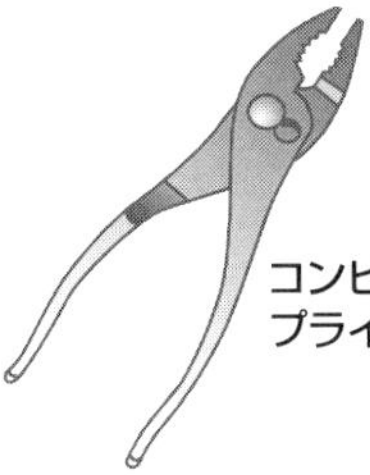
コンビネーション
プライヤー

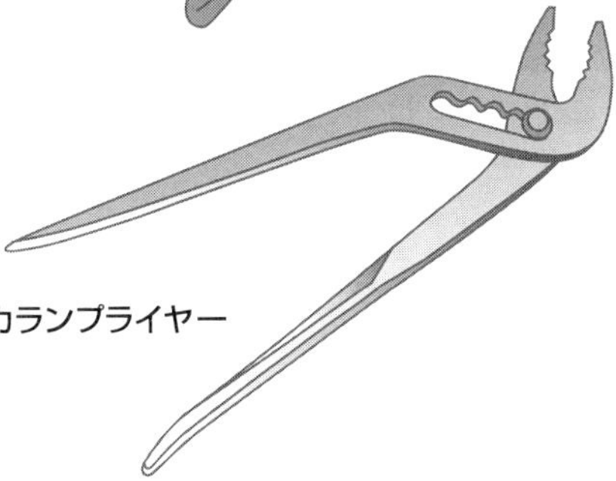
カランプライヤー

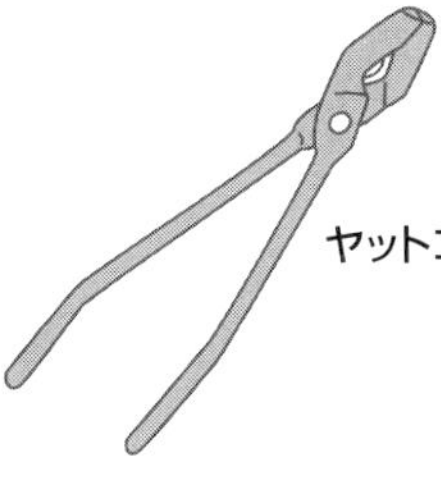
ヤットコ

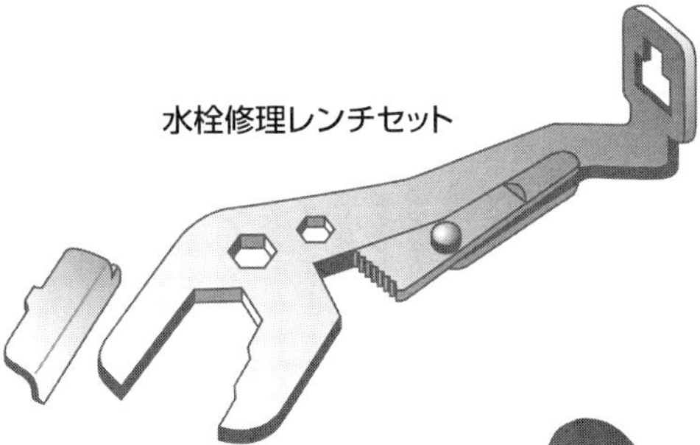
水栓修理レンチセット

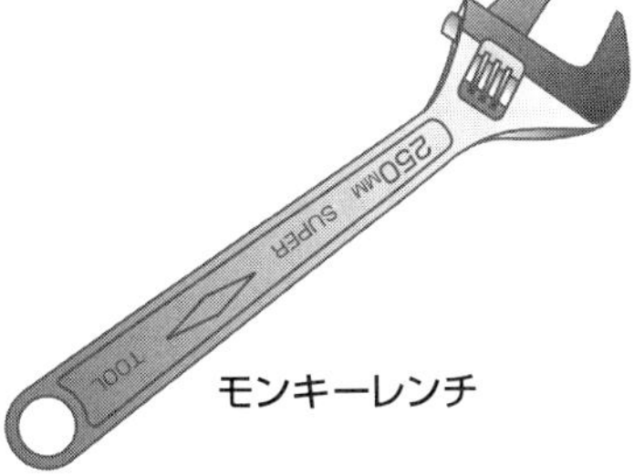

モンキーレンチ

水道用修繕セット

水もれの修理法

吐水口からポタポタもれる⇒コマパッキングを交換する

1 カバーナットを矢印の方向に回してはずす。このとき水道修理セットを使えばキズはつかないが、ウォーターポンププライヤーなどを使う場合は、カバーナットに当て布をしてキズがつくのを防ぐようにする。

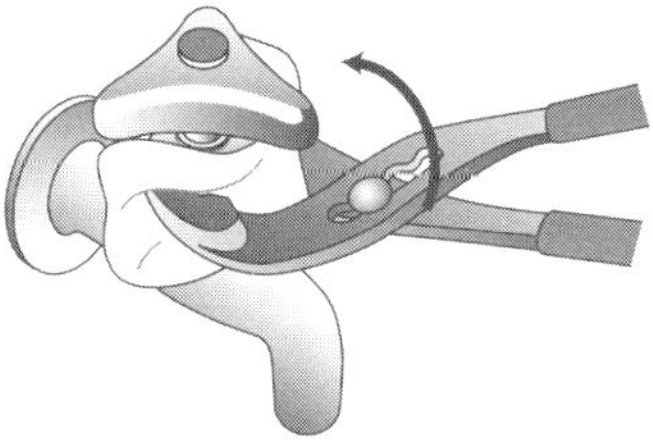

2 カバーナットがはずれたら、ハンドルを左に回して緩め、ハンドル上部をはずす。

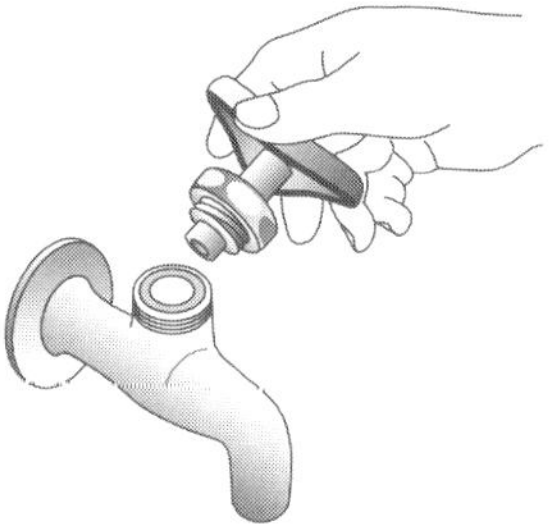

3 中に入っているコマをヤットコやピンセットで取り出して新しいコマと交換する。交換後ははずしたのと逆の要領で上部をセットしてカバーナットを締める。このとき強く締めすぎるとハンドルが重くなるので注意。

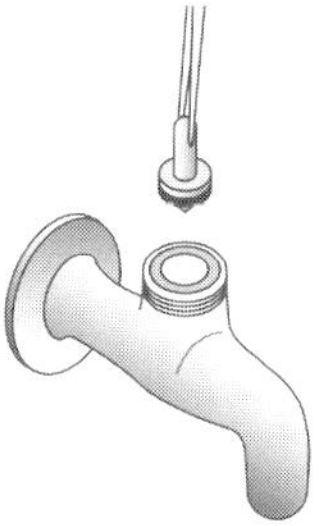

ハンドルの下から水がもれる⇒三角パッキングを交換する

※三角パッキングを交換する場合は止水栓を閉じる必要はありません。

1 カラービスを右方向に回してはずし、ハンドルを上に抜く。ハンドルが抜けない場合は、木ヅチで下から軽く叩くと抜けやすくなる。

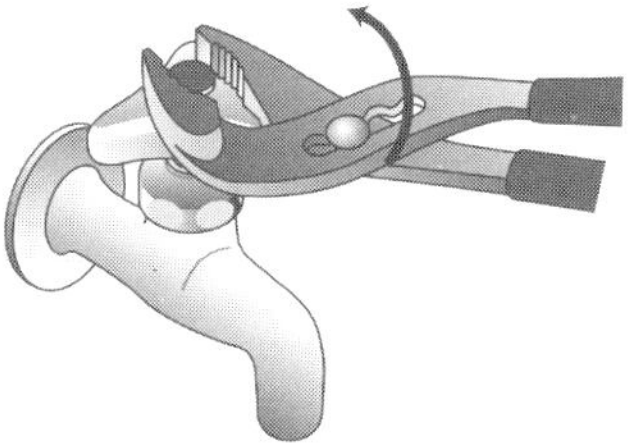

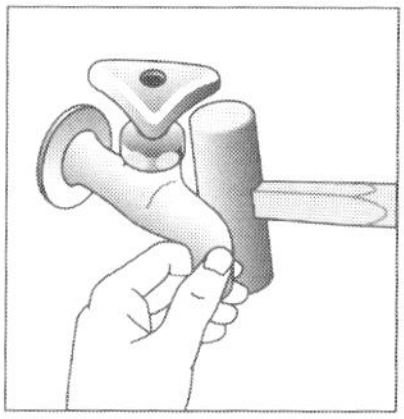

2 コマパッキングの交換と同様にカバーナットをはずしてから、カバーナットを上に抜き、三角パッキングとパッキング受けを新しいものに交換する（三角パッキングはカバーナットの中に入っていることもある）。交換後は、はずしたのと逆の要領でもとに戻す。

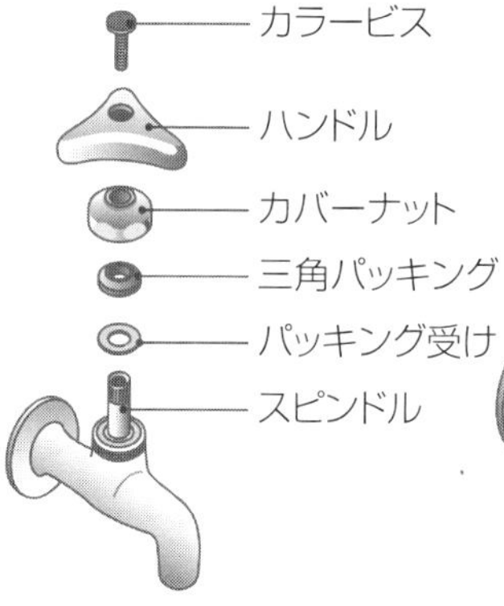

自在水栓のパイプの付け根から水がもれる⇒パイプパッキングを交換する

1 パイプナットを矢印の方向に回してはずしてから、パイプナットを引き抜く。このときパイプリングもパイプについて出てくる。パイプナットはパイプに通したままにしておく。

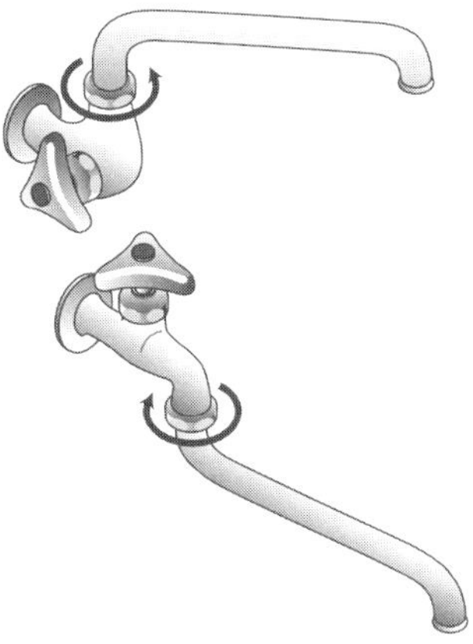

2 パイプパッキングと、パイプについているパイプリングをはずして、新しいものと交換する。このとき、パッキングは溝のある方が蛇口本体に向くように差し込むこと。その後、パイプを差し込んでナットを締めれば完了。強く締めすぎるとパイプが動かしにくくなるので注意。

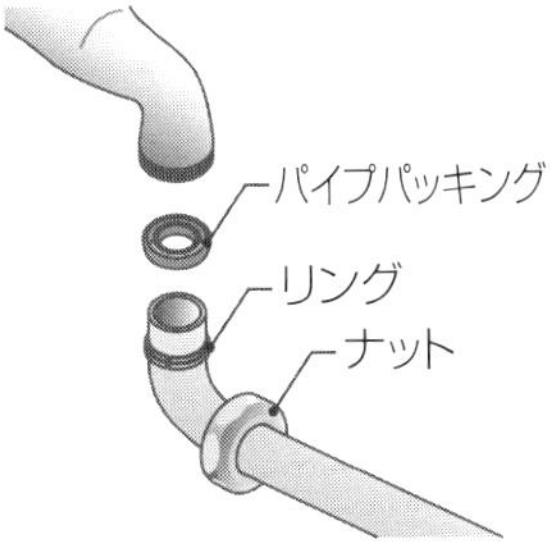

コマの種類

一般家庭の蛇口サイズは、ほとんど13なので、コマも13用（15mm）を使用する。コマは互換性があるため、どのタイプのものでも使用できる。

コマ本体にナットでパッキングが固定されているタイプ。ナットをはずしてパッキングだけ交換することもできる。

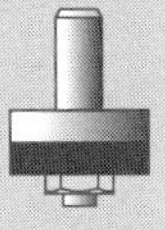

コマとパッキングが一体型になっている使い捨てタイプ。

節水コマ。これを使うとハンドルを少し開いた状態のとき、普通のコマの半分の量しか水が流れないので節水になる。ハンドルを全開にすれば、普通と同じ量の水が流れる。

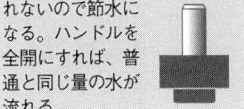

One Point Advice ＞三角ハンドルをおしゃれなハンドルに交換する

三角パッキングを交換するついでに、三角ハンドルをおしゃれかつ機能的なハンドルに交換してみませんか。
取り付け方はとても簡単。カラービスとハンドルをはずした状態にして、新しいハンドルに付属している3つのインサートのうち合うサイズのものを選んではめてから、新しいハンドルをはめ込んでください。その後、ハンドルをビスでとめるのですが、ビスも3種類入っているので、合うものを選んで使ってください。そのあと、カラーキャップをはめ込めば完了です。

プラスチックハンドルの場合　レバーハンドルの場合

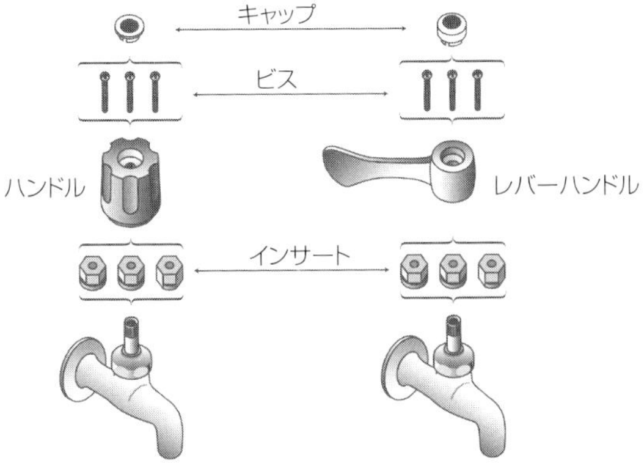

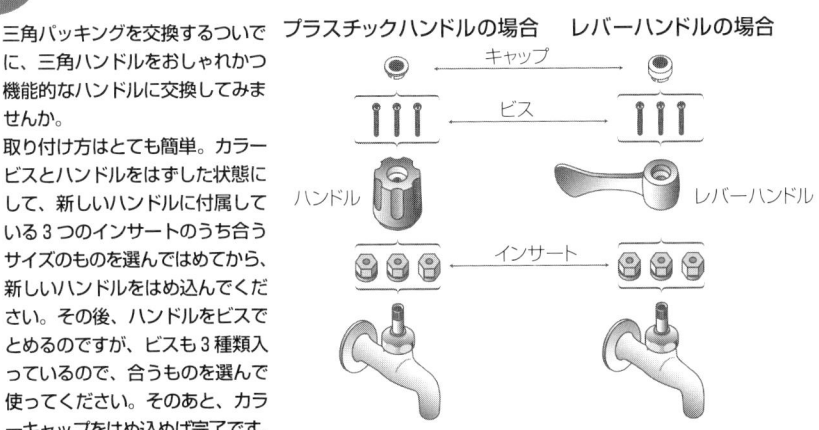

水栓金具の交換

パッキングさえ交換すれば半永久的に使える水栓金具も、長く使っているうちにサビが出たり、メッキがはがれたりします。そんなときは新しいものに交換してしまいましょう。機能、デザインともに優れたものがたくさんありますから、使用する場所に合わせて選んでください。

水栓金具の種類

自在水栓

継ぎ手から先が自在に動く水栓。台所によく使われる。

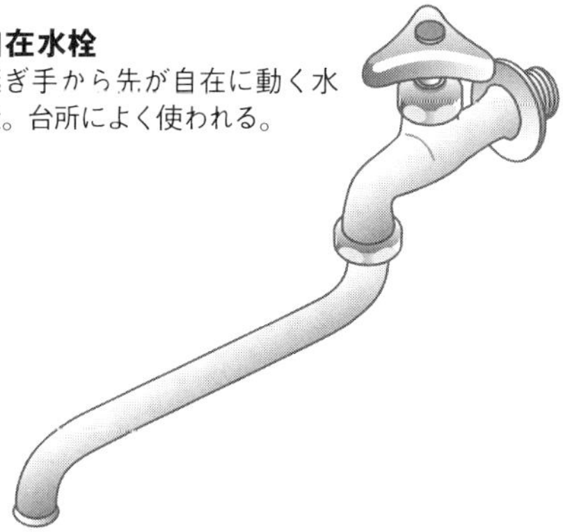

横形自在水栓

ハンドルが横についているタイプ。水栓の上が狭い場所でも使用できる。

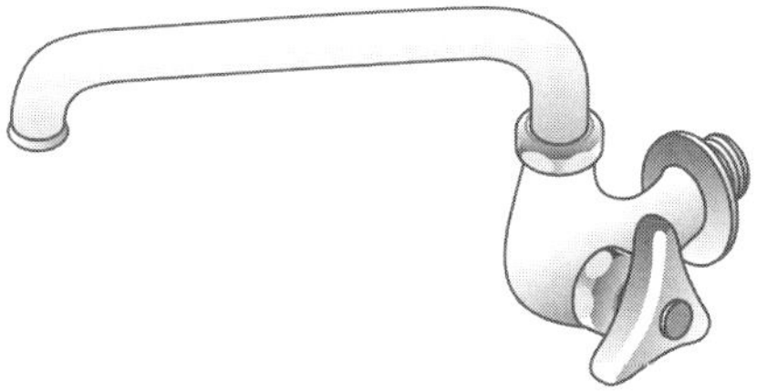

カップリング水栓

ホースが取りつけやすいようにカップリングがついた水栓。

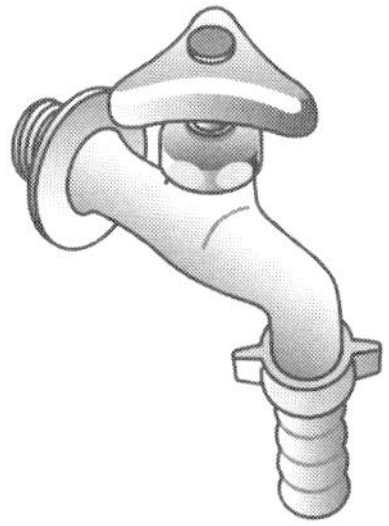

万能ホーム水栓

学校でよく使われているタイプ。上向きにすると水を飲んだり、目を洗うのに便利。

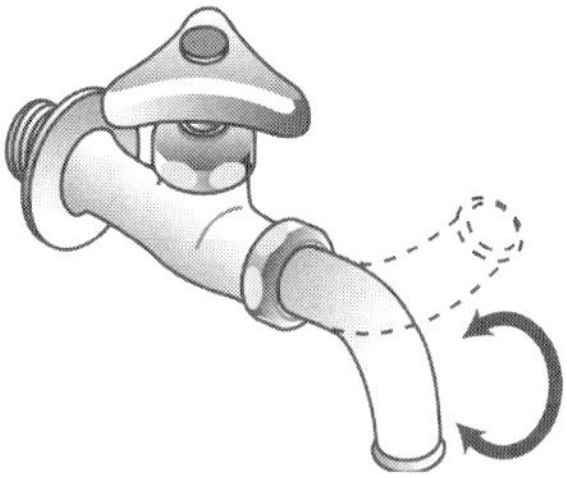

プラスチックハンドルの水栓

長時間、温水を使ってもハンドルが熱くならないタイプの水栓。

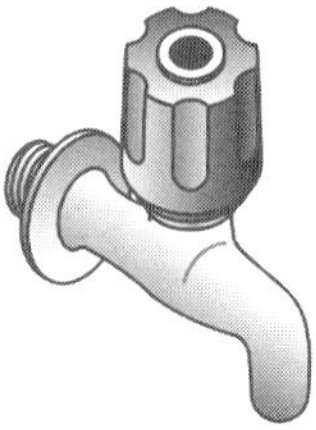

散水栓

散水用のホースが取りつけやすい形状の水栓。洗車や庭木への水やりに使う屋外に。

作業の前に

水栓金具を交換する場合は、必ず止水栓を締めてから行いましょう。止水栓はほとんど水道メーターの付近にあります。洗面台の水栓を交換する場合は、洗面台の下の止水栓をとめるだけでＯＫ。詳しくは『4-1 水道蛇口の水もれを直す』をご覧ください。
なお、水栓のサイズは取り付けネジの大きさで決まっていて、ほとんどの一般家庭にはＪＩＳ規格の13(1/2)が使われています。

分水栓の取り付け方

給湯器や洗濯機用にもうひとつ水栓がほしいという時に便利なのが分水栓。ハンドル部分に取り付ける分水用水栓や、洗面台などの止水栓の上に取り付けるアングル分岐栓など数種類あるので、用途に合わせて選びましょう。ここで紹介する分水栓は横水栓とほぼ同じ方法で取り付けられます。

1 止水栓を閉めてから、現在使っている水栓金具をはずす。

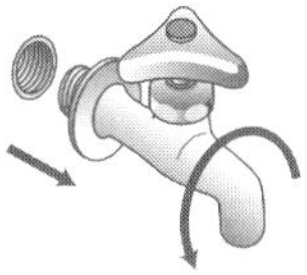

2 分水栓の根元部分に根元パッキングを差し込み、シールテープを４～５回巻きつけてから、右に回してねじ込む。このとき、分水させたい方向に分水口が向くようにする。

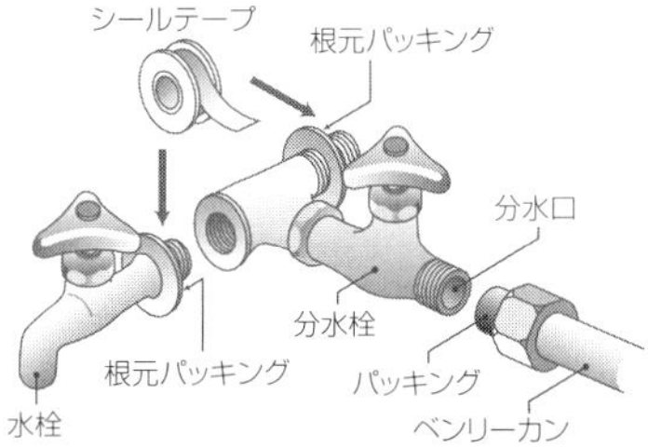

3 ベンリーカンなどで分岐水栓と洗濯機などをつなぐ。もう一方には、根元パッキングをつけてシールテープを巻いた水栓金具（これまで使っていたものでも可）をねじ込む。

立水栓金具（洗面台に取り付けられている水栓金具）の交換方法

1 給水管を止めている袋ナットを左に回してはずしてから、水栓本体を止めている締め付けナットを同様にしてはずす。このとき、作業する場所が狭くてプランターや工具が使えない場合は「立カラン締め（ナット締め付け用スパナ）」を用いる。立カラン締めは、下の穴に付属の六角レンチを差して、それを回して開け閉めするようになっている。

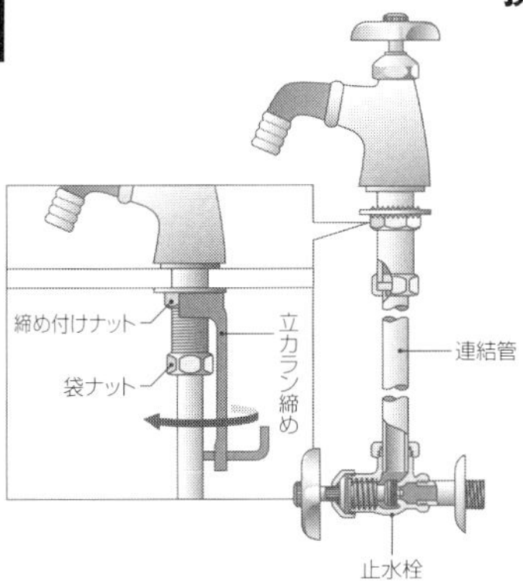

2 ナットがはずれたらこれまで使っていた水栓を上に抜いてはずし、新しい水栓金具と交換する。はずしたときと逆の手順で組み立て直せば完了だが、その際、パッキングは必ず新しいものと交換すること。

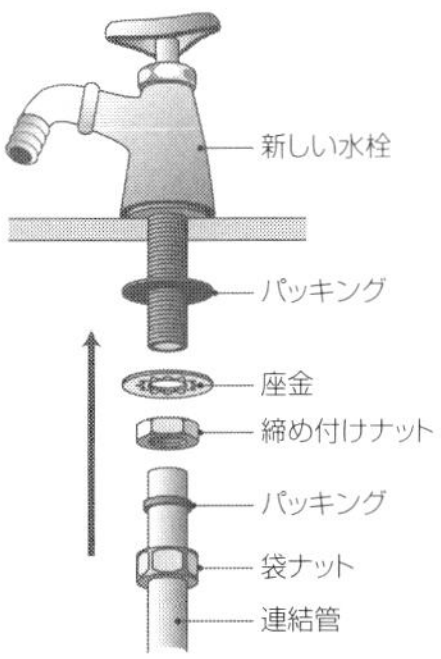

水栓金具(壁面に取り付けられている水栓金具)の交換方法

1 古い水栓金具を左方向に回してとりはずす。このとき、水栓取り外しレンチを使うと簡単にはずれる。あるいはウォーターポンププライヤーではさんで回してもよい。

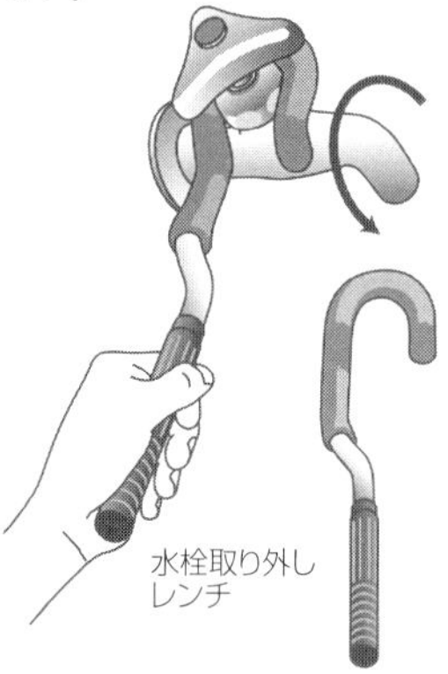

2 新しい水栓金具に根元パッキングを差し込んでから、シールテープを右まわりに軽く引っ張りながらネジにくいこむように4～5回巻く。巻きすぎるとねじこめなくなったり、よれてしまって水もれの原因になるので注意。

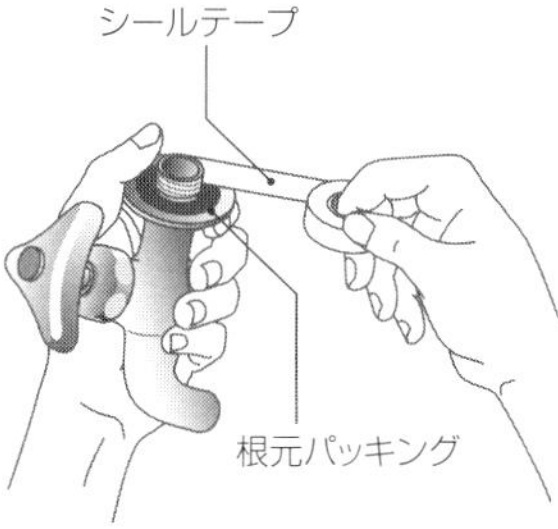

3 水栓金具を右にまわして水道管にねじこむ。このとき、きっちりねじこんだ際に水栓金具が垂直になるのがポイント。斜めになった場合は、一度取りはずしてシールテープを増減して垂直になるように調節する。

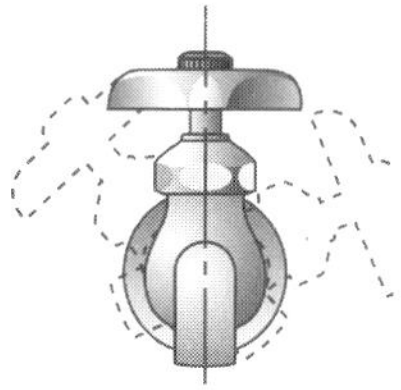

4 止水栓を開けて、水もれがないか点検する。水栓の根元部分から水もれしている場合は、もう一度、水栓金具をはずしてシールテープを巻き直してからねじこむ。

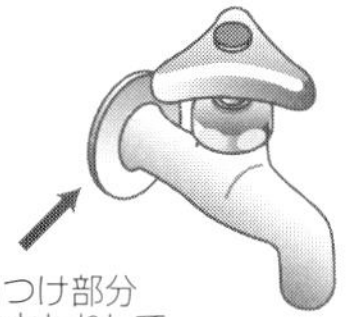

One Point Advice > 水道メーターの読み方と水もれチェック法

水道料金は立法メートル（m^3）単位で表されます。円読式メーターの場合は、黒い針の示す数字を100m^3から10m^3、1m^3の順に読んでいきます。このとき、目盛りと目盛りの間に針がある場合は少ない数字を読んでください。デジタル式メーターであれば、数字を直接読めばＯＫです。

また、水道料金が急に増えたりした場合は、水もれの可能性があるのですぐにチェックを。家中の水栓をすべて閉めて水道メーターを調べてみてください。その状態で１ℓの赤い針が動いていたりパイロットランプが点滅したり動いていたら、どこかで水もれしている証拠。すぐに受け持ちの営業所か近くの公認水道工事店に連絡しましょう。

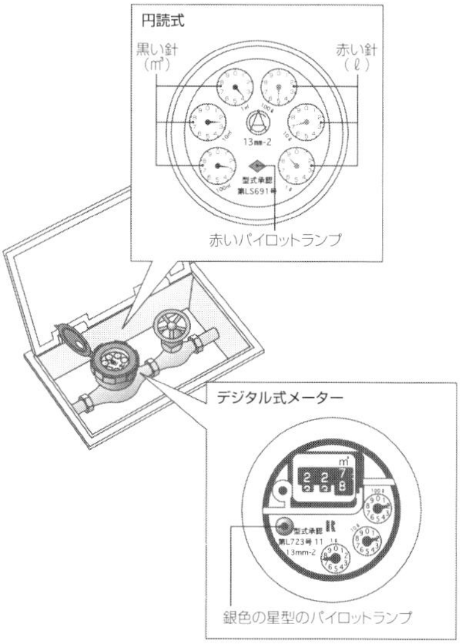

水栓パイプの取り替え

台所の流しなどで、パイプが邪魔になる場合や逆に長さが足りなくて使いづらいような場合は、水栓パイプを取り替えるのも手。様々な種類があるので用途に合わせて選んでください。ＪＩＳ規格の13(1/2) の水栓には、外ネジ外径が26mm、パイプ外径が16mmのものを用います。

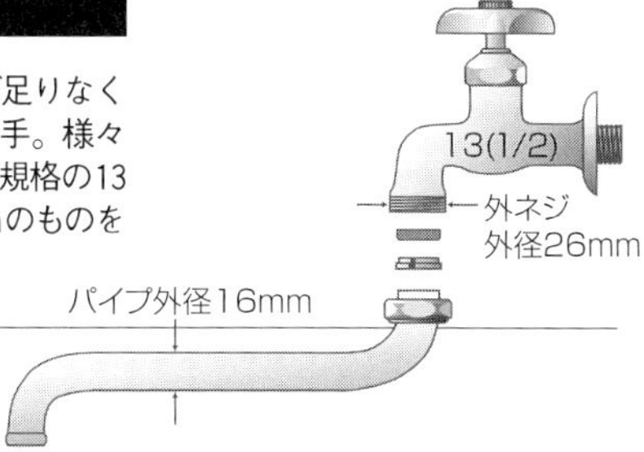

自在フレキパイプ

吐水位置を自在に変えたい場所に。長さは240mm、300mm、400mmのものがあり、先には泡沫金具がついている。

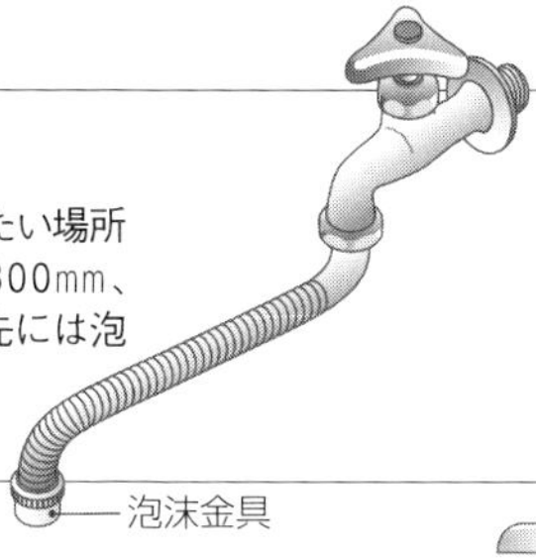

Sパイプ

自在水栓用の下向きのパイプ。長さが130mm、170mm、240mm、270mm、300mmのものがある。

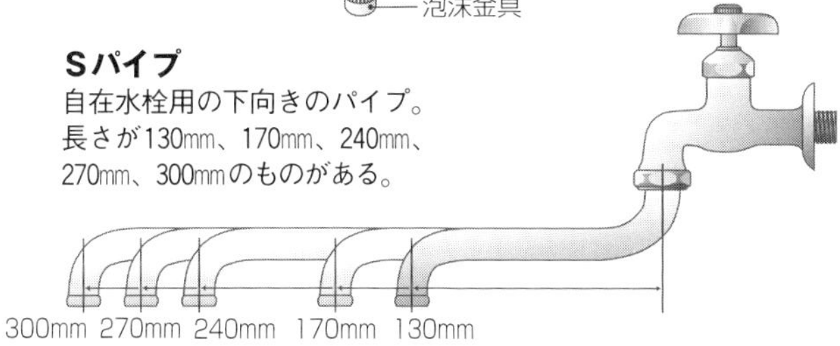

スワンパイプ

流し台と水栓の空間が狭く、大きなナベなどが洗いづらいような場合に便利。

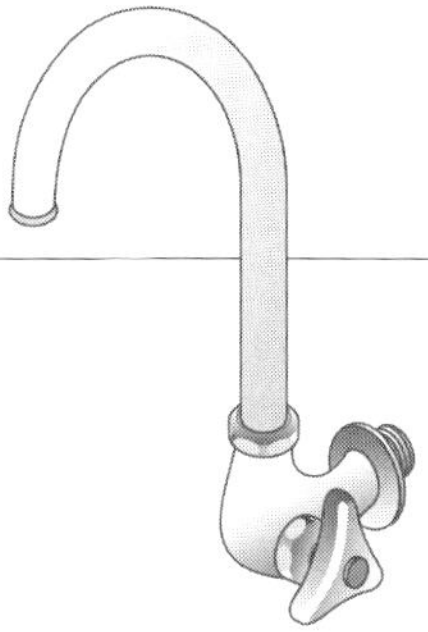

Uパイプ

横形自在水栓用の上向きのパイプ。Sパイプと同様130mm、170mm、240mm、270mm、300mmの長さがある。

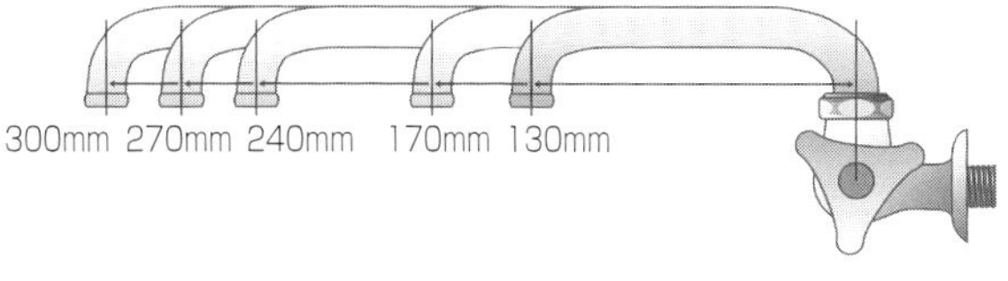

1 ナットに当て布をしてウォーターポンププライヤーではずし、パイプとパッキングを取る。

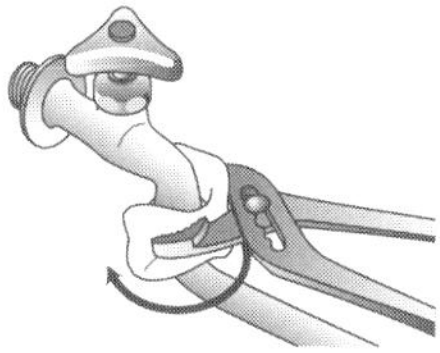

2 パッキングの開いている方を上に向けて本体の中に入れる。

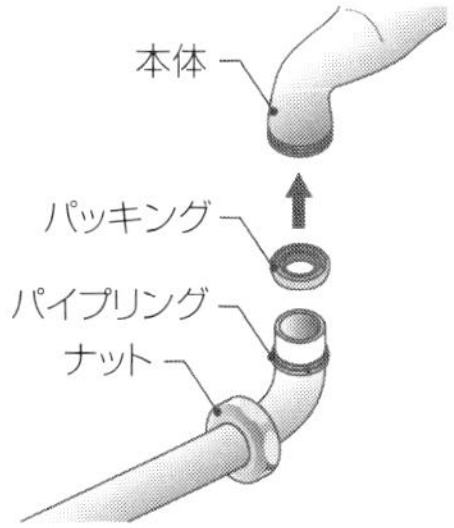

3 パイプを本体に差し込み、ナットをウォーターポンププライヤーなどで締め付ける。

Chapter 4-3

水まわり

湯水混合栓の水もれ修理と交換

台所や洗面所、浴室で使用されている湯水混合栓。この交換は、一見難しそうに見えますが、順序よく作業すれば、意外と簡単にできます。その際、現在お使いの湯水混合栓がツーハンドルのタイプなら、シングルレバータイプに交換してみてはいかがでしょう。操作がワンタッチでできるので使い勝手がたいへんアップします。

混合栓の水漏れを直す

洗面台の場合は洗面台下の止水栓を、それ以外の壁付き混合栓の場合は家全体の止水栓を閉めてから修理に取り掛かるようにします。

1 カラーキャップをキリか小さいサイズのマイナスドライバーでこじあけるようにしてはずす。

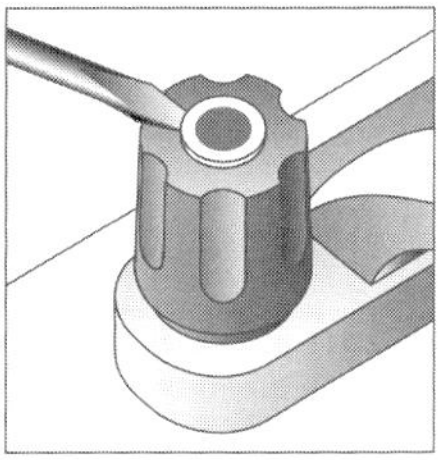

2 ネジの大きさに合ったドライバーでネジをゆるめてはずし、ハンドルを上に引き抜く。

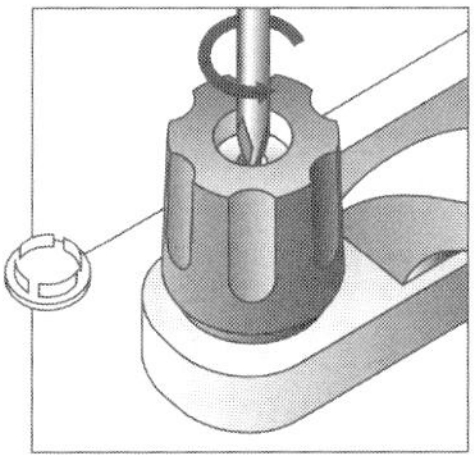

3 カバーがついている場合はそれも抜いてスピンドルが見える状態にする。

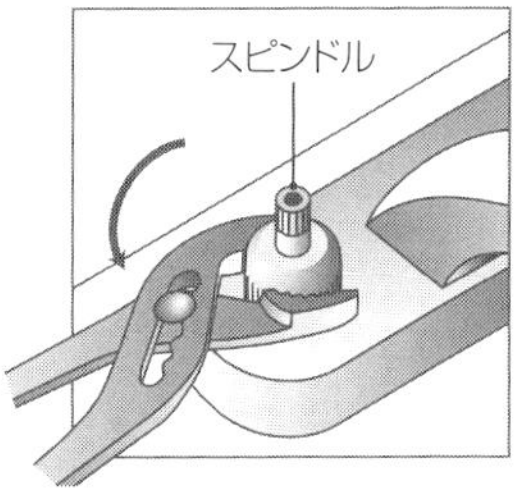

4 ハンドルを上に引き抜くと中に三角パッキングと真ちゅうのパッキング受けが入っている。ハンドル下からの水もれなら、この2つを新しいものと交換すれば直る。

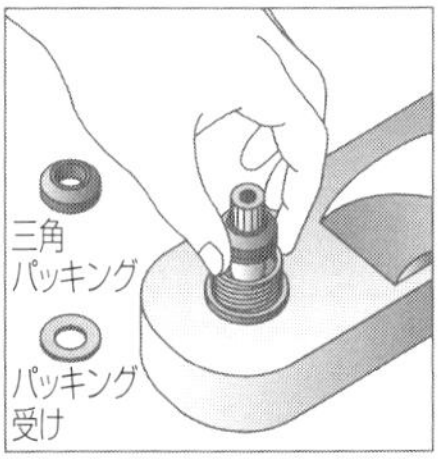

5 蛇口から水もれしている場合は、ハンドル、三角パッキング、パッキング受けを取ったあと、スピンドルを左に回しながら上に抜き取り（固い場合はカバーあるいはハンドルをかぶせて回すと楽にはずせる）、ピンセットなどで中にあるコマをつまみ出して、新しいコマと交換すれば解消する。
※パッキング、コマの交換は『4-1水道蛇口の水もれを直す』を参照してください。

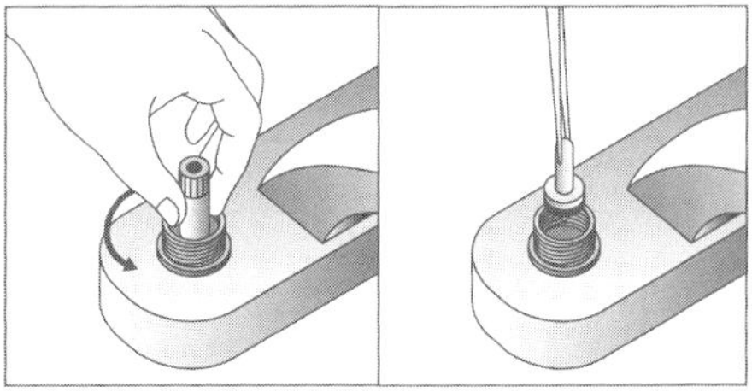

洗面台の混合栓の交換

洗面陶器には混合栓を取り付ける穴が2つあいています。新しい混合栓は、ハンドルの中心からハンドルの中心までのサイズを計って、穴の間隔を確認してから購入しましょう。

1 洗面台の下にある2つの止水栓（水用、お湯用）を右に回して締める。

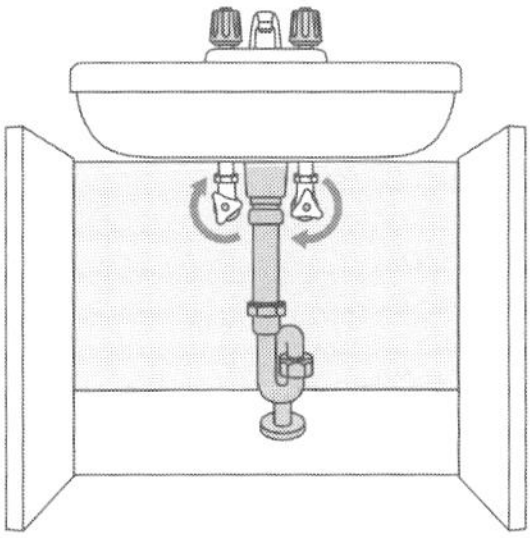

2 給水管を止めている袋ナットを立カラン締め（ナット締つけ用スパナ）でゆるめてはずす。排水管をはずす際に、水が少しこぼれるので下にバケツなどを用意しておくとよい。立カラン締めは、狭くて他の工具ではナットを回せない場所などで便利に使える工具で、上部をナットに当て、下の穴に付属の六角レンチを通して回して使うようになっている。

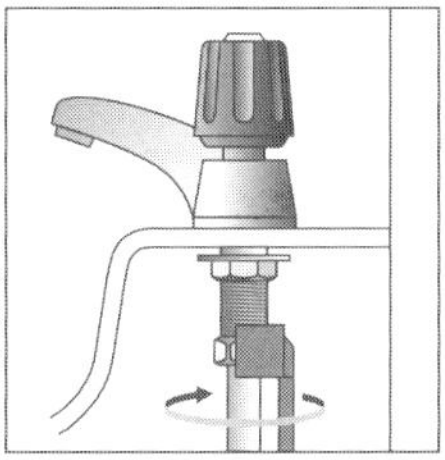

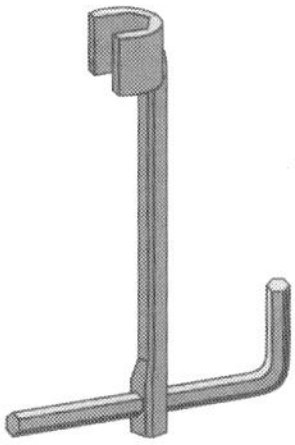

3 混合栓を洗面台に固定している締めつけナットを立カラン締めでゆるめてはずしてから、座金とパッキングをはずす。

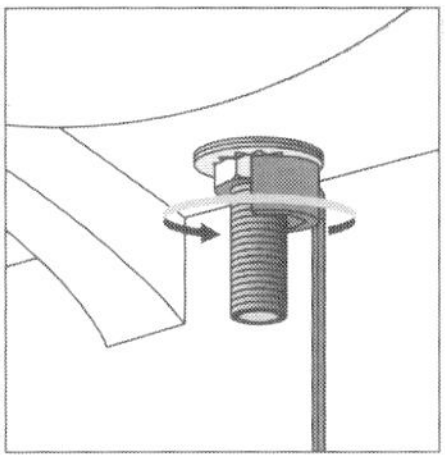

4 これまで使用していた混合栓を上に引き抜く。

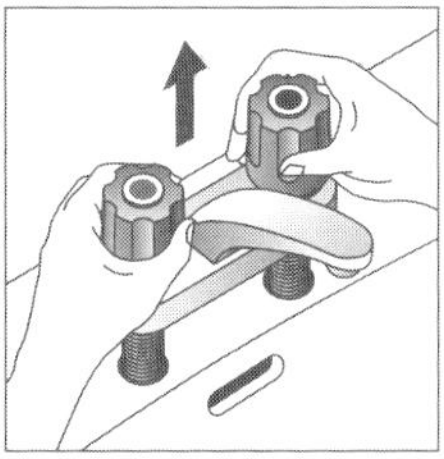

5 新しい混合栓に台座シートを入れて洗面陶器の穴に差し込む。

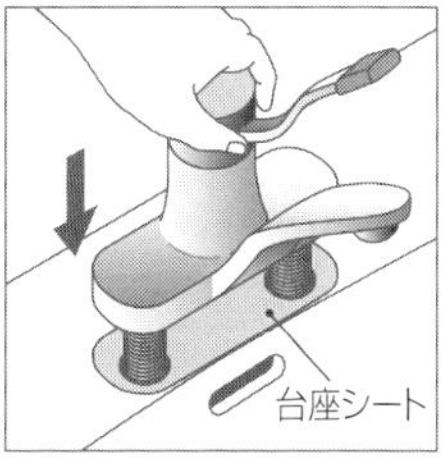

6 洗面台の下から黒パッキング、座金を差し込んでから締めつけナットを立カラン締めで締める。このとき、きつく締めすぎると洗面陶器が割れることがあるので注意。混合栓を揺すってみて動かない程度に締めればよい。次に給水管に袋ナット、透明のスリップパッキング、給水管パッキングをはめ込んで、立カラン締めで袋ナットを締める。パッキングを入れ忘れると水もれの原因に。また、パッキングは新しい混合栓についている新しいものを使用すること。最後に、止水栓を開ける。

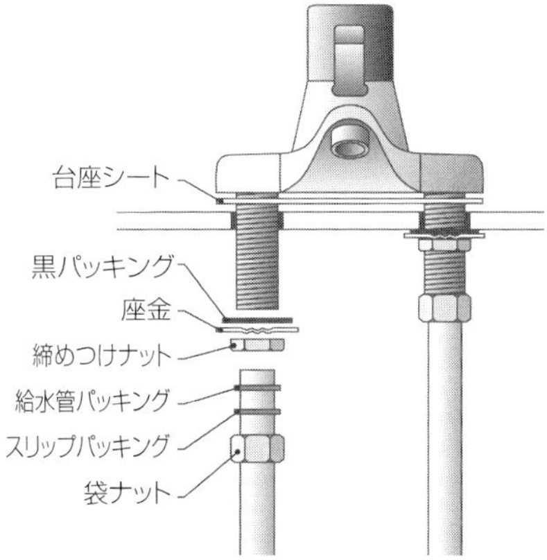

シャワー混合栓の交換

ツーハンドルのシャワー混合栓は、水とお湯の蛇口で水温を調節しても一度止めると再度調節し直さなければなりません。それが億劫で、ついお湯を流しっぱなしにしてしまうということも多いのでは？ シングルレバーなら水を出したり、止めたりや水量、温度の調節もワンタッチで可能。使い勝手がたいへんよくなります。

1 作業の前に必ず止水栓を閉めること。止水栓は一戸建なら屋外のメーターボックスの中に、集合住宅の場合はガスや水道メーターが入っているボックスの中にある。（『4-1水道蛇口の水もれを直す』を参照）。

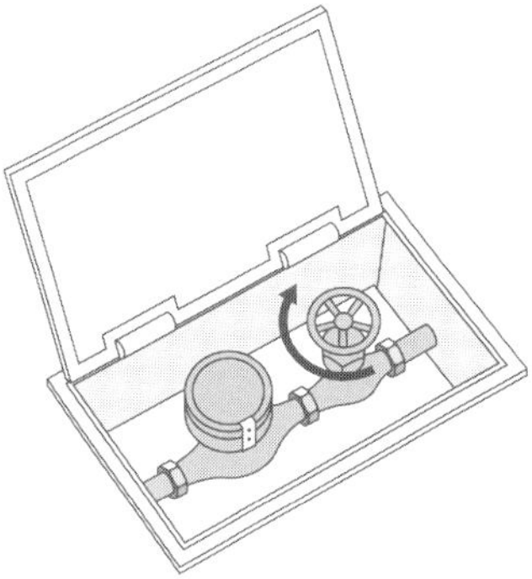

2 クランクと混合栓本体を接続しているナットをウォーターポンププライヤーでゆるめる。このとき、ナットがクランク側についている場合は右に、本体についている場合は左に回す。左右ともゆるめたら、本体を片手で支えた状態で手の指でナットをゆるめてはずし、本体を取りはずす。

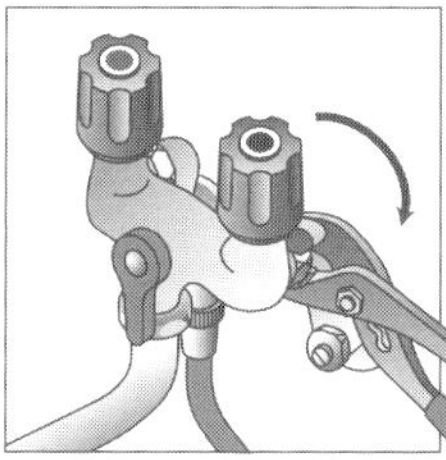

3 クランクを左に回して2本ともはずす。このとき、配管穴に汚れやサビ、シールテープの残りカスなどがついていたらきれいに落とす。

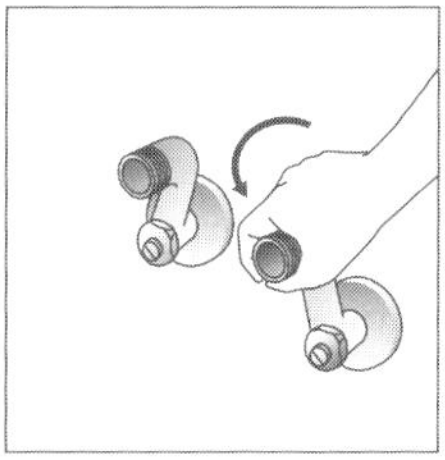

4 新しい混合栓のクランクに送り座金をねじ込んでから、取り付けネジにシールテープを右回りに4～5回巻き付ける。テープは軽く引っぱりながらネジ山にくい込むくらいしっかり巻くのがポイント。

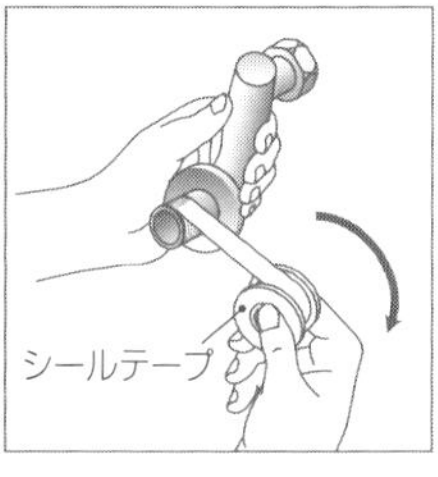

5 新しいクランクを配管穴に右に回してねじ込む。このとき、回し過ぎて戻すと水もれの原因になるので、固くなったら固定位置の少し手前で止めておくこと。その後、壁からナットまでの長さが2本とも同じになるように微調整する。

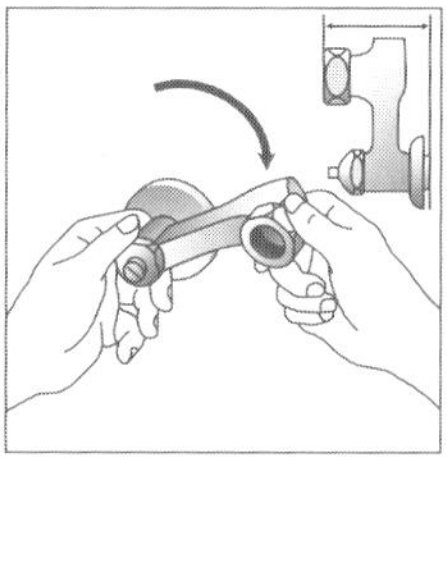

クランクに取り付け用の型紙がついている場合は、型紙を当ててクランクの位置を調節する。型紙がない場合は、左右のナットが本体と合う位置で水平になるように調節すればよい。

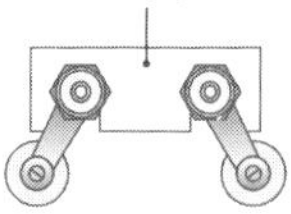

6 クランクナットに付属のパッキングを入れてナットを締めてから、本体が水平になっているかどうか確認する。

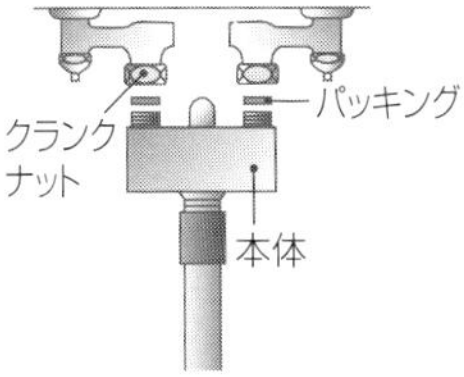

7 左右交互にクランクナットを締める。キズがつかないようウォーターポンププライヤーは当て布をして使うこと。最後に送り座金を右に回して締める。

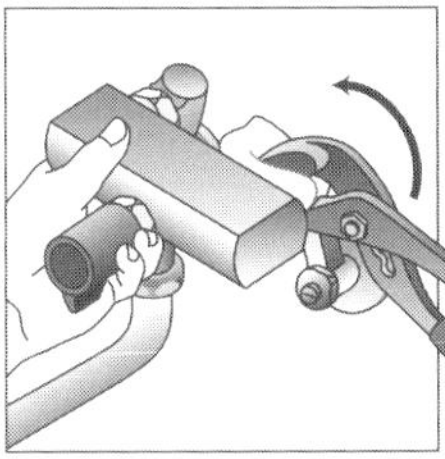

好みの湯水の温度に設定して使用できる自動温度調節のサーモスタット付き混合栓を使えば、さらに快適なシャワータイムが過ごせます。取り付け方はシングルレバーと同じです。なお、台所の混合栓も壁についているタイプなら、シャワー混合栓と同じ方法で取り付けることができます。

8 混合栓を止水した状態で止水栓を開き、水もれをチェックする。水もれがしていたら、最初からやり直すこと。その後、お湯を出してみて温度調節や水量が適切かどうかも確認する。温度調節がうまくいかない場合は、水側とお湯側の水圧のバランスが悪いと考えられる。クランクの根元にある水量調節弁を右に回すと水圧が下がり、左に回すと水圧が上がるようになっているので、それで調節を。水量が多いようなら水量調節弁を少し締めればよい。

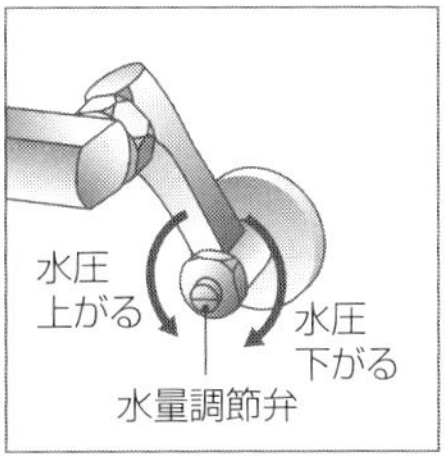

One Point Advice > シャワーヘッドとシャワーホースの交換

カラフルな色やおしゃれなデザインのシャワーヘッドが増えてきました。中にはマッサージ機能付きのものもあります。快適なシャワータイムのためにシャワーヘッドを交換してみませんか。交換の仕方はいたって簡単。現在使っているシャワーヘッドを右に回してホースからはずし、新しいシャワーヘッドのネジ部分にパッキング（オーリング）をつけてから、ヘッドをホース金具にねじ込めば完了です。ただ、一部のメーカーの製品にはシャワーヘッドのネジが合わないことがあります。その場合には別売りのシャワーヘッドアダプターの中から合うサイズのものを探してそれをヘッドとホース金具の間につければＯＫ。サイズが不明な場合は、現在使っているヘッドをはずして相談するとよいでしょう。

また、シャワーホースの交換も湯水混合栓とホースを接続しているナットをウォーターポンププライヤーなどでゆるめてはずし、新しいホースにパッキングをつけて取り付ければＯＫ。この場合も、新しいホースと混合栓のネジが合わない場合は別売りのアダプターを使用してください。

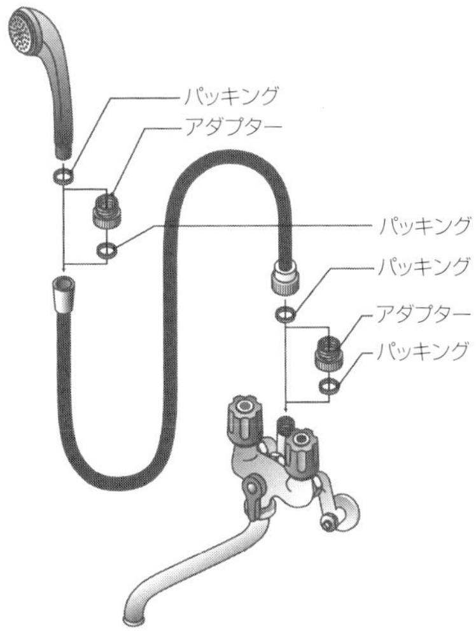

Chapter 4-4

水まわり

水洗トイレの故障の直し方

「水が出ない」「水が止まらない」といった水洗トイレのトラブルも、水が流れる仕組みを知っていれば意外と簡単に直せます。構造を理解してから、トラブルの原因を探り、それにあった修理を行ってください。

ロータンクの構造と水が流れるシステム

いろいろな種類のタンクがありますが、水を出したり、止めたりする原理はほぼ同じです。

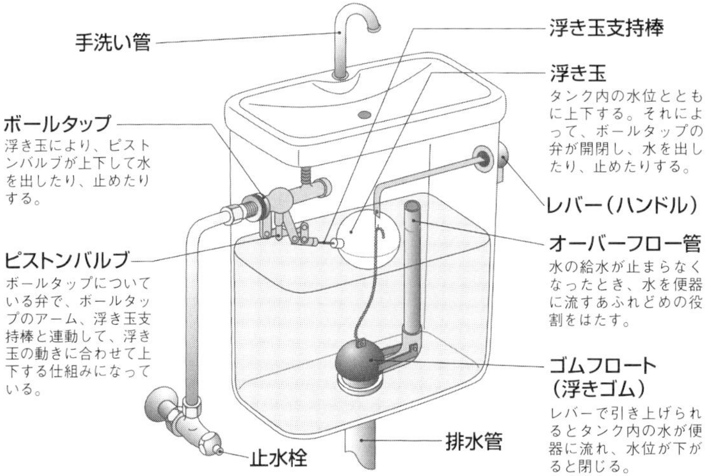

手洗い管
浮き玉支持棒
浮き玉
タンク内の水位とともに上下する。それによって、ボールタップの弁が開閉し、水を出したり、止めたりする。
ボールタップ
浮き玉により、ピストンバルブが上下して水を出したり、止めたりする。
レバー（ハンドル）
オーバーフロー管
水の給水が止まらなくなったとき、水を便器に流すあふれどめの役割をはたす。
ピストンバルブ
ボールタップについている弁で、ボールタップのアーム、浮き玉支持棒と連動して、浮き玉の動きに合わせて上下する仕組みになっている。
ゴムフロート
（浮きゴム）
レバーで引き上げられるとタンク内の水が便器に流れ、水位が下がると閉じる。
排水管
止水栓

レバーを大に回すと、Ｌ字型の金具が回り、クサリに引っ張られてゴムフロートが引き上げられ、水が便器に流れる。

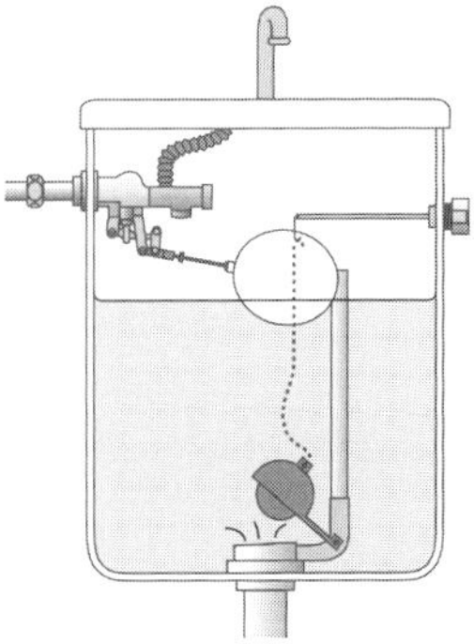

水が便器に流れ出すと水に浮いていた浮き玉が水位とともに下がる。それによって、ボールタップの中の弁が開いてタンクへの給水が始まる。

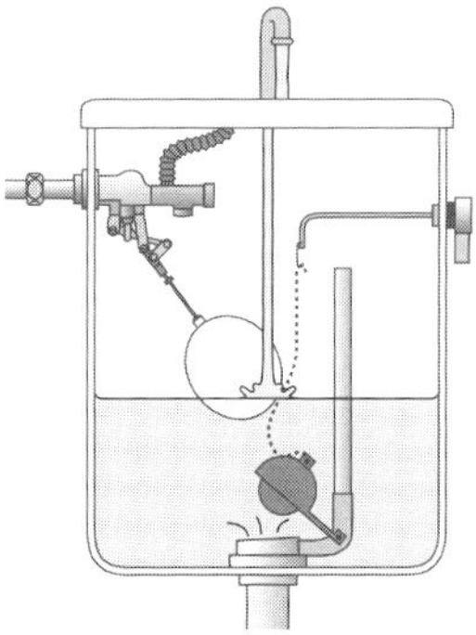

ゴムフロートが閉じて水位があがる。オーバーフロー管より２cmくらい下まで水がたまると浮き玉が完全に上がった状態になり、ボールタップの内の弁が閉まって給水が止まる。

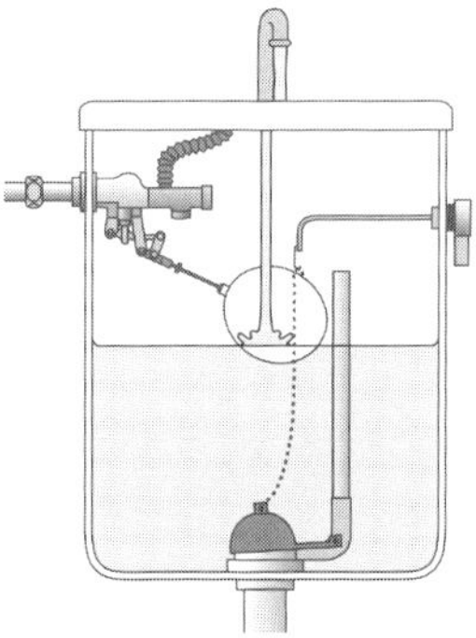

トラブルの解決法［水が止まらない］

水位がオーバーフロー管の先より低い場合

ゴムフロートを点検する

節水用に入れたペットボトル等が倒れて鎖にからんでいたり、タンクに入れた固形のトイレ洗浄剤がつまってゴムフロートが閉まらなくなっている可能性があるので、フタを開けて、それらの原因を取り除く。

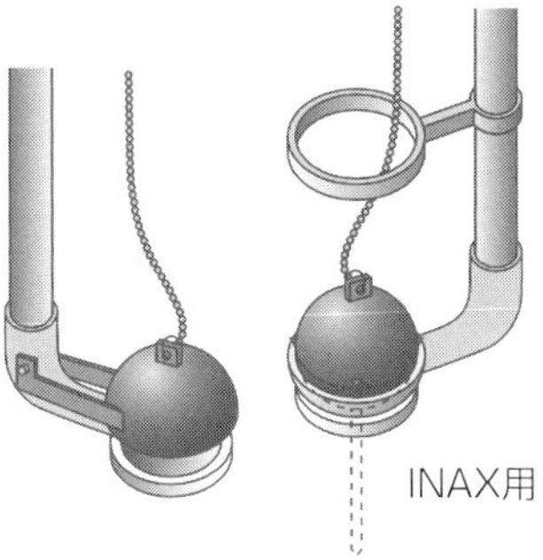

ゴムフロートが老朽化している場合
ゴムフロートを触って手が黒くなるようなら、老朽化している証拠なので、新しいゴムフロートと交換を。ゴムフロートは、半球形のものがほとんどだが、ＩＮＡＸだけは球形になっている。サイズも大小ありメーカーによっては合わないものもあるので、よく確認して選ぶこと。わからないときは、はずしたゴムフロートを店に持参して相談すれば確実。

オーバーフロー管から水があふれている場合

浮き玉を点検する

浮き玉が
はずれている場合
支持棒を持ってボールタップにしっかりねじ込んでから、浮き玉が上下にスムーズに動くか確かめ、ボールタップについている小さなナットを締めて固定する。

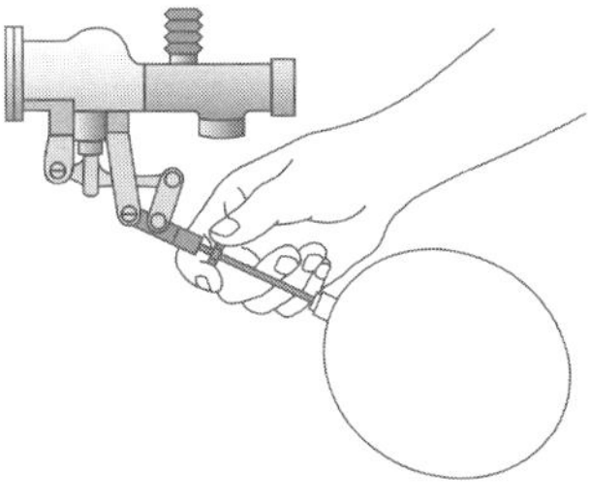

浮き玉に水が入っている場合
ひび割れなどで浮き玉に水が入っているような場合は、新しい浮き玉に交換を。浮き玉は、ボールタップ側の小さなナットをゆるめて支持棒を左に回せばはずせる。浮き玉は数種のタイプがあるので、はずしたものを店に持参して購入した方が確実。新しい浮き玉は、浮き玉がはずれている場合と同じ方法で取りつければよい。

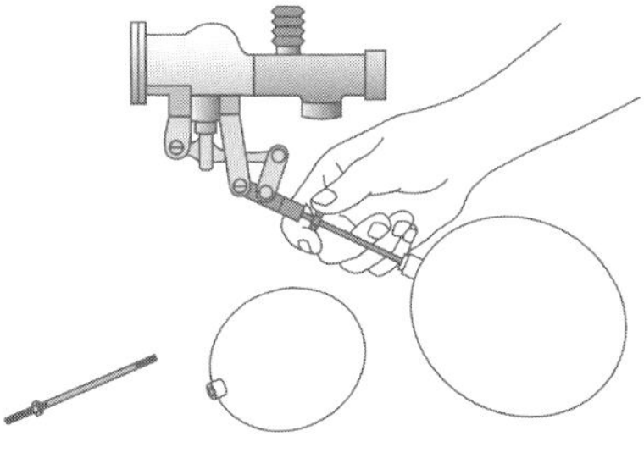

ボールタップのパッキングを確認する

浮き玉に異常がなければ、ボールタップの摩耗が原因と考えられる。止水栓を閉めてから、ピストンバルブを取り出し、ピストンバルブの先についているパッキングをツメやキリでこじ開けてはずし、それを店に持参して新しいパッキングを購入する。パッキングは横から見ると台形になっているので、広いほうを下にして入れるようにする。

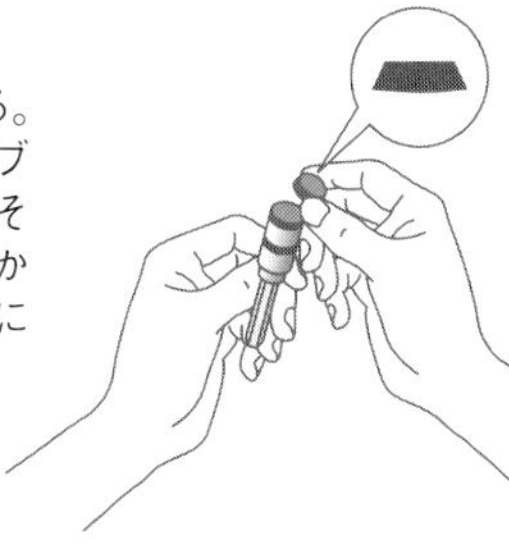

トラブルの解決法[水が出ない]

タンク内に水がたまっている場合

レバーとゴムフロートをつないでいる鎖を確認する

鎖がはずれている場合
レバーの内側のＬ字に曲がっている金具の穴にはずれている鎖の金具をかけ直す。

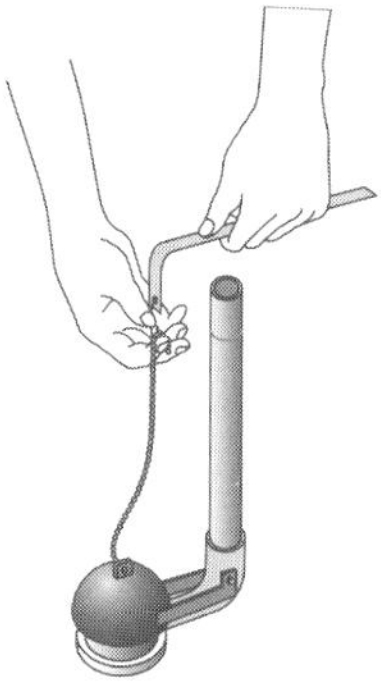

鎖が切れている場合
ゴムフロートを取り出し、鎖をとめているとめ金をペンチなどで開いて切れた鎖をはずして新しい鎖に交換してから、鎖が３環くらいたるむ程度の長さの位置にカケ金具をつけ、レバーの内側のＬ字に曲がっている金具の穴にひっかければ完了。ただ、鎖が切れるくらい老朽化している場合、ゴムフロート（浮きゴム）も腐食していることが多いので、その際はゴムフロートごと交換したほうがよい。

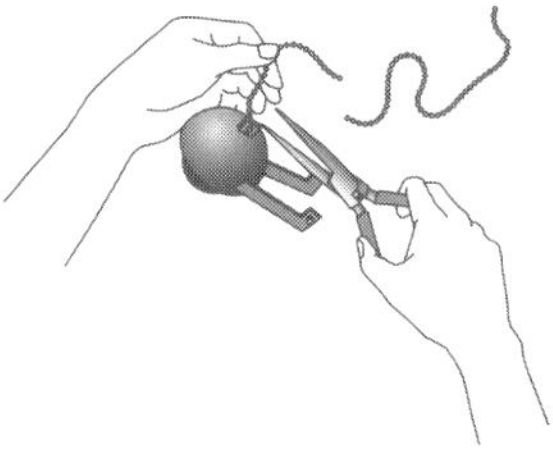

タンク内に水がない場合

止水栓を確認する

案外多いのが止水栓が閉じているケース。止水栓を左に回すと水が出るようになる。

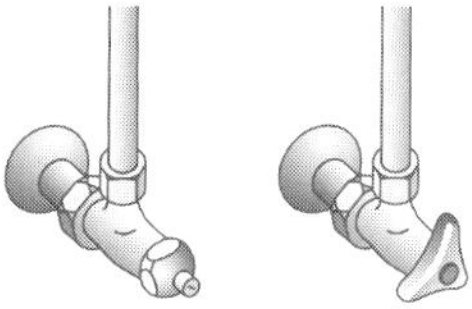

ドライバー式　　ハンドル式

浮き玉を調べる

浮き玉がタンク内の壁に引っかかって下がらず、ピストンバルブが閉じたままになっているため給水されないことがある。その場合は、支持棒のボールタップ側の小さなナットを緩めて、支持棒を左に回し支持棒ごと浮き玉をはずしてから、ウォーターポンププライヤーやペンチなどで支持棒をつかんで少し曲げて、浮き玉が壁に触れないように取り付け直す。

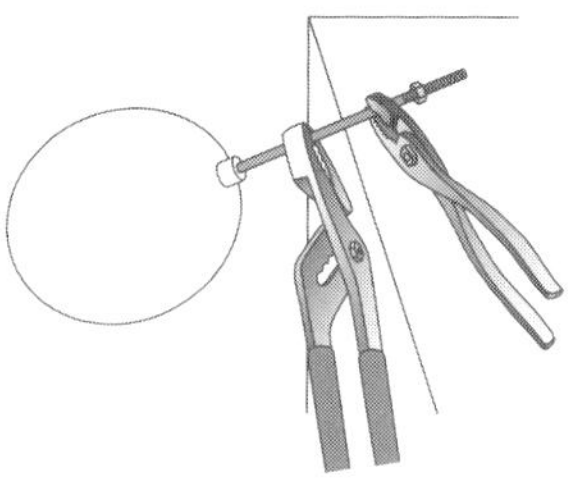

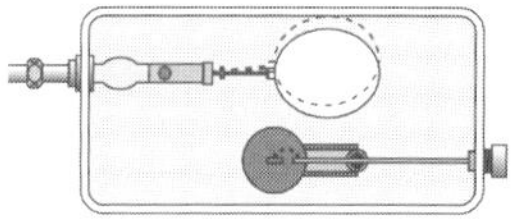

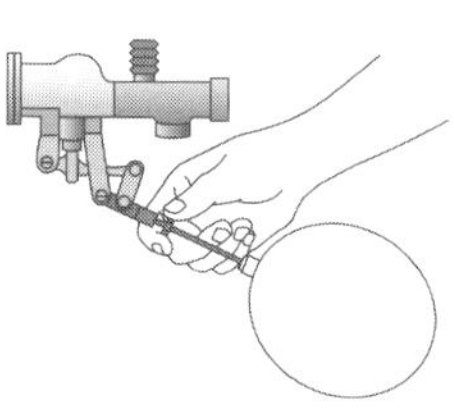

手洗いつきタンクのフタのはずし方

タンクの種類によって異なるが、ほとんどは手洗い管とボールタップがビニールのジャバラ管やゴム管で接続されている。このタイプは、フタを起こして、手洗い管に接続している部分を回しながら引っ張るとはずれる。そのほか、フタを持ち上げるだけではずれるタイプ、ネジ込み式になっているタイプなどがある。

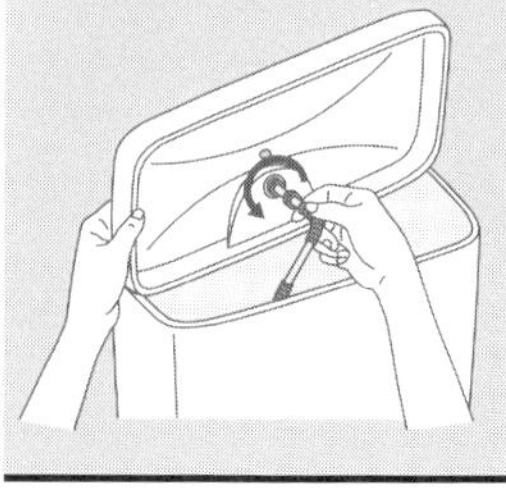

ボールタップの弁の汚れをチェック

浮き玉に異常がない場合は、水アカなどによる汚れによってボールタップのピストンバルブの動きがスムーズにいかなくなり、タンクに水が給水されないケースが考えられる。

止水栓を閉めてから、ボールタップのタンクの壁に近いネジをはずしてボールタップのアームを右に引きピストンバルブを下に抜く。それでも、はずれない場合は、もうひとつのネジもはずすとよい。

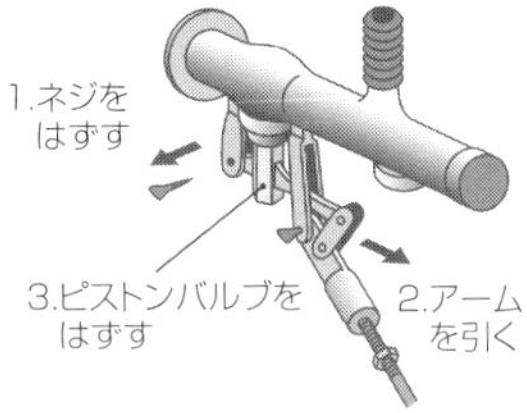

1.ネジをはずす
3.ピストンバルブをはずす
2.アームを引く

ネジがはずれない場合は、タンクの外にある給水管をとめている一番外のナットと締めつけナットをはずして、ボールタップを内側から引き抜いてピストンバルブを取り出して作業する。

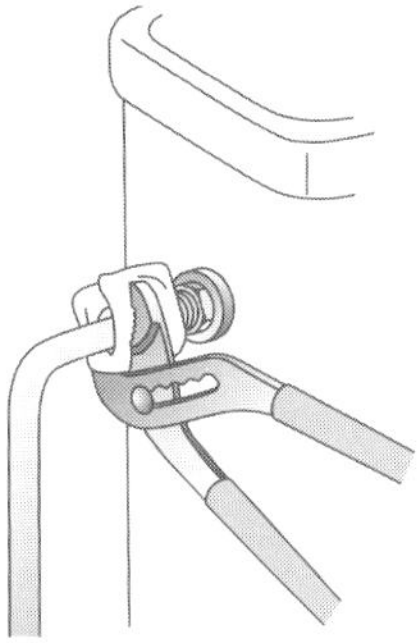

取りはずしたピストンバルブをブラシやサンドペーパー（600番くらい）でこすって水アカやゴミを落とす。ボールタップのアーム部分の水アカもよく落としてから、取りはずしたのと逆の手順でピストンバルブをボールタップに取り付ける。これで直らない場合は、ボールタップごと交換を。

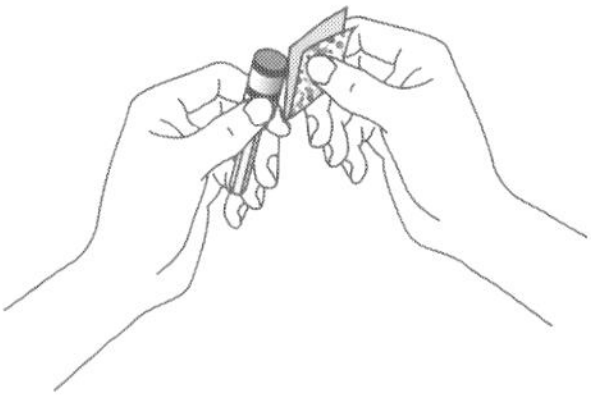

One Point Advice

＞水洗トイレの止水栓の調整

トイレタンクの止水栓を閉めた場合は終了後、元に戻すことが大切。特に、止水栓が開き過ぎていると、故障で給水が止まらなくなった場合、オーバーフロー管から排水しきれずにタンクから水があふれ出ることがあるので注意してください。閉めるときにハンドルやドライバーを何度回したかを覚えておき、その回数分開けるようにすれば簡単で確実です。なお、手洗い管の水の出が悪かったり、タンクに水がたまるのが遅いときは、止水栓を左に回して、逆に水の勢いがよくて手洗い器で水がはねるような場合は、止水栓を右に回して水量を調節することもできます。ロータンクに水がたまる時間は、1分半～2分が適切。それを目安に調節してください。

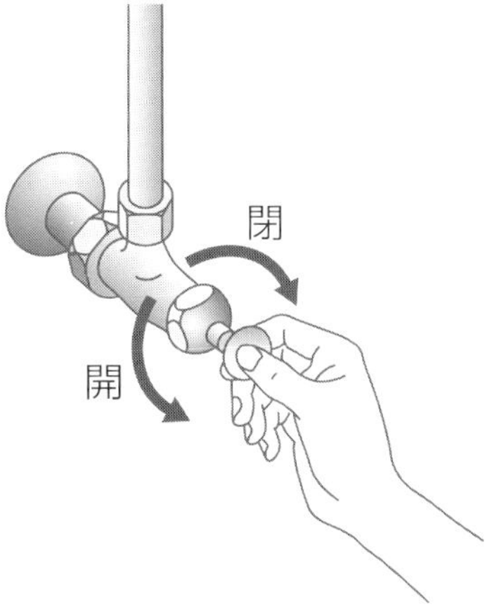

閉
開

Chapter 5-1

メンテナンス

水まわりの補修

ホーローのはがれ

ホーローの表面がはがれた場合、そのままにしておくとサビてカケがさらに広がってしまいます。カケが小さなうちにホーロー補修用充てん剤を使って補修しましょう。洗面ボウルのひび割れも同じ方法で直せます。

1 ホーローがはがれた箇所とその周囲に耐水サンドペーパー（150番くらい）をかけて、サビと汚れをきれいに落とす。

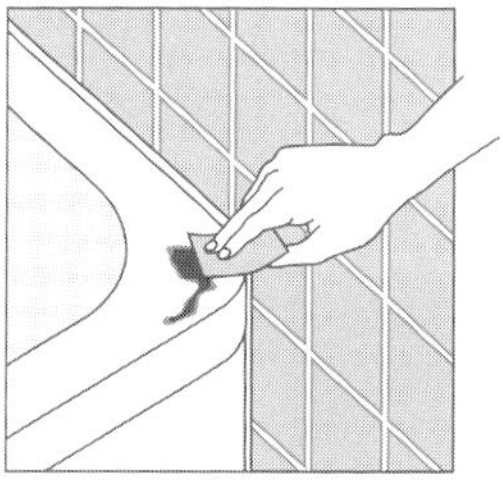

2 ホーロー補修剤は2本セットになっている。その主剤と硬化剤を同量絞り出してよく混ぜ合わせる。ホーローと色が合わない場合は、水彩絵の具を少量混ぜ合わせて調色するとよい。

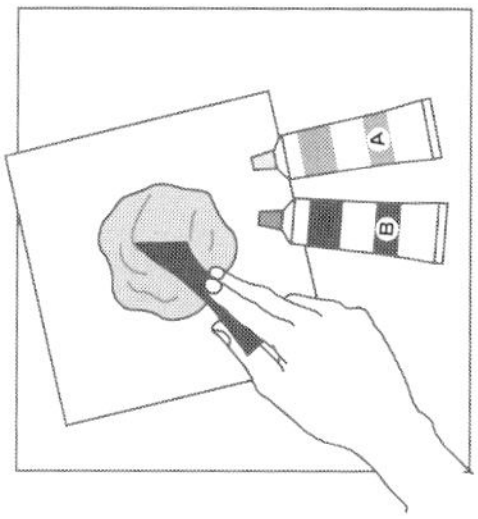

3 混ぜ合わせたらすぐに、名刺ぐらいの厚さの紙をヘラ代わりにし、紙をしならせるように塗りつける。ホーロー補修剤は、何度も塗り直したりせずに、できるだけ一度で手早く塗るのがコツ。表面に凹凸ができた場合は、完全に固まってから220番のサンドペーパーでこすってから、400番くらいのサンドペーパーで仕上げるようにする。

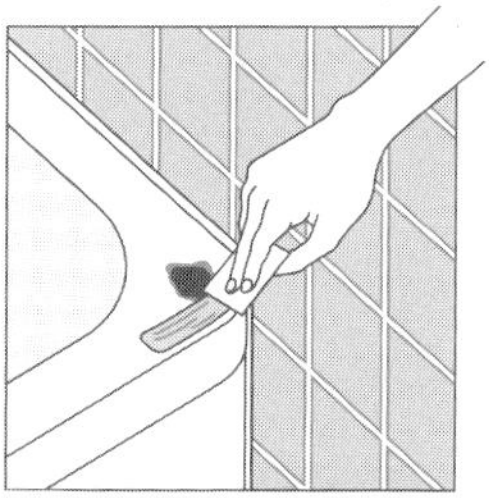

木部の腐り補修

1 腐っている部分をノミや彫刻刀などを使って取り除き、水分を乾燥させてから、木クズやホコリを掃除機で吸い取っておく。

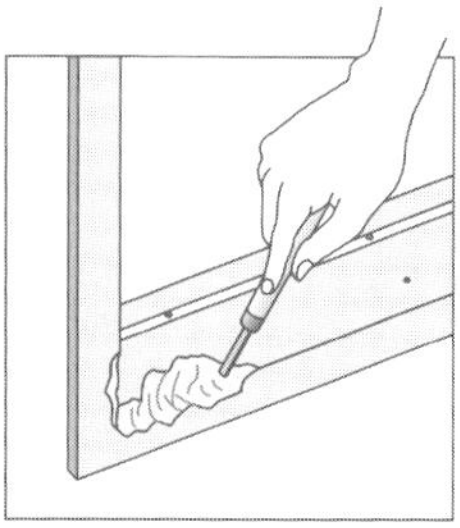

2 木部用エポキシパテを必要量切り取って練り合わせる。2つの容器に入っているタイプはそれぞれ同じ量を取り出して練り合わせるように。

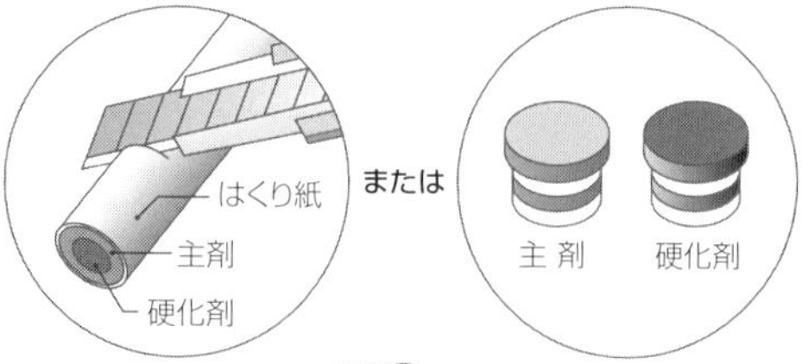

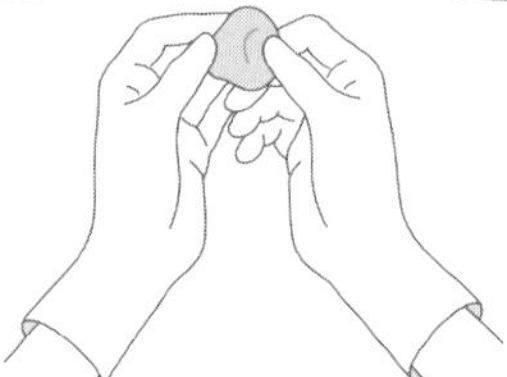

3 補修部分に練ったエポキシパテを押し付けるようにして埋め、形を整える。補修部分の凹凸が気になる場合は、完全に硬化してからサンドペーパーで表面を整えるとよい。

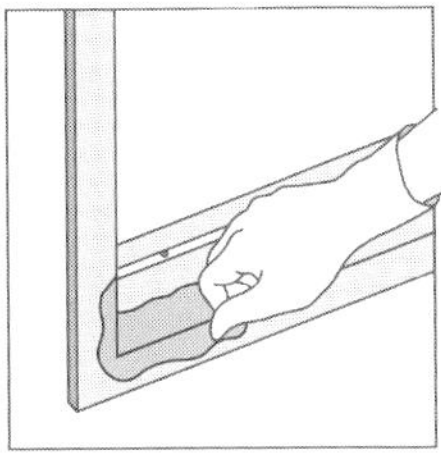

埋める箇所に引き戸レールがある場合は、レールをとめるクギを曲げて埋め込んでおくと、クギが浮かびあがるのを予防できる。

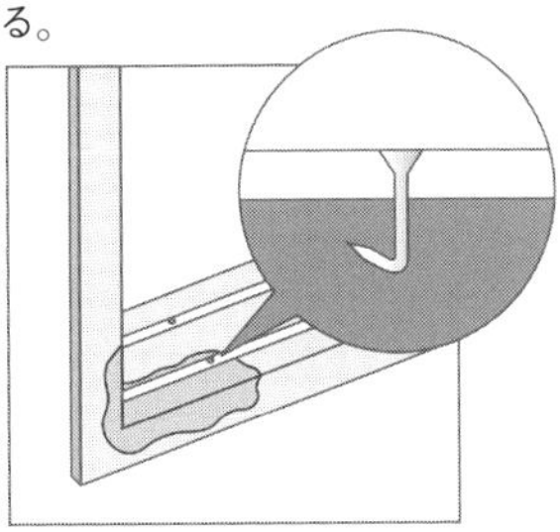

浴槽や洗面台と壁のすき間の補修

埋め込みタイプの浴槽の場合、壁との継ぎ目にすき間ができると、そこから水や湯気が侵入し、下地や土台を腐らせる原因になるので、早めに補修を。また、シールのカビが取れなくなった場合も同じ方法でシールしなおすときれいになります。

1 すき間に古いシールがある場合は、浴槽側と壁側にカッターで切れ目を入れて引っ張ってはがす。残ったシールは割り箸などで、こそぎ落とす。その後、汚れをよく洗って乾燥させる。冬季や急ぐ場合は、ドライヤーを使って乾かすとよい。

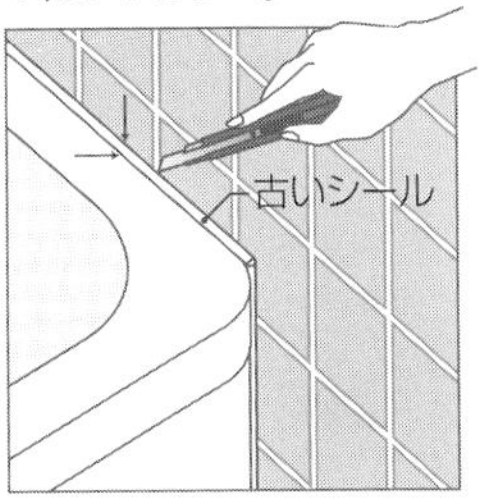

2 完全に乾いたら、シールする分のすき間を残して、浴槽側と壁側にマスキングテープを貼る。

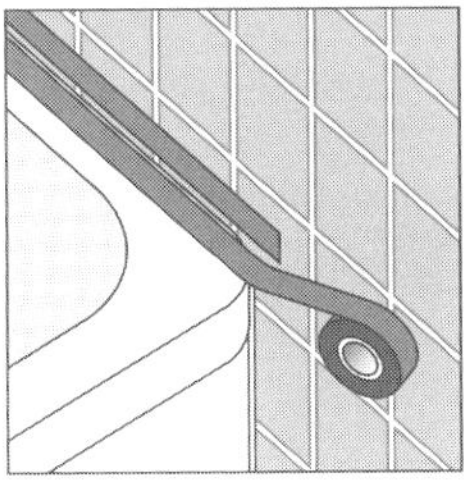

3 シリコン充てん剤のノズルの先をすき間の幅に合わせて切り落としてから、シールする部分に当て、付属の絞り出し金具を使って均一に絞り出して埋めていく。

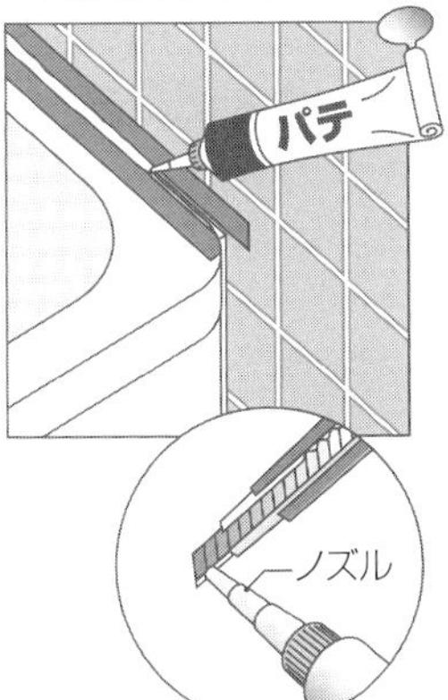

4 付属のヘラなどで余分な充てん剤をかき取るようにしてならしてから、充てん剤が固まらないうちにすぐマスキングテープをはがす。

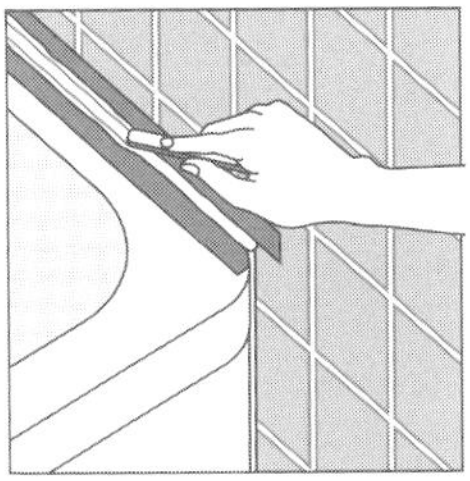

目地の欠け落ち、ヒビ割れ

1 目地に欠けやヒビが入っている場合、そのまわりの目地も弱っていることが多いので、マイナスドライバーでつついて簡単に崩れるところはすべてかき落とす。

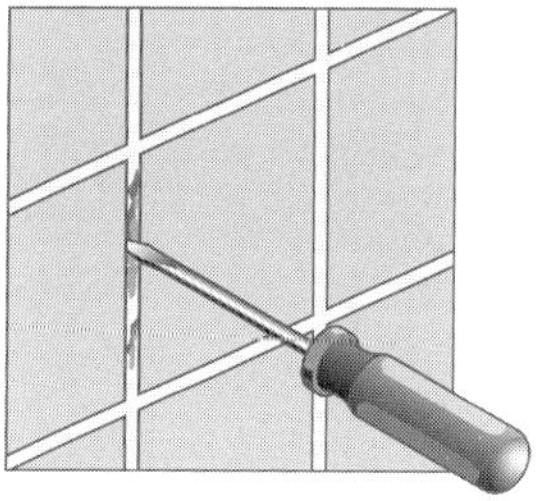

2 目地用セメントに適量の水を加えてヘラでアイスクリーム状ぐらいの固さに練る。

3 セメントの接着をよくするため、水をスプレーするか、水を含ませた布で拭くなどして埋める目地部分を湿らせる。

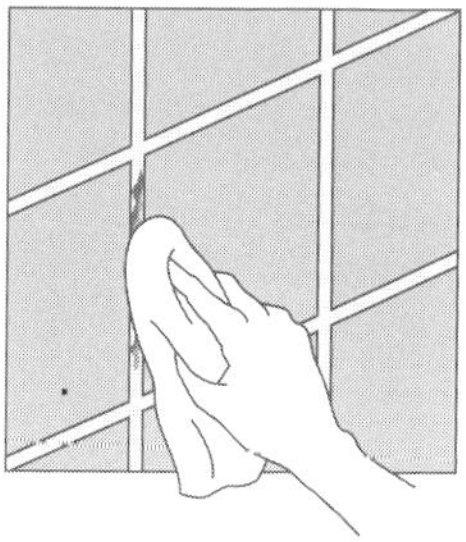

4 指やヘラを使ってセメントで目地を埋め、指で押し込むようにならす。タイルについた余分なセメントは乾かないうちに水に濡らして固く絞った布で拭き取る。

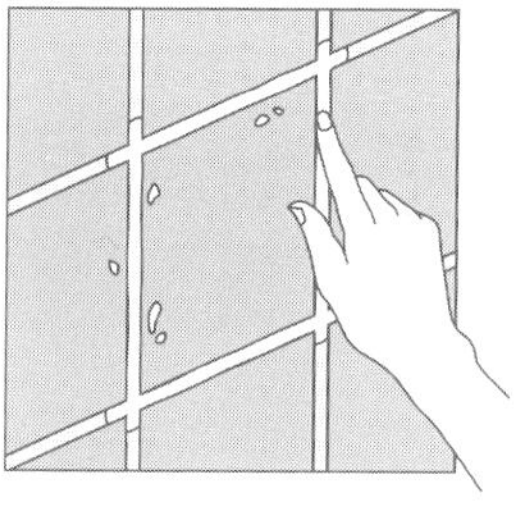

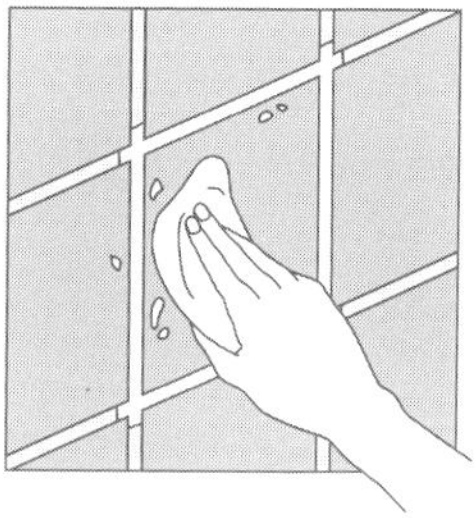

タイルのはがれ

1 タイルがはがれた箇所に残っている目地や接着剤をマイナスドライバーでかき落とす。下地の汚れがひどい場合は、浴室用洗剤で落とし、十分に乾燥させる。

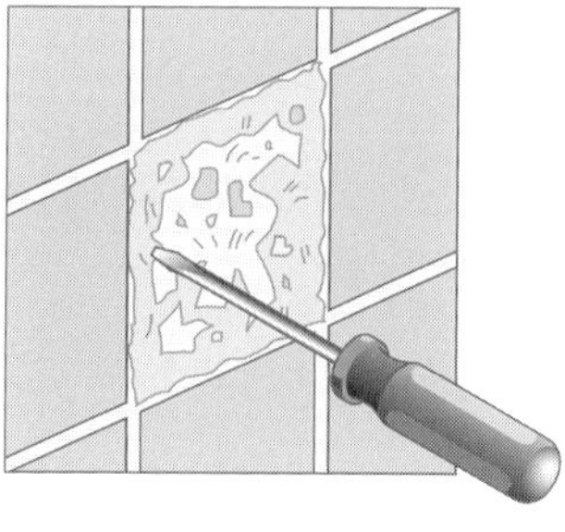

2 エポキシ系接着剤のA剤とB剤を同量混ぜ合わせたものをタイルの裏に厚めに塗る。

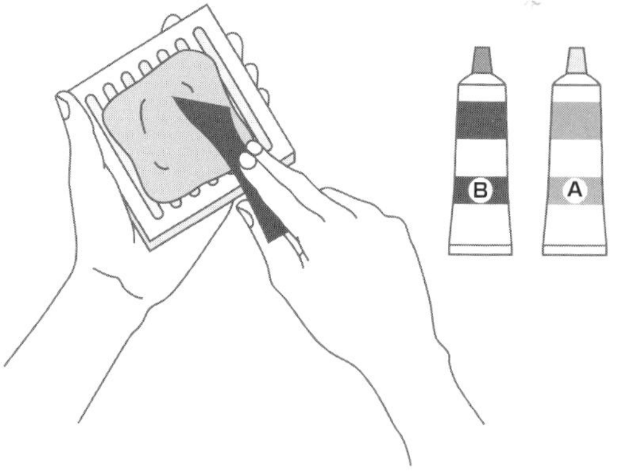

3 上下、左右のすき間が同じになるようにタイルを貼りつける。このとき、接着剤がはみ出したらすぐにボロ布で拭き取ること。
接着剤が乾燥したら、目地のかけ落ちやヒビ割れの補修と同じように目地用セメントで目地を埋める。

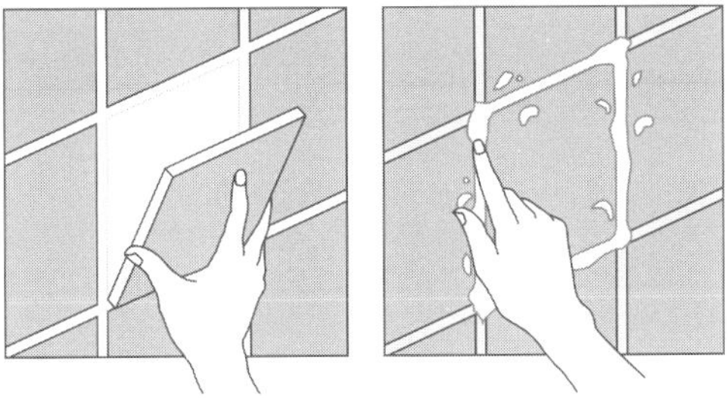

割れたタイルのはがし方

大きなヒビ割れができたり、割れて一部がはがれているような状態のタイルははがして新しいタイルに貼り直すのが一番。その際は、はがすタイルのまわりの目地をマイナスドライバーか目地ナイフで削り取ってから、タイルの割れ目にタガネやドライバーを当ててカナヅチで叩いてタイルをはがすようにします。その後は、タイルのはがれと同じ方法で補修してください。

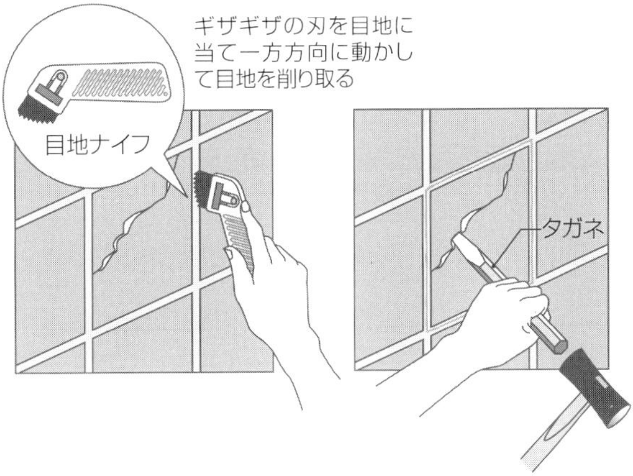
ギザギザの刃を目地に
当て一方方向に動かし
て目地を削り取る
目地ナイフ
タガネ

One Point Advice ＞ゴム栓とチェーンの交換

洗面ボールや浴槽の水がなくなるまで減ってしまうのはゴム栓の劣化が原因と考えられます。そんな場合は、使用中のゴム栓をはずして持っていき、同じサイズのゴム栓を購入して交換しましょう。交換する際、リングが固い場合はペンチなどで広げると楽に作業ができます。
鎖が切れた場合は、鎖の端のリングをはずして新しい鎖に交換を。鎖だけのもの、鎖にゴム栓がついているものがあるので、状況に合わせて選んでください。また、切れた鎖をつなぐ専用のコネクターも市販されています。

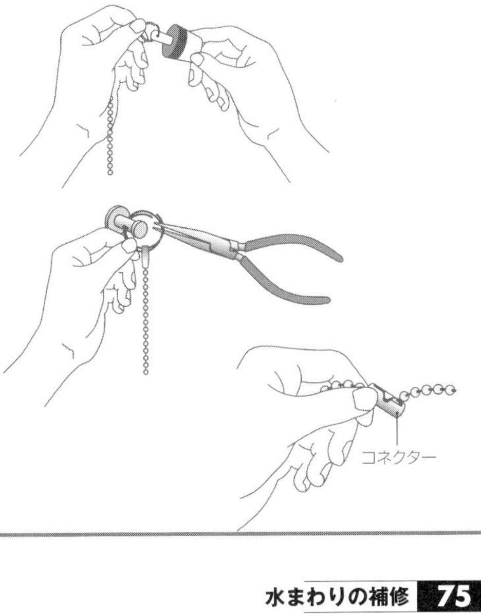
コネクター

Chapter 5-2 メンテナンス

錠前の交換

難しそうな錠前ですが、ポイントさえ知っていれば、箱錠以外はサイズが合えば簡単に交換できます。またガタついてきたときも、分解方法が分かれば自分で直すこともできます。

種類を見分ける

箱錠タイプ

カギ穴がノブの上についているタイプ。レバーハンドルもある。交換については難しいので、専門家に頼むほうが無難。

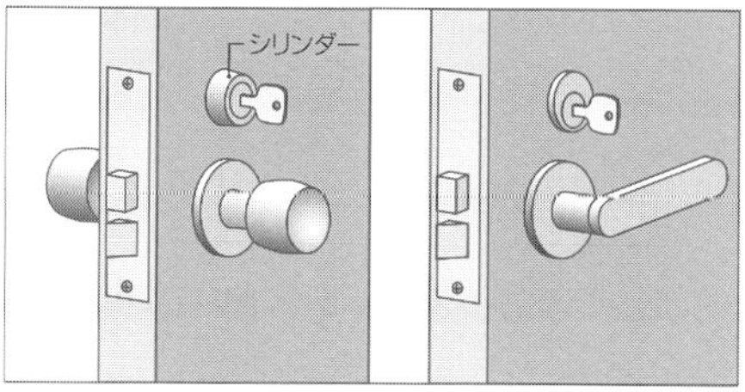

面付け箱錠タイプ

室内側のドア面にネジ止めするタイプの箱錠。集合住宅の玄関に使われる。

インテグラル錠タイプ

カギ穴がドアノブにあり、内側はサムターン。フロントを見るとラッチボルトとデッドボルトがついている。

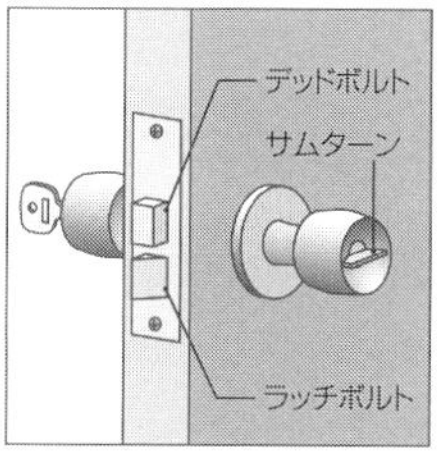

円筒錠タイプ

カギ穴がドアノブにあり、内側はプッシュボタン。フロントを見るとラッチボルトだけ。おもに室内用。最近は取替え錠のなかにレバーハンドルもある。

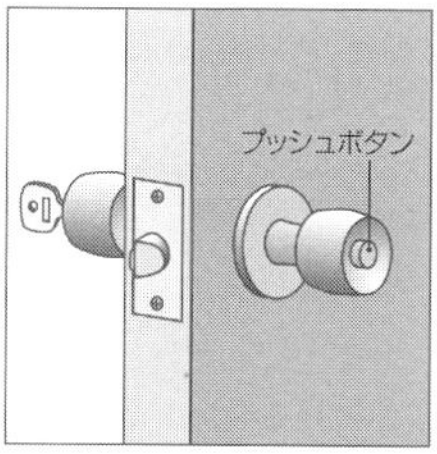

チューブラ錠タイプ

室内用で、カギ穴がドアノブにあり、内側はサムターン。フロントを見るとラッチボルトだけ。これの交換は、丸座にネジが見えているので、これをはずせば分解できて、交換も簡単にできる。レバーハンドルもある。

※それぞれのタイプともに、カギのない空錠があります。またトイレや浴室のドアには、外からコインやピンで開けられる非常解錠装置つきの錠もあります。お年寄りや小さい子供のいる家庭では、これに交換しておくと安心です。

錠前の交換に必要なサイズ

新しい錠前に交換するときは、パックセット、フロント寸法、ネジピッチ、メーカー名をチェックする。できればはずして持っていくといい。なおこれはインテグラル錠だが、円筒錠、チューブラ錠も全く同じ。

※ここでは円筒錠とインテグラル錠の交換について説明してありますが、錠前の種類によっては、はずし方などが多少違うものもあります。基本的には、内側のノブから順にはずします。

●取り替えに必要なサイズ

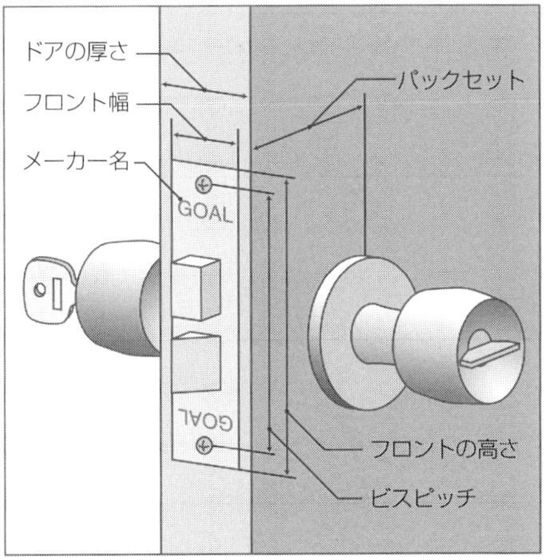

レバーハンドルのはずし方

1 内側のハンドルのつけ根にあるネジをゆるめると、ハンドルがはずれる。

2 丸座の切り欠き部分にマイナスドライバーを差し込み、こじ起こす。

3 丸座をはずすと、丸座裏金が出てくる。

One Point Advice > カギの抜き差しが重くなったとき

カギ穴にカギを差し込んだり、抜いたりが引っ掛かってスムーズにいかなくなることがあります。そんなとき、カギ穴にひと吹きすると、なめらかになります。これは車のカギ穴にも使え、ダイヤル錠も軽く動くようになります。なお油類を差すとホコリがついてもっと悪くなるので絶対に避けるようにしましょう。

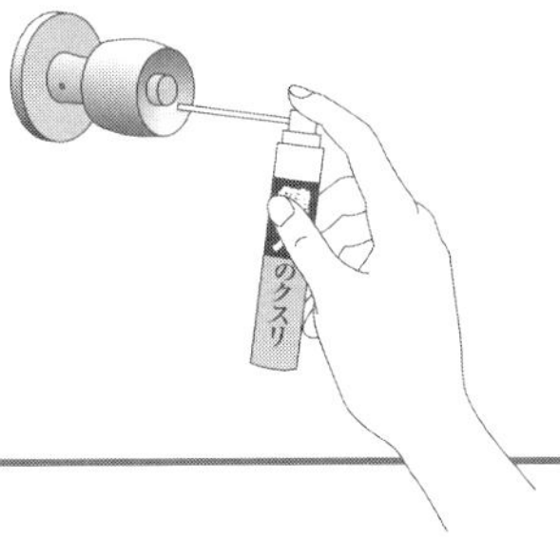

円筒錠の交換

1 内側のノブをはずす

ノブの付根に小さな穴がある。そこにキリや細いマイナスドライバーなどを差し込み、わずかにバネのような部分を押して、ノブを引き抜く。

2 丸座をはずす

丸座の周囲の切り欠き部分に、マイナスドライバーを差し込んで、こじ起こす。ただし錠前によって、多少違うものもある。

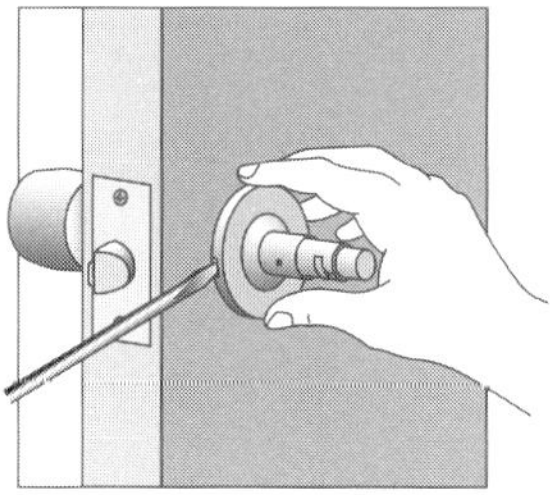

3 丸座裏金をはずす

丸座を取ると丸座裏金があり、ネジをドライバーではずすと、外側のノブが引き抜ける。

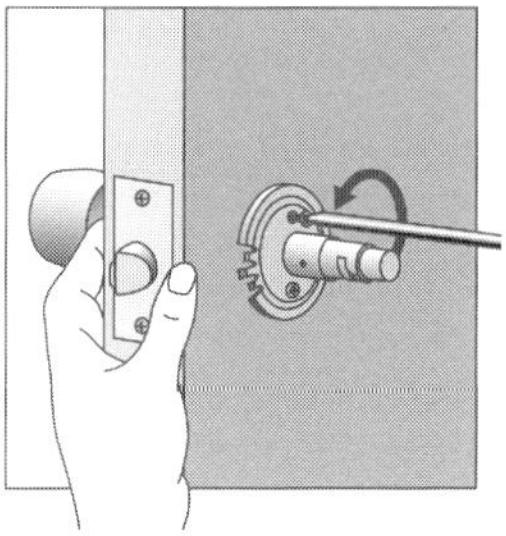

4 フロントをはずす

フロントを止めているネジをはずすと、ラッチごとフロントが引き抜ける。

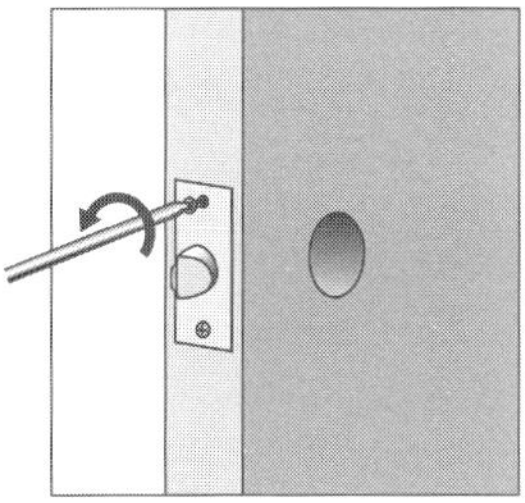

5 新しい錠前を取り付ける

ラッチ付きフロントをネジ止めし、ケース付きノブを外側から差し込む。このとき、ケース本体とラッチを結合させるのがコツ。ノブを回してラッチがスムーズに動くかチェックする。

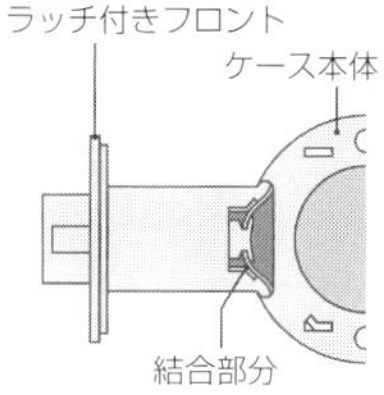

6 内側の丸座とノブを付ける

丸座は左右の引っ掛かり部分を確認してパチッとはめ込む。ノブの内側の凸部分を軸の溝に合わせて差し込む。

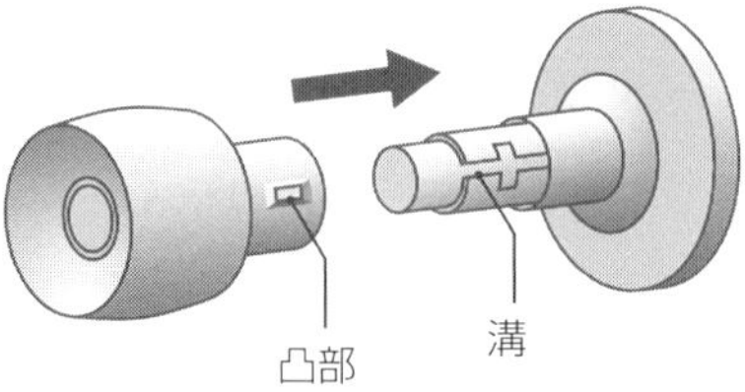

インテグラル錠

1 内側のノブ・丸座をはずす

丸座を左に回してはずすと、ノブと丸座が一体になってはずれる。丸座が回らないときは、すべらないようにビニール手袋をして回したり、フィルムレンチを使うなど工夫するといい。

2 丸座裏金をはずす

丸座裏金のネジをドライバーではずすと、外側のノブが引き抜ける。

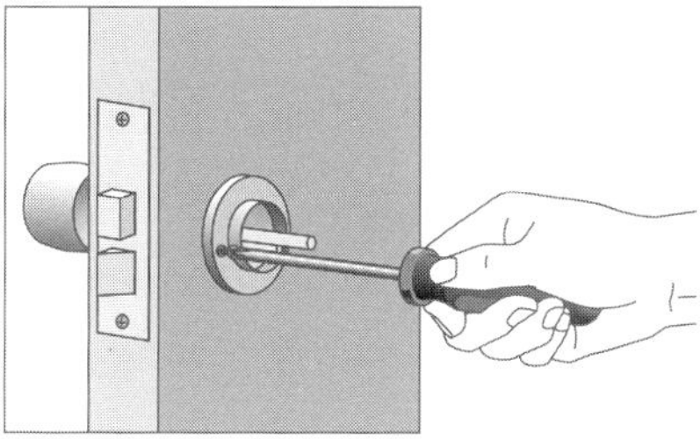

3 フロントをはずす

フロントのネジをはずして、ケース本体を引き抜く。ケースの角芯用の穴にドライバーを差し込んで動かすと抜ける。

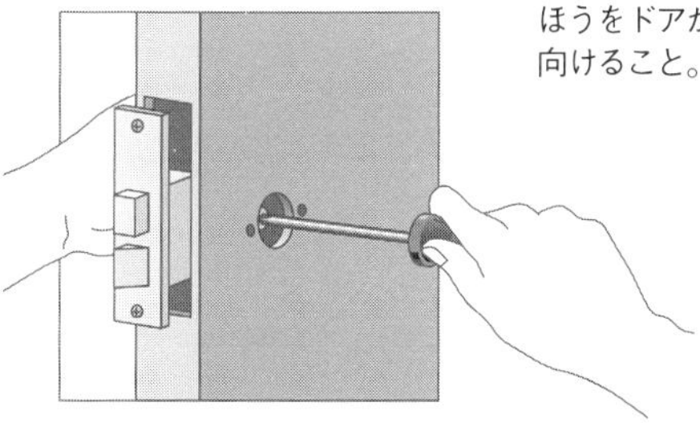

4 新しい錠前を付ける

ケース付きのフロントをはめ込んで、ネジ止めし、外側からノブを差し入れる。このときカギ穴が下になるように、またラッチボルトの削れているほうをドアが締まっていく側に向けること。

5 内側のノブをつける

内側の丸座裏金をネジ止めする。これにノブと丸座が一体になったものをネジ込み、付属の金具を、ノブの付根の穴に引っ掛けて締めつける。なおサムターンが解錠のとき縦になるように角芯を差し込むのがポイント。

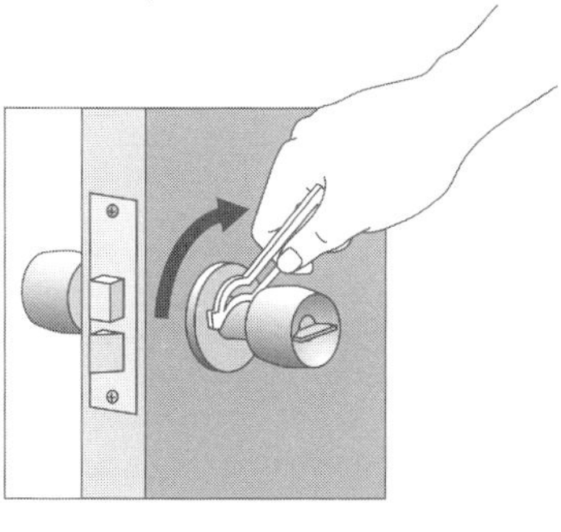

Chapter 5-3 メンテナンス

排水管のつまりを直す

排水管のつまりを予防する方策

排水管の内部に水アカや石けんカスなどがたまると内径が細くなり、排水の流れが悪くなります。それをそのままにしておくと悪臭がするばかりか、そこに髪の毛や野菜カスなどが引っ掛かり、つまる原因に。排水パイプに髪の毛や固形物を流さない工夫をするとともに定期的に洗浄してつまらせない工夫をすることが大切です。

台所の排水管

排水バスケットやゴミ受けには必ず水きりゴミ袋を敷き込んで細かなゴミを流さないように心掛けましょう。また、注意したいのが油。油分が冷えたものが排水管内部に付着すると排水管の内部を狭くし、それがつまりの原因になることがあります。使用済みのてんぷら油などは油処理剤を使うか、牛乳パックに新聞紙を入れてそれにしみこませるなどしてゴミ箱に捨ててください。また、油っこい調理をした鍋や皿なども、新聞紙などで油分を拭いてから洗うようにすると安心です。

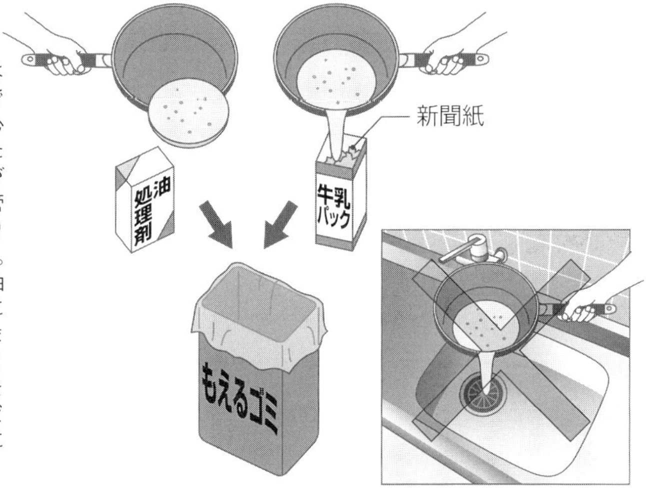

浴室、洗面所の排水管

石けんカスや水アカもさることながら、一番の原因となるのが毛髪。新しいユニットバスなどではヘアーストッパーという毛髪を流さない構造になっている排水口もありますが、そのような装置がついていない場合は、できるだけ毛髪を流さない工夫をしてください。効果的なのは、塩ビ製で帽子のような形をしており排水口の目皿に吸盤でくっつけるタイプや、表面がマジックテープのようになっている波形の粘着テープなど市販品を上手に活用すること。また、排水口の目皿にミカンやシイタケなどが入っていたナイロンネットを被せておくのも効果的です。

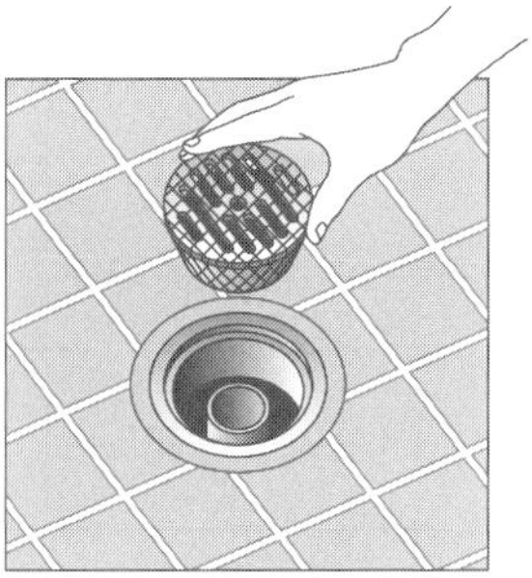

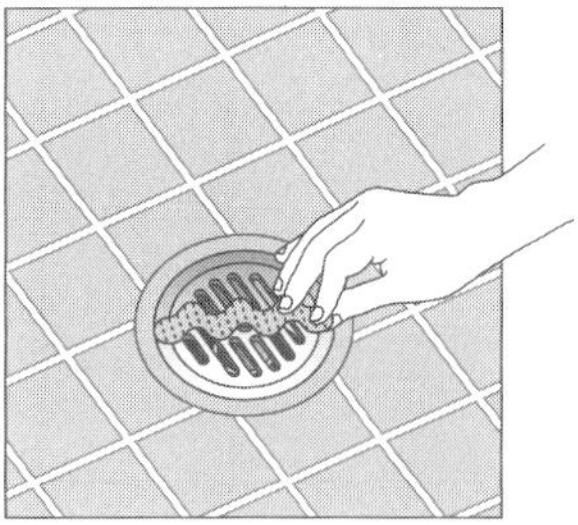

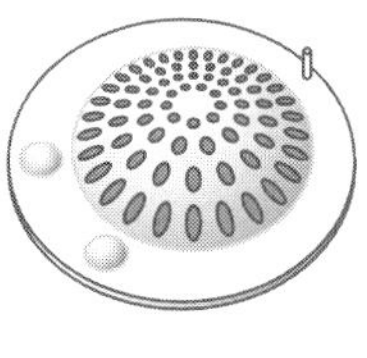

パイプ洗浄剤で定期的に掃除を

2～3カ月に一度の割合でパイプ洗浄剤を使用すると排水パイプの汚れを落とし、つまりや悪臭の原因を取り除いてくれます。様々な種類があるので、その作用を理解して上手に使いわけましょう。

●顆粒タイプ

排水口の周囲に薬剤をまき、40～50℃の少量のお湯で流して使う。

●液体タイプ

そのまま排水口に流しこむ。

水洗トイレのつまりの直し方

トイレがつまった場合は、トイレ用吸引カップを使うのが一番。カップの先のゴムが2段になっているタイプがおすすめです。便器に水がたまっている状態で、排水口がすっぽり隠れるようにカップを当て、ゆっくり押し込み、目一杯押し込んでから、一気に引っ張るようにすると、詰まったものが水の勢いで動きます。水が引いたら直った知らせ。ただし、ここで安心してトイレの水を流さないように注意。もし、詰まりものが残っていたら水が溢れてしまいます。バケツに入れた水を少しずつ便器に注いで、きちんと水が流れるかどうか確認してから、レバーを回して水を流すようにしてください。

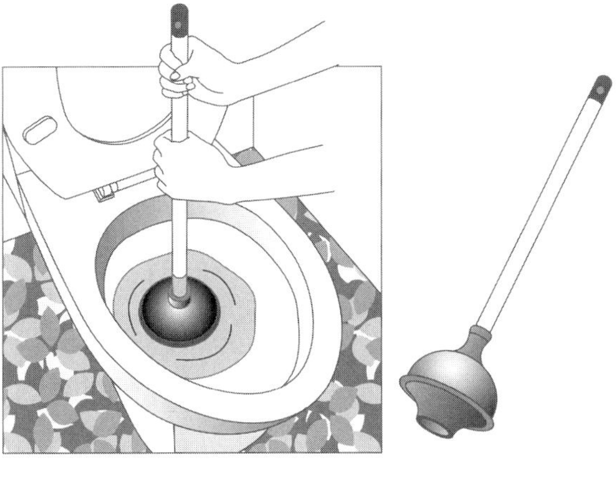

排水管のつまりの直し方

吸引カップを使って水の圧力でゴミを押し流す

吸引カップを使うと、水が引き上げられる力によってゴミの位置がずれ、水が流れるようになります。この場合、排水がつまっている台所の流し台や洗面台のボウルに水をはってから作業すること。そのうえで、洗面台の場合はオーバーフロー（あふれ止め）用の排水口に、２つシンクがある流し台の場合は一方の排水口に布などをつめてふさいでおかないと水が逆流して効果が下がるほか、汚水をかぶることがあるので注意しましょう。
吸引カップは、排水口にぴったりと当て、グッとゆっくり押し付けてから引っ張るときに力を入れるのがコツです。

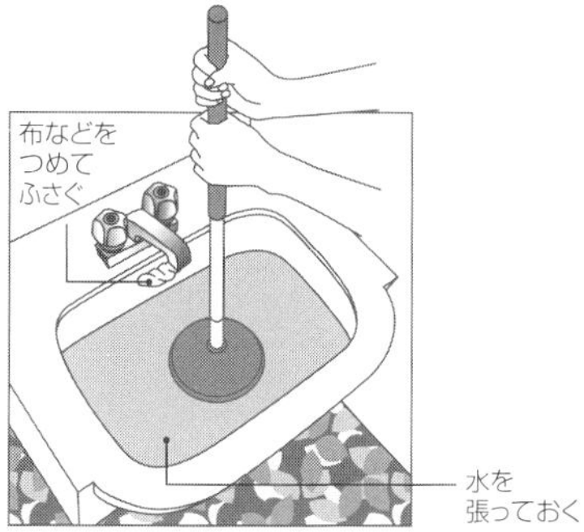

布などを
つめて
ふさぐ
水を
張っておく

水の圧力でゴミを押し流す道具には吸引カップのほかに、竹製の水てっぽうを大型にしたようなポンプ式の器具や、強力な吸引力と押し下げ圧力でゴミを押し流す真空式のものがあります。

ポンプ式

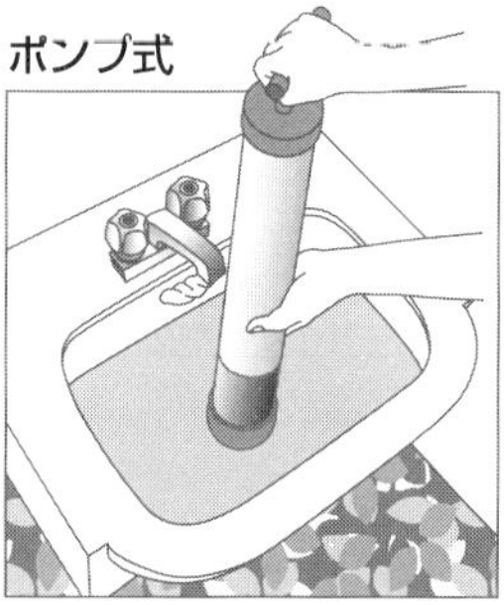

真空式

ワイヤー式パイプ清掃器具でゴミを取り除く

どうしても直らない頑固なつまりは、スプリングのようなワイヤーを差し込み、つまっているゴミを取り除きましょう。ワイヤーの長さや太さ、ハンドルの型など様々なタイプがありますが、どれもフレキシブルなワイヤーで排水管の曲がりにそって入っていくようになっています。ワイヤーを排水口に押し込んでいき、ワイヤーが進まなくなった場所がつまっている箇所と考えられるので、ハンドルでワイヤーを回したり、少し巻き戻してまた進めたり、を繰り返してみてください。浴室などでつまりがひどい場合は、一度巻き戻して、先端に付着している毛髪などを取り除いてから再び作業を続けるようにすると効果的です。

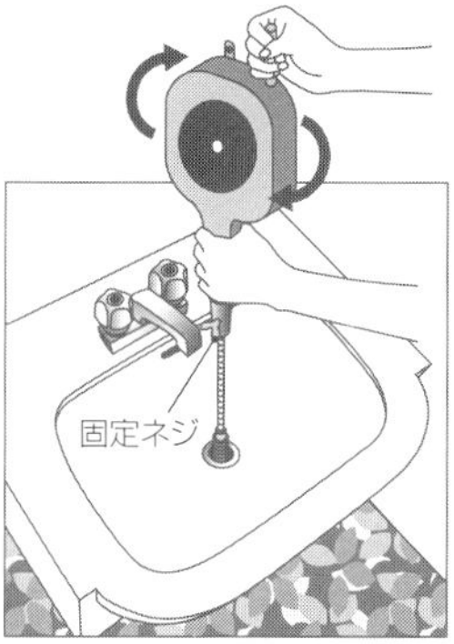

固定ネジ

ワイヤー収納式

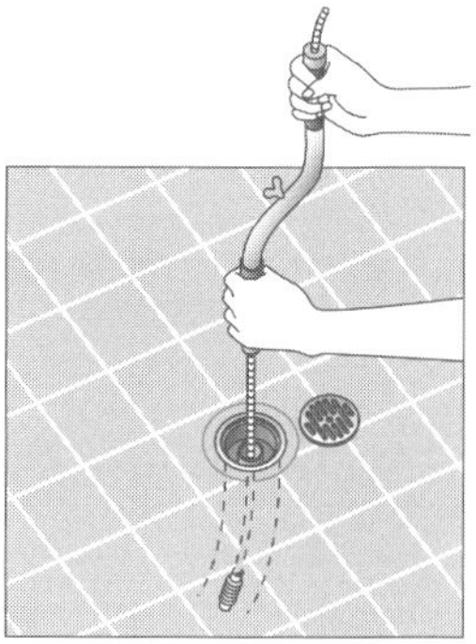

パイプハンドル式

排水管を分解してゴミを取り除く

洗面台

洗面台は排水口の構造によって、ワイヤー式パイプ清掃器具が入らないケースがあります。そんな場合、洗面台のつまりのほとんどはU型のトラップ部分なので、排水パイプの継ぎ目のナットをはずして掃除すればＯＫ。トラップの中には水が入っているので、バケツなどを置いてから、ウォーターポンププライヤーなどでナットをゆるめてはずします。はずしたトラップの中はパイプブラシなどで水洗いし、U字管の上下のパイプの中もブラシが入る範囲で掃除しましょう。あとは、はずした部分を元通りに直せば完了ですが、このとき、ナット部分に入っているパッキングを新しいものと交換してください。また、ウォーターポンププライヤーを使う際は、パイプやナットにキズがつかないように当て布をして作業しましょう。

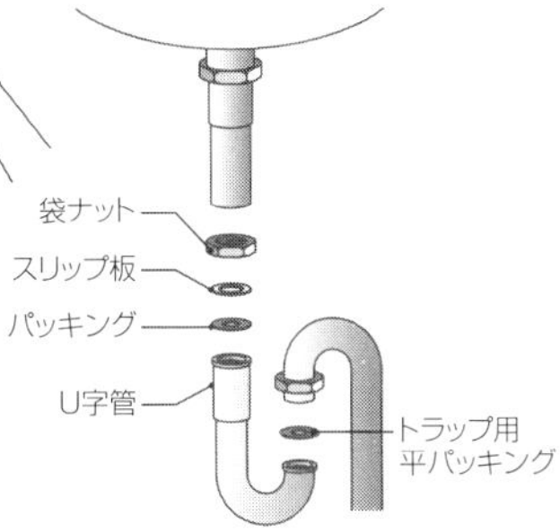

台　所

台所の流し台の排水パイプが蛇腹ホースの場合、針金などを使うとホースに穴があくことがあるので注意を。また、蛇腹ホースは取りつけネジをウォーターポンププライヤーなどで簡単にはずせるので、ホースにつまっている場合ははずして掃除をし、その下の排水管がつまっている場合は、ホースをはずした部分からワイヤー式パイプ清掃器具などを使ってつまりを直すこともできます。

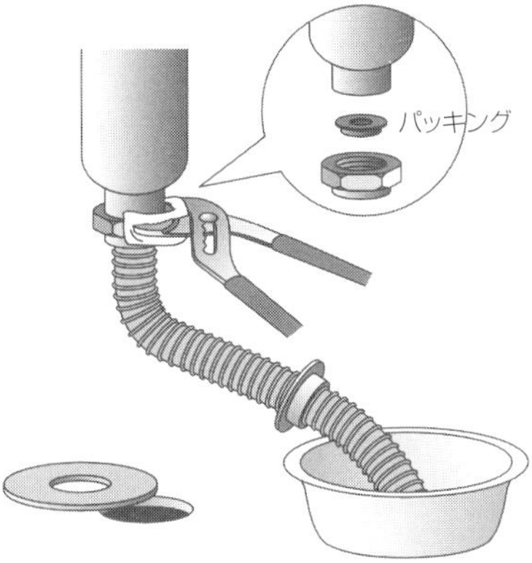

One Point Advice ＞ 排水管、排水ホースの水もれを簡単に直す

分解やパッキング交換をせずに、手軽に補修したいときは、自己融着テープを使いましょう。これは、巻き付けられたテープ同士がくっつくようになっている少し厚めで黒いテープです。パイプの水気や汚れを拭きとってから、テープを引っ張りぎみに、また、テープ同士の幅が半分以上重なるようにしっかり巻き付ければＯＫ。はずす場合は、カッターで切り取ればパイプを汚すことなくはずせます。

台所の蛇腹ホースから水もれしている場合は、蛇腹ホース専用の補修テープを使います。これは２本一組になっていて、最初に水もれ箇所に融着テープを巻いて５分ほどおいてから融着テープを隠すようにビニールテープを巻き付ければ完了。破れがひどい場合は、サイズの合う新しい蛇腹ホースと交換するとよいでしょう。

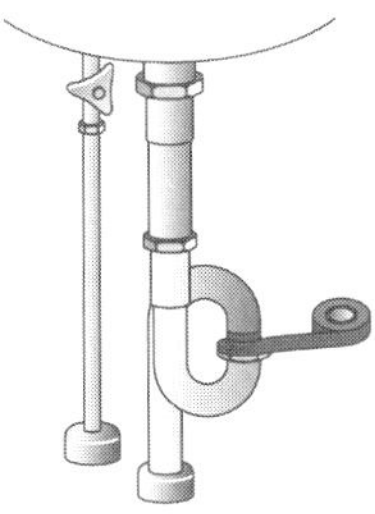

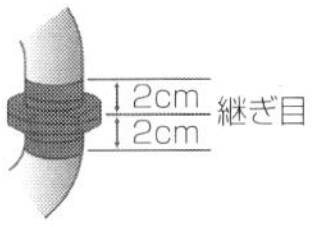

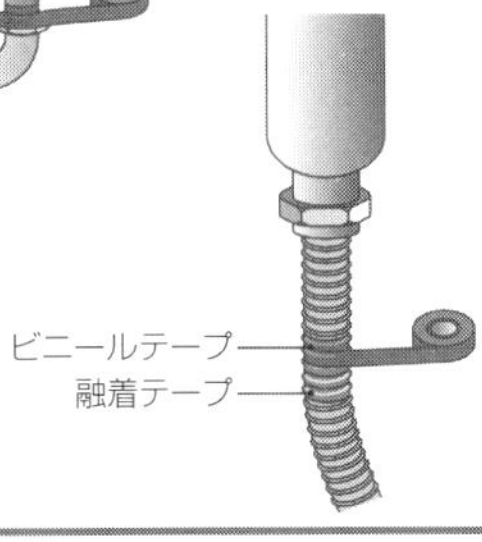

Chapter 5-4 メンテナンス

壁の補修

壁紙の補修

中に空気が入ってふくれた場合

壁紙補修用の接着剤を少量の水で薄め、注射器を使ってふくらみに注入して貼る方法もあるが、注射器が手に入らない場合は、カッター（できれば刃の薄いカミソリ）で、十字に切れ目を入れ、裏に壁紙補修用接着剤を塗って貼り直すとよい。

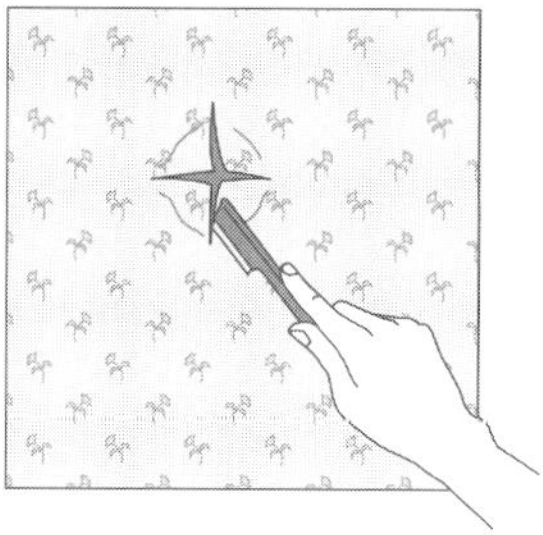

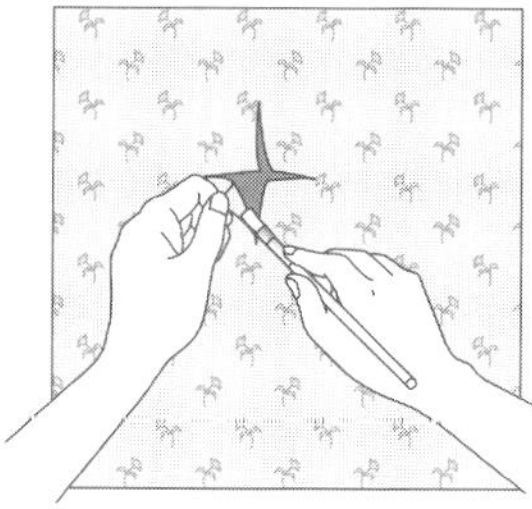

壁紙のめくれ、はがれ

1 はがれた壁紙や壁に残っている古い接着剤や汚れを布などできれいに拭き取る。

2 壁紙が乾いてから、壁紙補修用の接着剤をめくれた壁紙の裏面に薄く、均一に塗る。このとき、めくれの大きさや状況に応じて、お菓子についているヘラやスプーン、つまようじ、ハケなどを使うと端までしっかり塗ることができる。

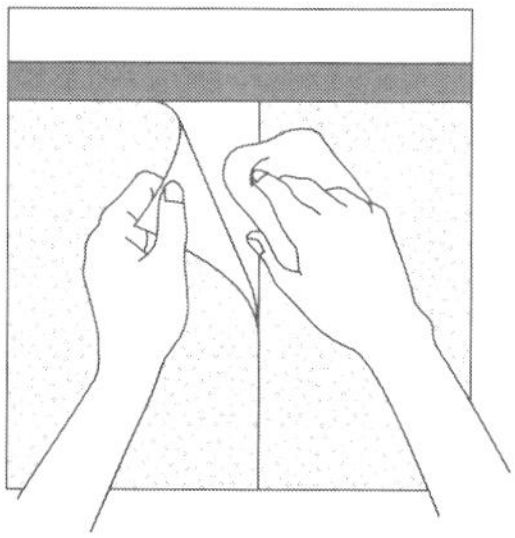

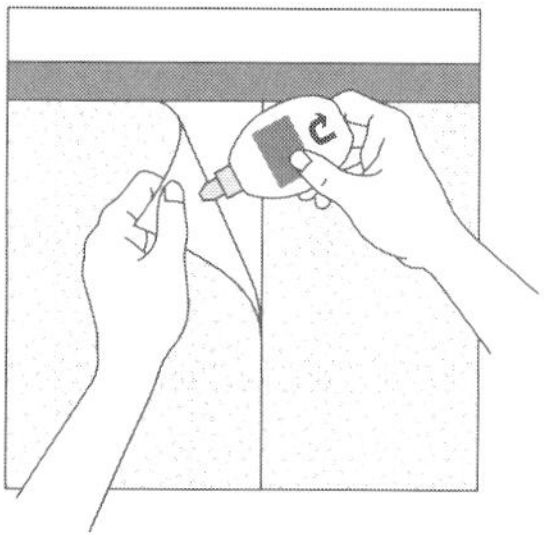

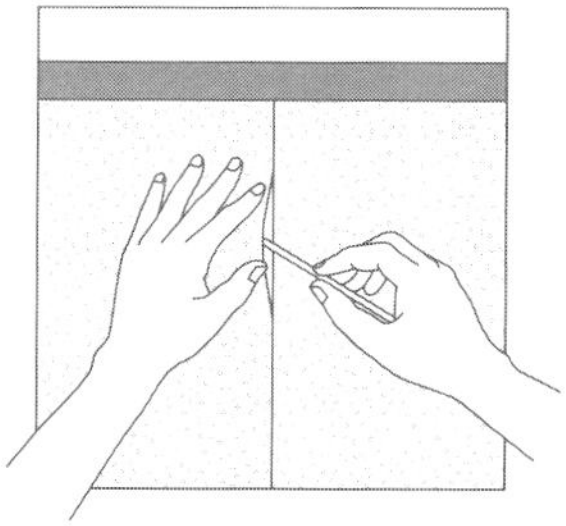

3 接着剤を塗ったらすぐに、はがれていない方から端に向かって、接着剤や空気を追い出すように貼り合わせる。このとき、接着剤がはみだしたらすぐに固く絞った布で拭き取ること。

4 めくれグセがついている場合は、接着剤が密着するまで、布の粘着テープで仮止めを。テープをはがすときには、めくれグセがついている方向とは逆の方向にはがすのがポイント。

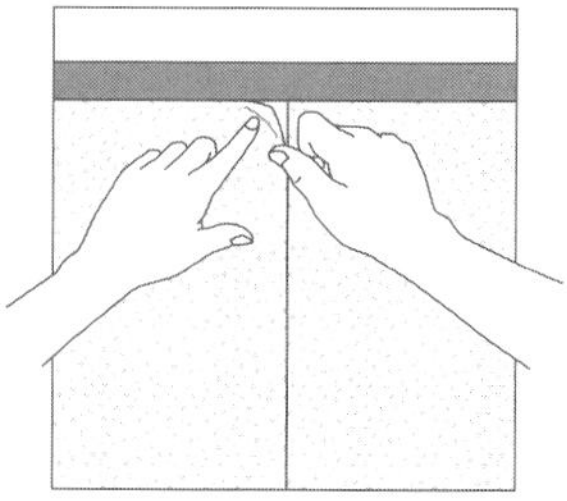

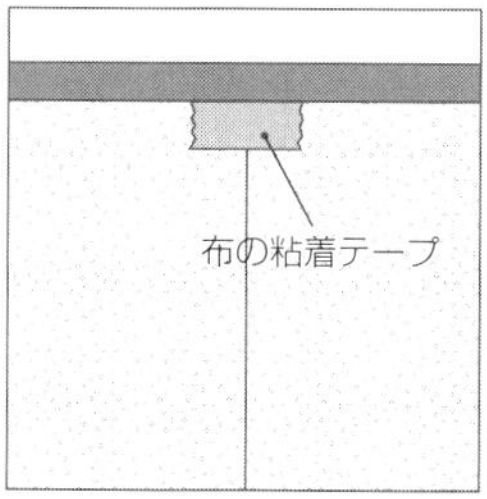

ネジやピンであいた穴

1 穴や周囲の汚れを落とし、穴の周囲の盛り上がっている部分を穴の中心に向かって爪で押しつけるようにして平らに戻す。

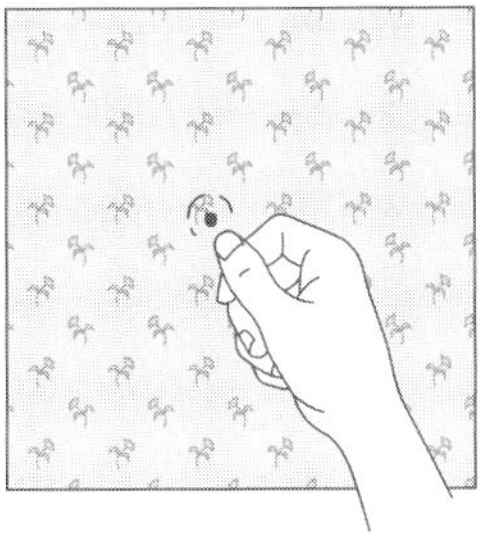

2 壁紙の小さな穴専用の補修剤のノズルの先を穴に当てて注入する。色は、白、アイボリー、ベージュの3色があるので、壁紙の色に合わせて選ぶとよい。

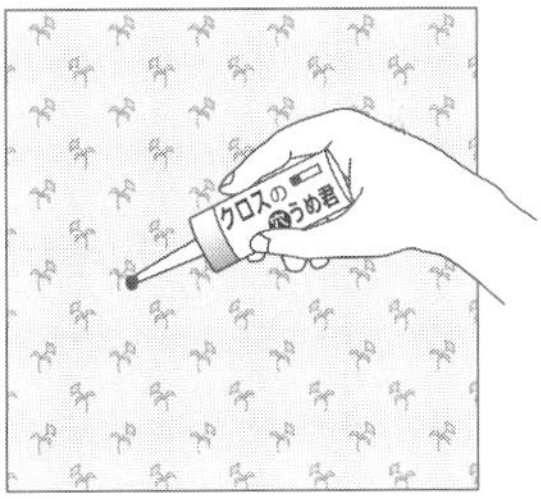

色や柄のある壁紙の場合は、白の補修剤を使うのがコツ。注入して完全に固まってから、水彩絵の具を調色して細い筆で色をつけると目立たなくなる。

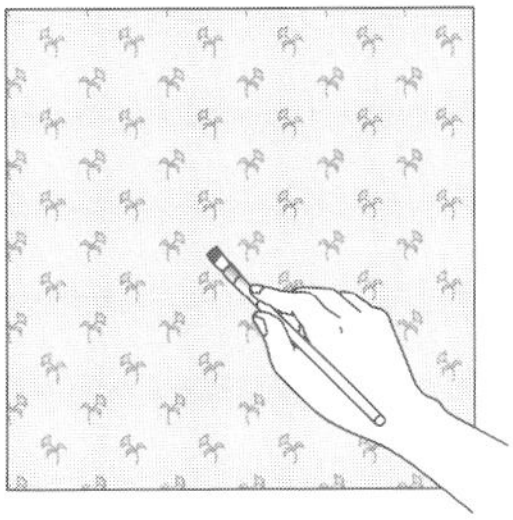

大きな破れ

1 同じ壁紙を用意して、破れより大きく切り、柄を合わせて布粘着テープなどで仮止めをしてから、定規を当てカッターで2枚いっしょに切る。

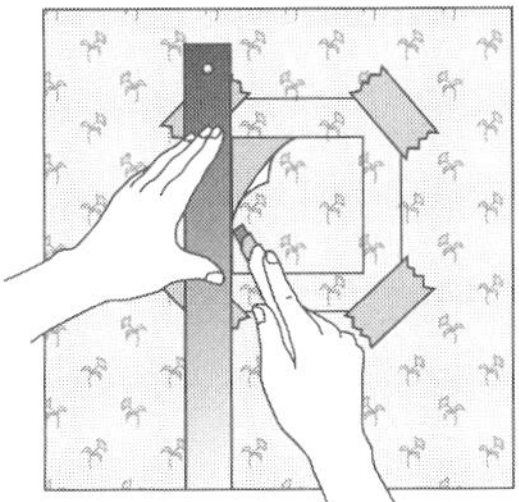

2 テープをはがして当てた壁紙を取り、破れた壁紙をはがす。このとき、カッターの先などで端をこじおこしてからめくるとうまくいく。壁面に古い接着剤がついている場合は固く絞った布などで拭き取っておく。

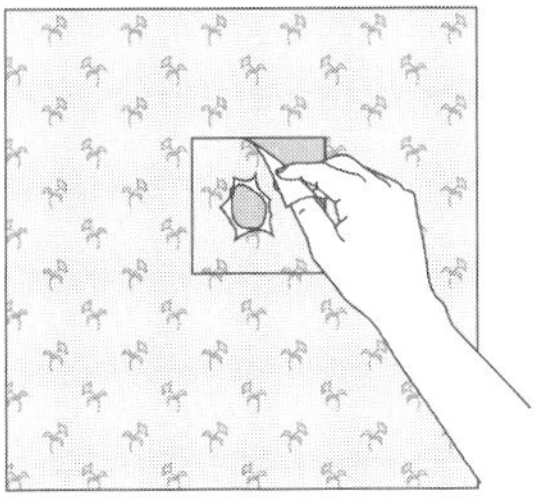

3 新しい壁紙の裏に壁紙補修用の接着剤を塗って貼りつける。その後、壁紙用の押さえローラーで継ぎ目を押さえておくと目立たなくなる。

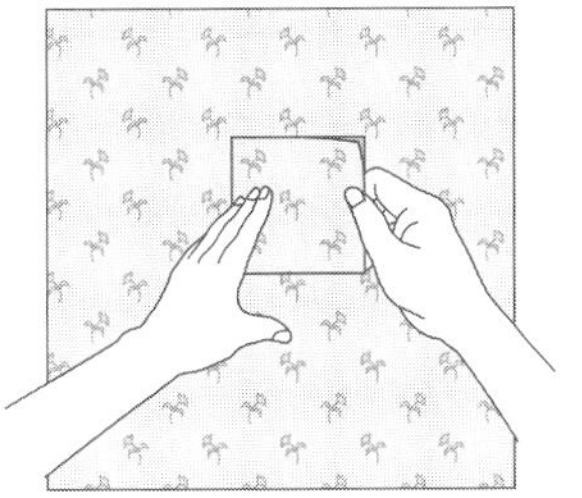

※同じ壁紙がない場合、また年月がたって色が変わってしまっている場合は、貼ってある壁紙に合う別の壁紙を選んで補修することも可能。この場合は、破れた箇所以外も同じ方法でデザイン貼りをするときれいに仕上がります。また、ビニール壁紙なら凹凸が似ている壁紙で貼り直したあと、ビニール壁紙にも塗れる塗料で全体を塗り直す方法もあります。小さな破れなら、ボーダー壁紙などを使ってカバーしてもよいでしょう。

和室の壁の補修

壁がボロボロ落ちる場合

和室に使われている繊維壁（綿壁）や京壁（じゅらく壁）などは、古くなると接着力が弱まり、触っただけでボロボロ落ちることがあります。そんな場合は、壁用の粉落ち防止剤をスプレーして、糊を補強してやるとよいでしょう。壁から30㎝くらい離して、ゆっくり動かしながら壁全体にスプレーするのがコツ。ただし、京壁の場合は、スプレーした箇所が濡れたような色になってムラになるので、あまりおすすめできません。

キズや穴の補修

●京壁（じゅらく壁）の場合

室内用壁パテで補修を。表面が半乾きのときに、タオルやブラシなどで凹凸をつけ、乾いてから水彩絵の具で色合わせをする。

●繊維壁（綿壁）の場合

色の近い壁材を選び、水を加えて練ってから補修する。

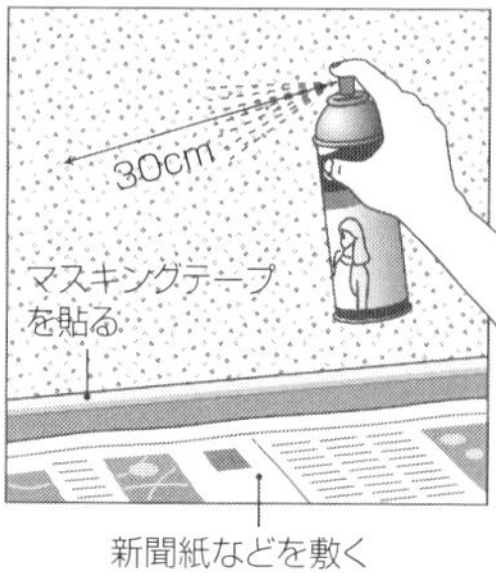
30cm
マスキングテープを貼る
新聞紙などを敷く

しっくい、プラスター壁の補修

しっくいやプラスターのヒビ割れや穴、すき間の補修には室内用の壁補修パテを使います。パテには、パテ状でそのまま使えるものと、水で練ってから使用するタイプがあります。どちらを使う場合も、あらかじめ、補修する壁面に濡れ雑巾を当てるなどして水分を含ませておくと、パテの食いつきがよくなり、パテだけはがれることがなくなります。

ヒビ割れ

ヒビ割れが小さな場合、そのままではパテが入らないので、マイナスドライバーなどでヒビ割れを広げてから、ハケか筆でヒビ割れ部分を濡らした後、壁用パテをヘラで埋め込む。パテが乾いたら、当て木をしたサンドペーパーで表面を平らに仕上げる。

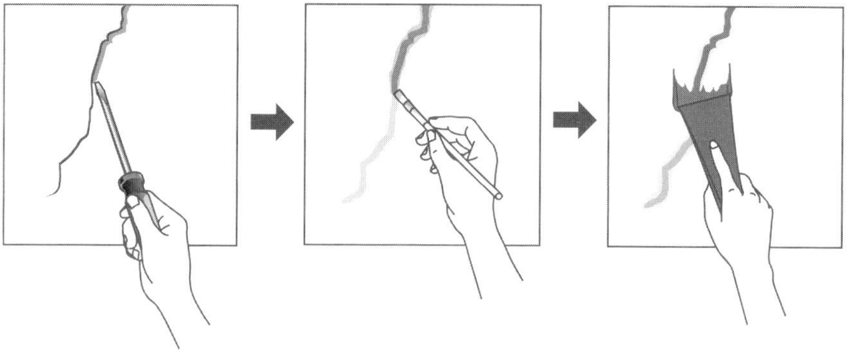

壁の場合、一部分を補修しても残念ながら、まったく元通りというわけにはいきません。その場合は、思い切って壁全面をリフォームしましょう。しっくいやプラスター壁の場合は、そのままで壁紙を貼ったり、塗装することが可能ですし、繊維壁や京壁もそれぞれの壁材で塗り直したり、下塗り剤で固めてから塗装したり、壁紙を貼ることもできます。

穴

穴の大きさにもよるが、一度で埋めると、パテが乾くときに縮んではがれやすくなるので注意。まず、穴の内側にパテを押しつけて乾くのを待ち、次に穴の表面までパテを埋め、最後に木のヘラで押しつけるようにして表面を平らにする、といったように2～3回に分けて埋めるとよい。ただし、最近は、乾燥しても縮まないタイプのパテも販売されている。それを使う場合は、1回で埋めても問題ない。
パテを埋めた後、表面の凹凸が目立つようなら、サンドペーパー（240～320番）に当て木をして仕上げる。

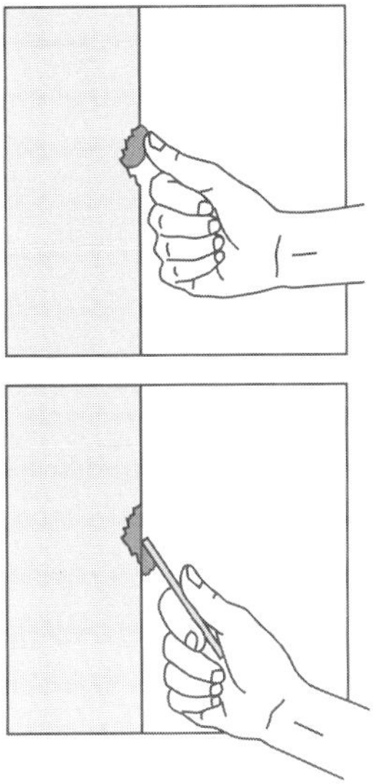

柱とのすき間

チューブ入りのアクリル系充てん剤を使うと便利。すき間にチューブで直接、充てん剤を注入したあと、指に水をつけてならすときれいに仕上がる。

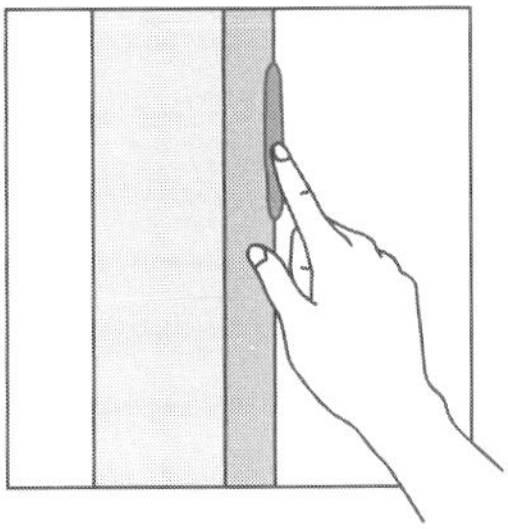

One Point Advice ＞ 柱や鴨居のクギ穴の補修

つまようじを使って簡単に目立たなくさせることができます。穴が大きな場合は、つまようじの代わりに割り箸を削ったものを使うのも手。また、木工用パテで埋めることもできます。

クギ穴につまようじを刺し、カナヅチで軽く叩いて奥まで入れてから、余分をカッターで切り取る。穴が大きくすき間がある場合は、さらに数本のつまようじを同様に叩き込む。

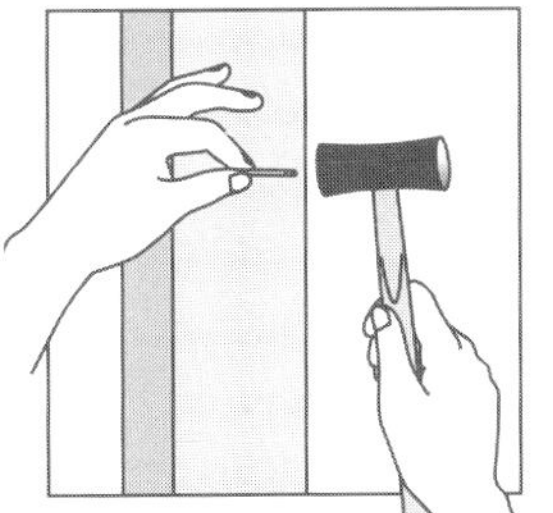

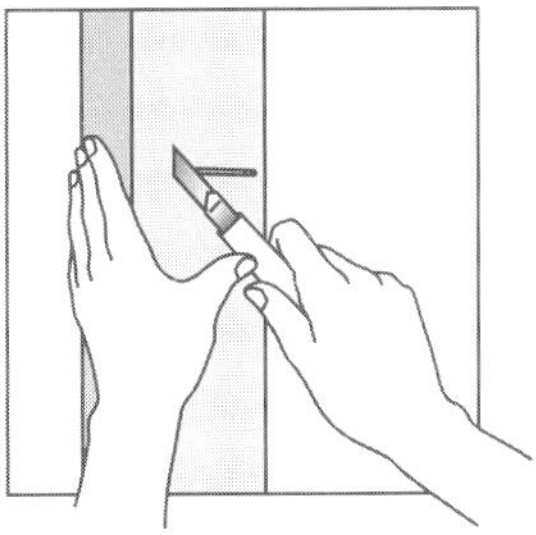

柱の色が濃い場合は、その色に合わせてクレヨンや水彩絵の具などで着色すると目立たなくなる。

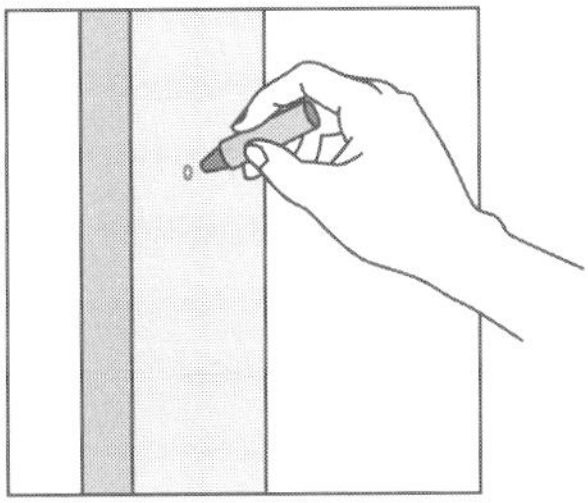

Chapter 5-5

メンテナンス

フローリングの手入れ Part 1【手入れのコツと傷の修繕】

フローリングは手入れを怠るとツヤがなくなり、そのうち汚れが染み込んで、元のきれいな状態に戻せなくなります。それを防止するには、ワックスか床用ニスを塗って、表面を被膜で保護してやることが必要です。
その上での日常の手入れは、ホコリを取ることが基本。掃除機をかけてから、乾いた布でから拭きするとよいでしょう。ペーパーモップを使うと、かがまずに拭き掃除ができ、髪の毛なども吸収してくれるうえ、汚れたらシートが交換できるので便利です。
床面が汚れてきたら、かたく絞ったぞうきんで水拭きするか、住宅用弱アルカリ性洗剤を使うときれいになります。ただ、樹脂系ワックスを塗っている床を頻繁に洗剤拭きすると塗り替えのサイクルを早めるので注意してください。

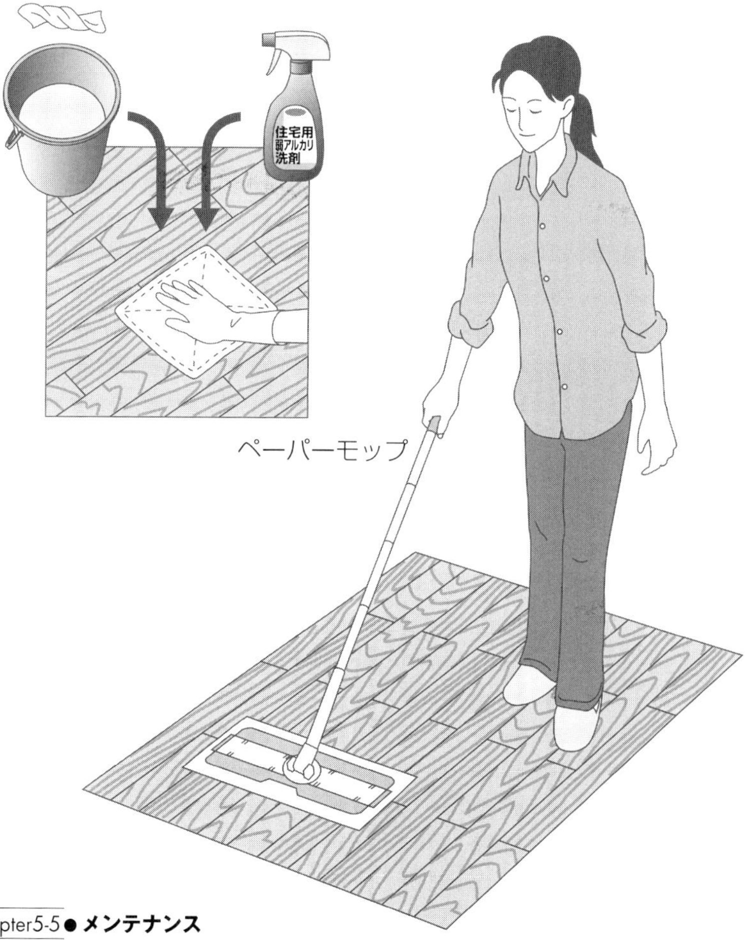

ワックスの種類

家庭で使うには、液状で簡単に塗れる樹脂系ワックスがおすすめ。しかもロウタイプより滑りにくいので安心です。フローリング専用のタイプと、クッションフロア、Pタイルにも使える万能タイプがありますが、フローリングにはどちらを使ってもあまり大差はありません。また最近は、ツヤ消しのフローリング用のツヤが出ないワックスも発売されています。
塗り替え時期は商品によって異なりますが、ほとんどのものは4〜6カ月に一度が目安です。
もっと長期間、保護被膜を持たせたい場合は、床用ニスを塗るのがおすすめ。樹脂系ワックスよりもしっかりとした被膜を作るので、1〜2年に一度の塗り替えですみ、洗剤拭き、水拭きも心置きなくできます。塗り方は『5-6フローリングの手入れPart 2【床用ニスの塗り方】』をご覧ください。

塗り替えの目安

汚れを落としてツヤを出すタイプの使い方

床面にスプレーして布で拭くだけで、界面活性剤で汚れを落とし、樹脂成分でツヤを出すタイプもあります。これらは樹脂系ワックスに比べ、保護皮膜が薄いので、これだけでフローリングの手入れをする場合は、2〜3週間に一度塗り替えることが必要です。それより樹脂系ワックスを塗った床の補助として使うと効果的。全体、あるいはよく歩く場所やイスやテーブルのまわりなど、磨耗しやすい場所に使うとツヤが出るうえ、ワックスの皮膜も長持ちさせられます。

樹脂系ワックスの塗り方

1 洗剤拭きをする
ゴミや汚れを洗剤拭きして乾かす。特に油汚れを残したままワックスを塗ると乾いてもベタベタするので、台所の床などは油汚れ専用の洗剤できちんと掃除しておくように。

2 樹脂系ワックスを塗る
畳半分くらいの面積にワックスをポタポタ落とし、すぐにきれいな水でかたく絞った布で軽く塗り広げる。部屋の隅から塗り始め、塗り終わりが出入り口になるように、全体をムラなく塗る。乾燥時間はワックスによって異なるが、だいたい20〜30分。完全に乾いたらもう一度塗って二度塗りにするとしっかりした保護膜になる。

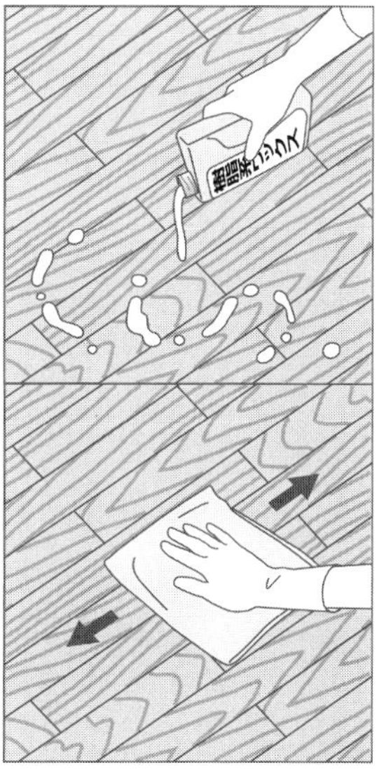

フローリングの傷の修繕

浅い傷の場合

こすれてできた傷や浅い引っ掻き傷程度なら、家具やフローリング専用の着色補修剤で目立たなくさせることができます。これは、アルコール系の着色剤で、筆ペンタイプになっていて10色セットのものと、バラ売りのものがあります。

1 クリヤー（透明）を選び、傷の上に木目に沿って塗る。表面についた浅い傷なら、これだけでかなりわからなくなる。

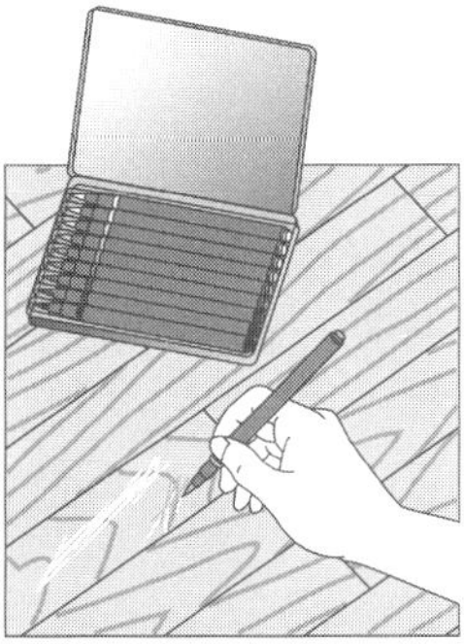

2 クリヤーを塗っても傷が目につく場合は、傷部分より少し薄い色を選んで、隅の目立たない場所で試し塗りをしてから、クリヤーを塗った上に塗り重ねる。

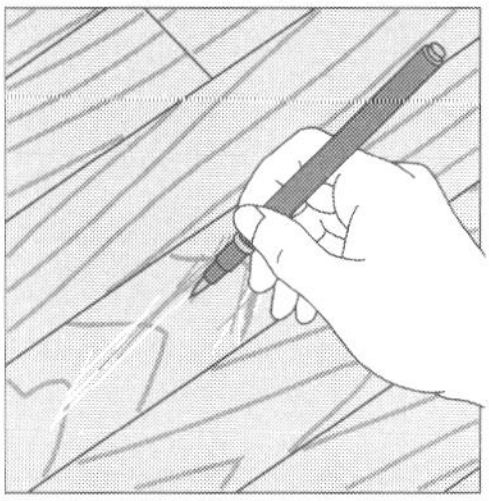

3 傷で木目が分断されているときは、濃い色を選んで木目を描き込むとよい。

へこみ傷や深い引っ掻き傷の場合

熱で溶かして使うロウタイプのフローリング用補修剤が便利。これは4色セットで付属のヘラが付いているものとバラ売りのものがあります。表面のニスのコーティングが破けていない程度のへこみならば補修剤のナチュラル色を、深い傷でフローリングの色が濃い場合は合う色を選んで使います。調色する場合は、スプーン等に入れ、下からライターで熱を加え、楊枝などで混ぜ合わせてください。

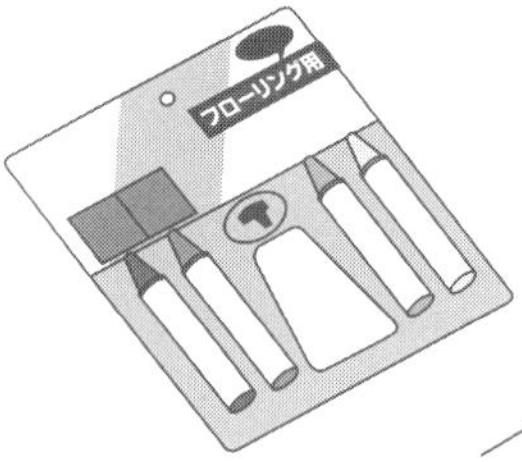

1 補修剤をドライヤーなどで温めて柔らかくする。

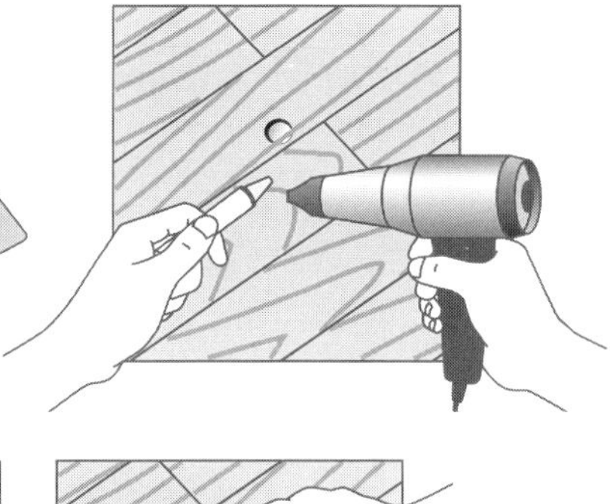

2 柔らかくなったら付属のヘラの先で補修剤を少し取り、へこみ部分に指先でギュッと押し付けて埋め込む。

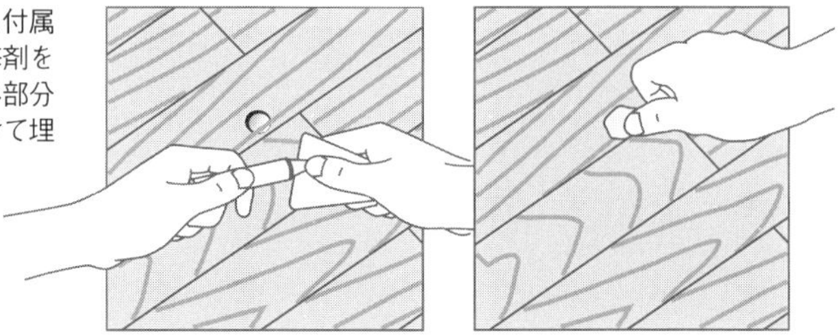

3 ドライヤーの温風を当ててさらに柔らかくし、ヘラでさらに埋め込んでから余分な補修剤をすき取り、平らになったら、ドライヤーを軽く当てながら、乾いたタオルなどで磨き混む。

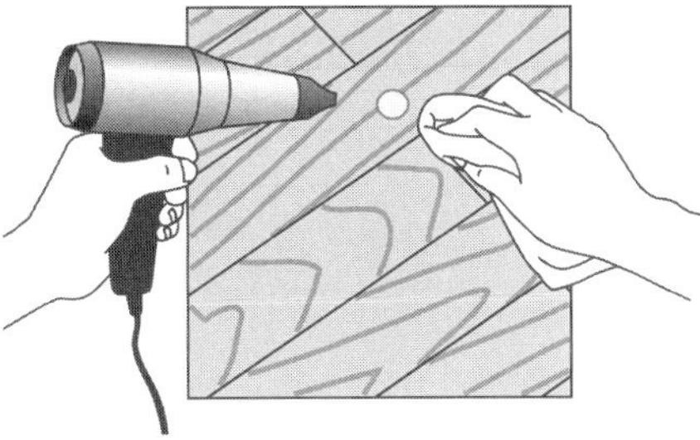

4 補修剤の白濁した色が気になる場合は、床の色に合ったフローリング専用の着色補修剤で塗って仕上げるとよい。

※傷が深く、化粧板がはがれて傷口が白くなっているときは、フローリングの色に合う着色補修剤で傷に色をつけてから、フローリングの色に合わせた補修剤で埋めるようにするとよいでしょう。ただ、深い引っ掻き傷の場合は状況によっては目立たなくさせることが難しいこともあります。

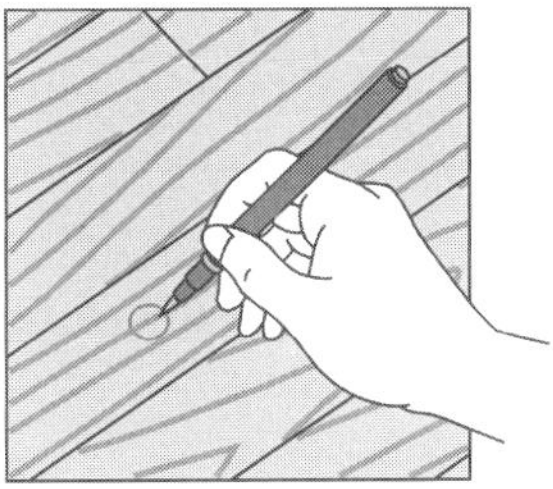

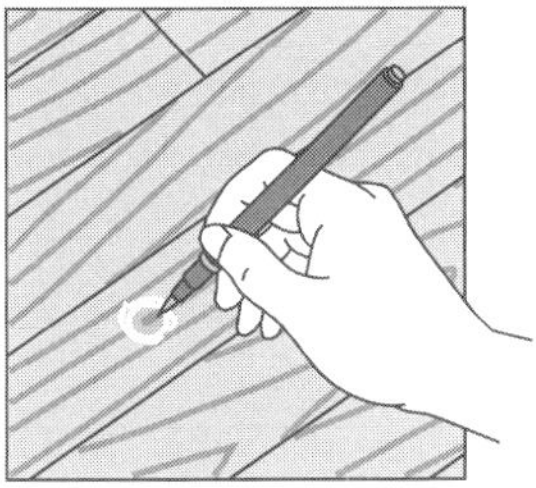

One Point Advice > 家具による傷の防止策

フローリングの傷は、目立たなくさせることはできますが、完全に修繕することはできません。できるだけ、傷をつけないように注意しましょう。

●テーブルやイスの足

フェルトや合成皮革に粘着加工した家具脚用床のクッション材を貼っておくと便利。貼る面の汚れを落とし、木の脚ならば240番くらいのサンドペーパーをかけ、平らに仕上げてから貼るとズレにくくなります。また、木のイスやテーブルなら脚の裏に金づちで打ち込むタイプもあります。脚が角の場合も、その角の中におさまる大きさの丸を選んで取り付けてください。

家具脚用床のクッション材の種類

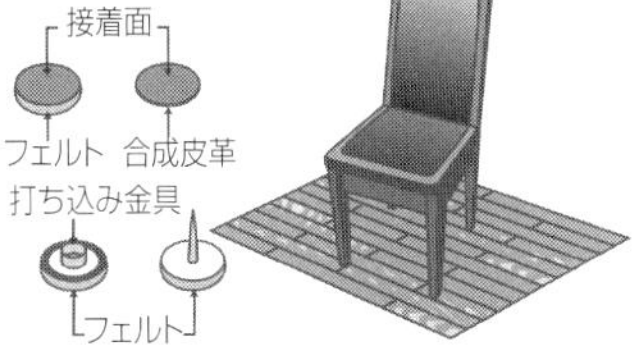

●家具の移動

大掃除や模様替えなどで家具を移動する際は、フッ素樹脂製のカグスベール重量用を家具の下2カ所にはさみ込み、片方を持ち上げて動かすとフローリングに傷をつけず、簡単に移動することができます。よく動かす家具には粘着式のカグスベール（丸型・角型）を貼っておくと便利です。

Chapter 5-6

メンテナンス

フローリングの手入れ Part 2【床用ニスの塗り方】

床用ニスの塗り方

床用ニスを塗る場合は、晴れて風がない日に窓を開け、換気をよくして行いましょう。寒い季節に塗るとなかなか乾燥しませんし、雨の日に塗ると剥落することがあるので注意してください。

＊UV塗装やセラミック加工のフローリングは、基本的にはそのままで床用ニスを塗ることはできません。

用意するもの

- □サンドペーパー（240番）
- □当て木
- □マスキングテープ
- □水性床用ニス（または油性床用ニス＋ペイントうすめ液）
- □受け皿
- □コテバケ
- □ニス用スジカイバケ

1 洗剤拭きをする

掃除機をかけ、住宅用洗剤などで汚れを落とす。台所など、油汚れがある場所には、住宅用アルカリ性洗剤で拭いたあと、水拭きしてよく乾かしておく。あるいは、塗料うすめ液を使うのも手。前にワックスがけしていた場合は、95頁を参考にしてワックスをはがすこと。

2 サンドペーパーをかける

ニスのくいつきをよくするため、サンドペーパー（240番）に当て木をし、木目に沿って白い粉が出る程度にサッとかける。全体にかけ終わったら乾いた布で粉を拭き取る。サンドペーパーをかけても白い粉が出ない場合はUV塗装やセラミック加工が施されているフローリングと考えられる。

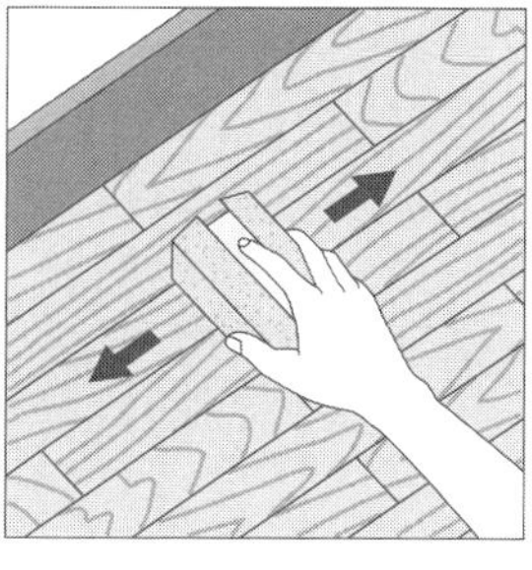

3 マスキングテープを貼る

幅木など塗料がつくと困るところにマスキングテープを貼る。

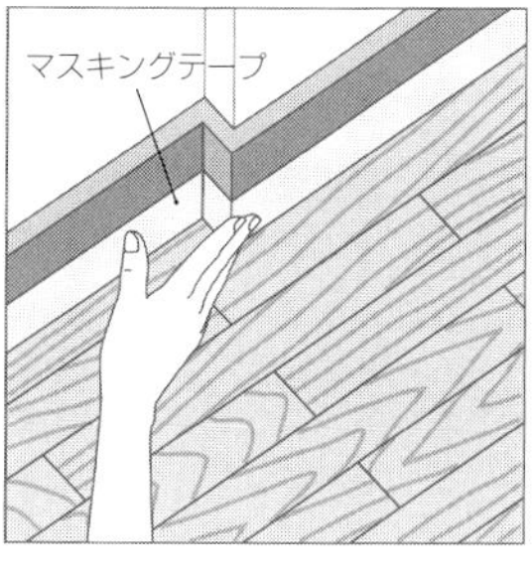

4 ニスを混ぜる

水性床用ニスの場合は、割り箸などで缶の底からよく混ぜ合わせる。油性床用ニスの場合は、缶にペイントうすめ液を加えてから混ぜ合わせる。うすめ液の量は、ニスののびがよく塗りやすい濃度を目安に。作業中に濃くなった場合もうすめ液を加えて調整するとよい。

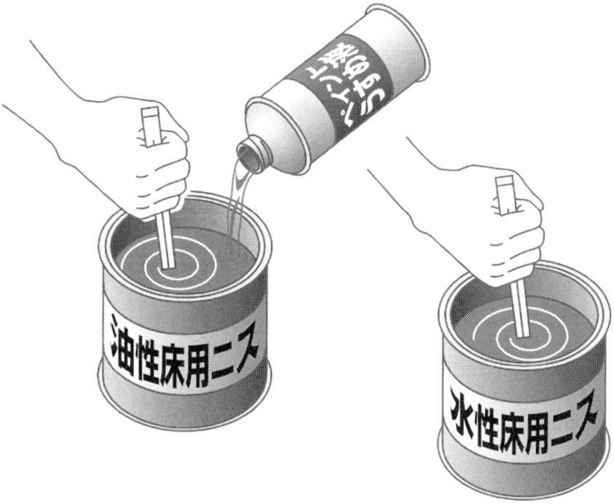

5 スジカイバケにニスをつける

ハケはドップリとニスに浸さず、1/2か1/3程度につけて、缶の縁でよくしごいて余分なニスを落としてから塗り始めるのがコツ。

6 隅を塗り、マスキングテープをはがす

最初にスジカイバケで隅の部分を塗る。隅を塗り終わったら、ニスが完全に乾かないうちにマスキングテープをはがす。このとき、はがしたマスキングテープがニスに触れないように注意。

使いかけのハケは水に浸けておくと固まらない（ニスが水性でも油性でも）。容器を汚したくない場合はビニール袋を敷き込むとよい。

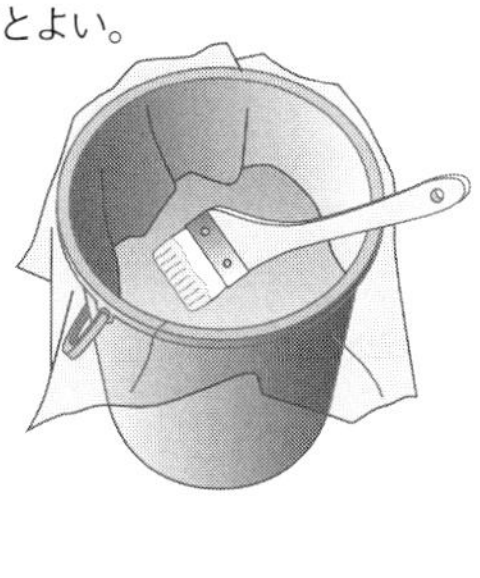

7 コテバケにニスをつける

受け皿にニスをあける。コテバケにニスをつけたら、皿の高い部分で余分なニスをしごく。

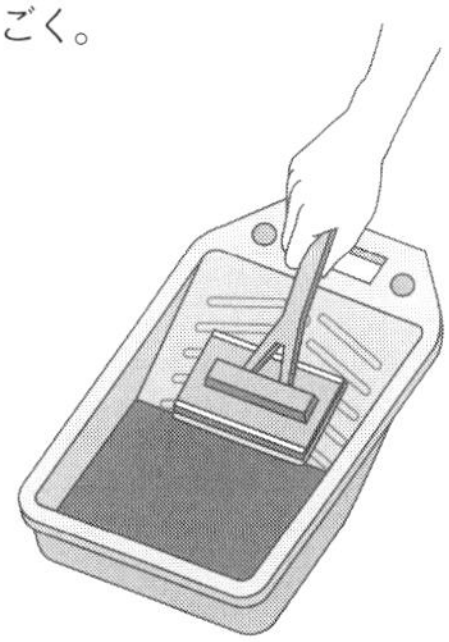

8 コテバケでニスを塗る

窓やドアを開けて換気、風通しをよくし、最後が出口になるように塗る手順を考えてから塗り始める。コテバケは、手前に引くように一方方向に動かして塗っていくのがポイント。床用ニスはほとんど無色透明なので塗り残しがないか、よく確かめながら塗るようにする。

9 ニスを完全に乾燥させる

水性か油性かで乾燥時間が異なるので、説明をよく読み、完全に乾くまでは歩かないようにする。家具を置く場合は、さらに時間をおいてから設置したほうが安心。

ニスを使ったあとの後始末

ニスを塗ったあとの用具は水につけておくと固まらず、楽にきれいにすることができます。

水性床用ニス

古新聞などになすりつけて、できるだけニスを落としたあと、十分に水洗いしてから台所用中性洗剤で洗い、水洗いしてから陰干しにします。

油性床用ニス

古新聞などになすりつけて、できるだけニスを落としたあと、ペイントうすめ液で十分に洗った後、台所用中性洗剤で洗ってから、水洗いして陰干しに。ただ、油性のニスをきれいに落とすには、ペイントうすめ液が大量に必要で、たいへん手間がかかるので、用具を使い捨てにするのも方法です。

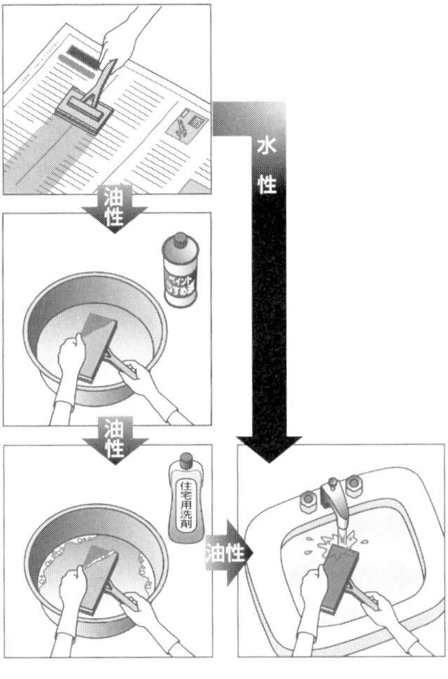

古いワックスのはがし方

樹脂系ワックスを使っていた床にニスを塗る場合には、先に古いワックスをはがす必要があります。また、ワックスを塗り重ねているうちに、なんとなく汚れたように黒っぽくなった場合も、一度ワックスをはがしてから塗り直すときれいに仕上がります。なお、ニス塗りから樹脂系ワックスに替えるときは、ニスをはがさずにそのまま上に塗ることができます。

1 ワックスはがしの液を床にたっぷり塗る。液は原液のまま使えるものと薄める必要があるものとがあるので、表示で確認する。アルカリ性なのでビニール手袋を必ず着用して作業すること。

2 約３分おいてから、ナイロンタワシでワックスをこすり落とす。一度に取れない場合は、ツヤが残っている場所にもう一度はがし液をつけてこする。

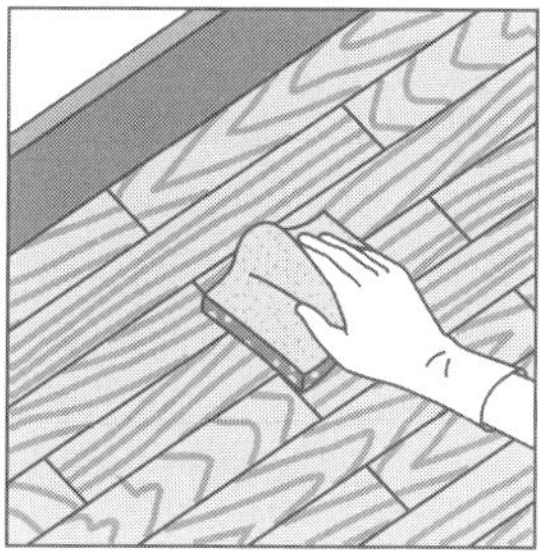

3 ２～３回水拭きしてアルカリ分を取り除く。

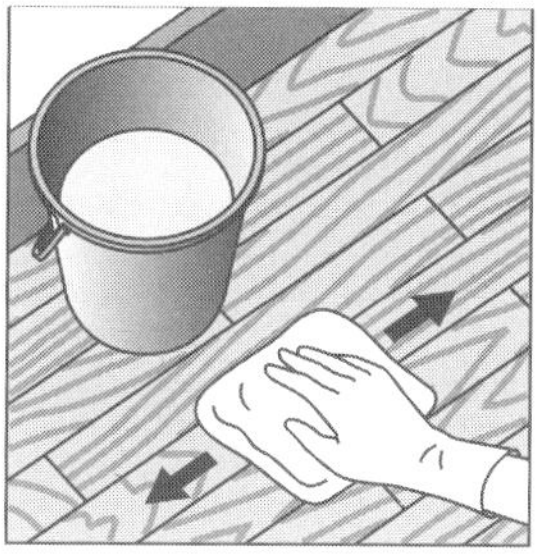

One Point Advice ＞ 新しいスジカイバケのおろし方

新しいハケを使うときは、できるだけ抜け毛を取っておかないと、抜け毛が塗装面について仕上がりが見苦しくなります。ハケの柄を両手ではさみ、クルクル回すようにして抜け毛を飛び出させてから、抜け毛を指でつまみ取り、さらに手で毛をしごくようにして、抜けやすくなっている毛を十分に取り除いてから使うようにしましょう。

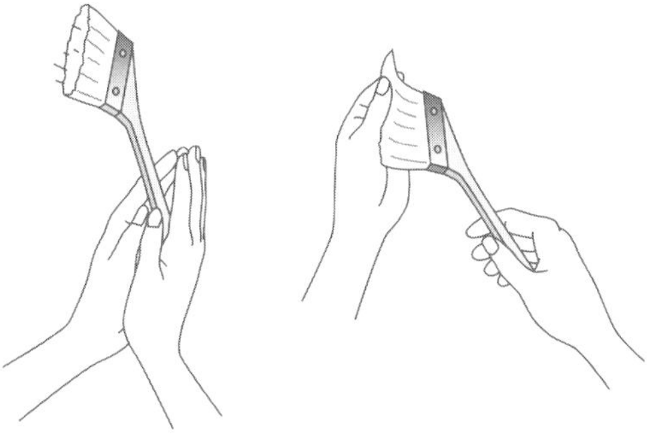

電気器具のコードの断線を直す

電気器具のプラグをコンセントに差し込んでも作動しないとき、コードを動かしてみて、電気が入ったり切れたりする場合はコードの断線と考えられます。また、プラグが熱くなるのも電気がうまく通じていない証拠。そのまま使っていると、ひどい場合は火災の原因になることもあります。コードやプラグの異常に気がついたら、すぐに補修してください。

コードの断線はプラグ交換で直す

昔の電気器具についていたプラグはドライバーでネジをゆるめれば分解できる形状でしたが、最近の電気器具はモールド式プラグと呼ばれる塩化ビニールなどでコードと一体成型になっているプラグがほとんどで、分解することができません。そんな場合は、断線しているコードをプラグごと切り取り、新しいプラグに交換すれば直ります。電気器具に使われているコードにはいろいろな種類がありますが、プラグのつけ方は基本的に同じ。コードコネクター、テーブルタップ、電気ゴタツなどの中間スイッチにコードをつける方法も同じです。

ビニール平行コードのプラグ交換

一般的な電気器具に使われているタイプで、２本のコードが平行にくっついているのが特徴。

1 断線していると思われる箇所をプラグごとニッパーかペンチで切り取る。

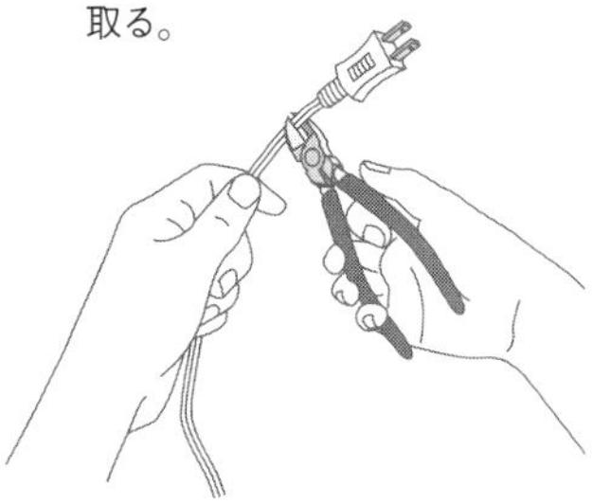

2 切ったコードの先端にニッパー（あるいはカッターかハサミ）で切り込みを入れ６㎝くらい裂いて２本に分ける。

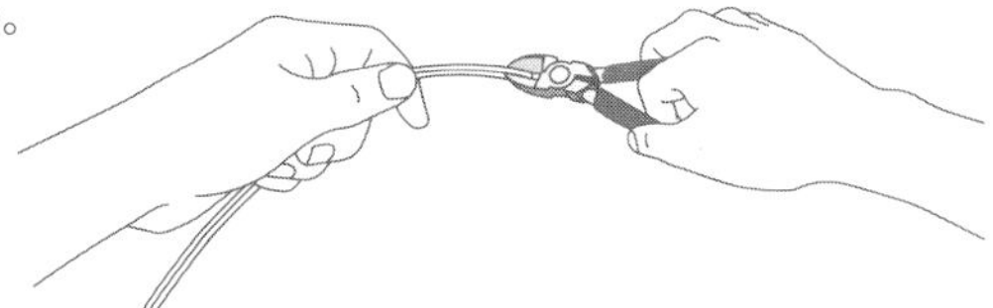

3 コードをテーブルなど台の上に置き、先から５㎝くらいのところにカッターの刃を軽く当て、コードを転がしながらビニール被膜に切り込みを入れる。このとき、芯線を切らないように気をつけること。

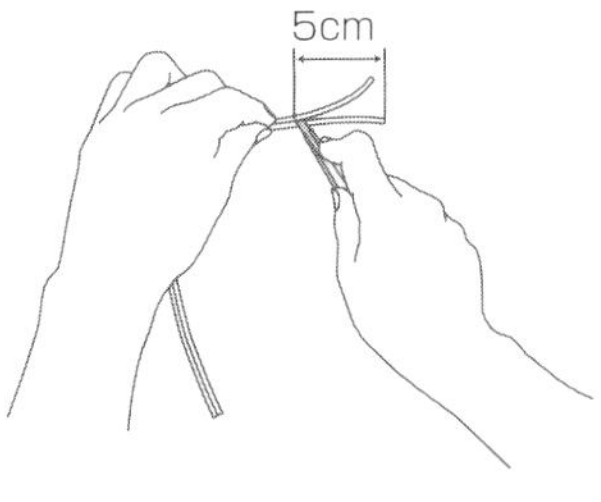

4 切り込み部分をニッパーで軽くつかみ、左手の親指で押しながら被膜を２㎝ほどむく。この際も、芯線を切らないように注意。２～３本切れても問題ないが、何本も切れたらもう一度コードを切ってやり直す。

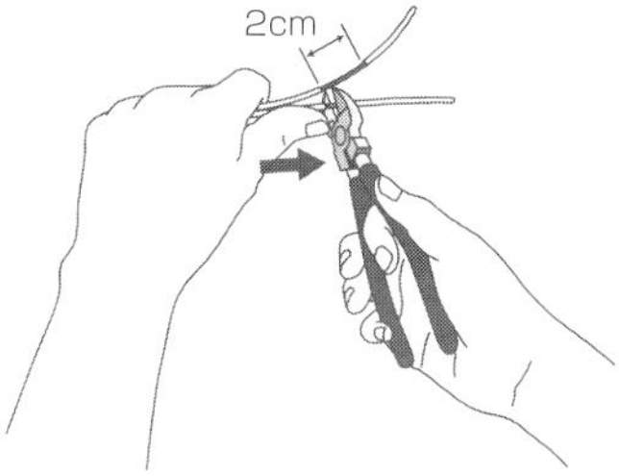

5 先端の被膜を指でつまんで右にまわし芯線をしっかりねじる。このようにビニール被膜を残しておくと芯線がバラバラにならず、きれいにねじることができる。

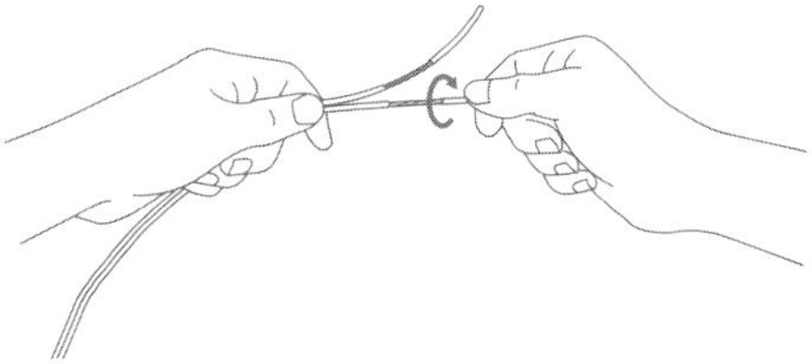

6 新しいプラグのカバーのネジをドライバーではずし、差し込み金具を取り出して、そのネジを２～３㎜ゆるめたあと、コードを差し込み金具の切り込み部分に引っかけてから、たるみがないように芯線をネジに右回りに１回転、しっかり巻きつける。

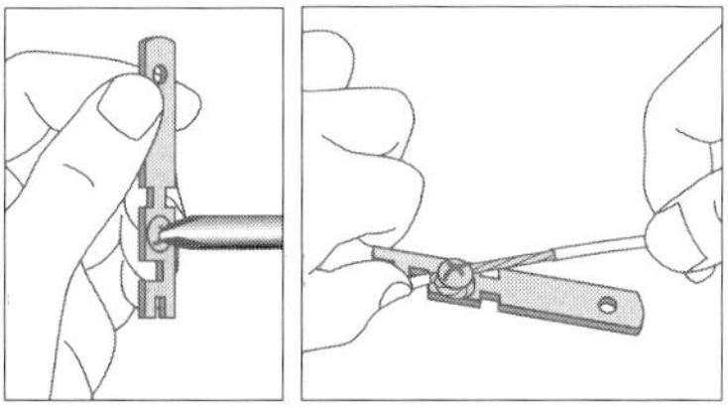

7 ネジをドライバーでしっかり締め直してから、コードの余分をネジのギリギリのところでニッパーで切る。

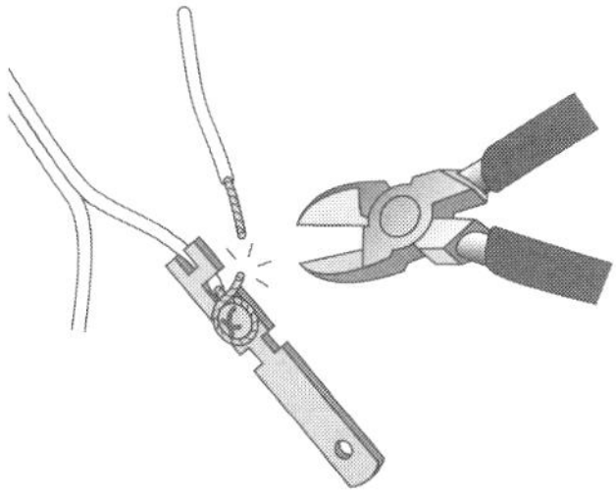

8 コードを巻き付けた差し込み金具をプラグ本体にセットし、２本の芯線が触れていないことを確かめてから（触れているとショートする危険がある）、ケースのフタを合わせてネジで固定する。

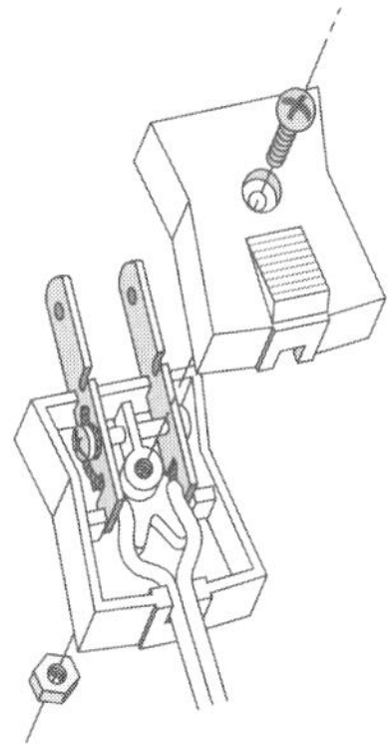

「ベターキャップ」タイプのプラグ

従来のプラグはプラスチックケースのネジをはずすとケースと差し込み金具がバラバラになるため、慣れないとケースにおさめてフタをするときにうまくいかなかったり、使っているうちにプラグの中で芯線がはずれてショートするおそれもありました。その点「ベターキャップ」タイプはお薦め。ケースを開けても一方のケースに差し込み金具が固定されているので、コードの接続が楽にできるうえ、コードを止めるネジの下にゆるみ止め効果のあるスプリングワッシャーがついているためゆるみにくく、ショートの心配もほとんどありません。

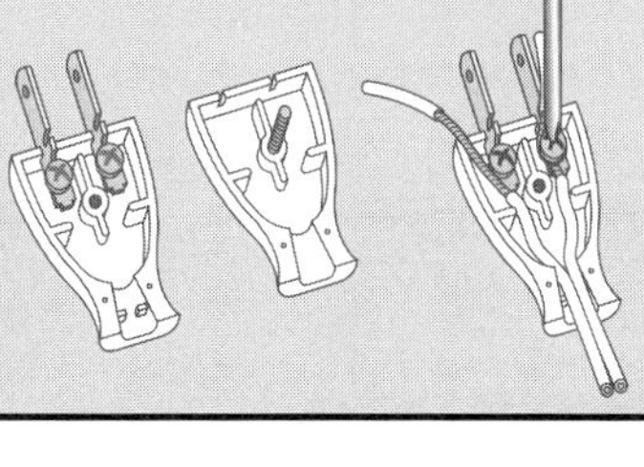

キャブタイヤコードのプラグ交換

ビニールで被膜したコードをさらにゴムやビニールで覆い、折り曲げや衝撃に強くしたタイプで、掃除機や電動工具などに使われています。この場合のプラグ交換には、キャブタイヤ長円型コードなら袋打ちコードに使用するプラグを、直径6㎜以上あるキャブタイヤ丸型コードの場合はゴムキャップや防水ゴムキャップを使用します。ここではゴムキャップの取り付け方を説明しますが、防水ゴムキャップもほとんど同じ方法で取り付けることができます。

1 ゴムキャップの周囲のゴムを広げてめくり、ゴムカバーをはずしてプラグ部分を取り出す。このとき、ゴムカバーがはずしにくければマイナスドライバーをすき間に差し込んでこじ起こすとよい。

2 ゴムカバーのバンドについているネジをゆるめて断線部分で切ったキャブタイヤコードを通し、コードの先から6㎝くらいの箇所の外側の被膜を切る。このとき、切る部分のコードを折り曲げてニッパーの先で少しずつ被膜をちぎるようにして周囲を切ってからニッパーの刃で軽くつかんで引き抜くとうまくいく。

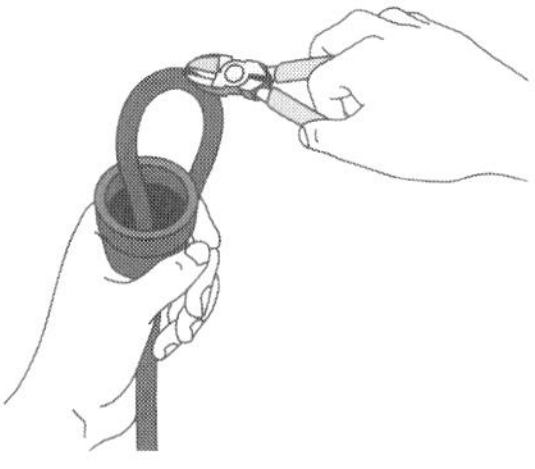

3 ビニール平行コードと同じように2本のコードの被膜を切って2㎝ほどむいてから右にねじり、最初にはずしたプラグのネジに巻き付けてから余分なコードを切る。そのあと、コードをひっぱってプラグをゴムカバーに元通りに収め、バンドのネジを締める。

電気は容量を守って正しく使いましょう

プラグ

コードが断線してプラグを交換する場合は、まず、はじめからついていたプラグをチェックしてください。そこには6Aや7A、12Aといったように容量が記入されています。新しいプラグはそれと同じか、それよりも大きな容量のものを選ぶことが必要です。現在、市販されているプラグのほとんどは15Aなのでそれを使えば問題ないでしょう。中には20Aのものも市販されています。

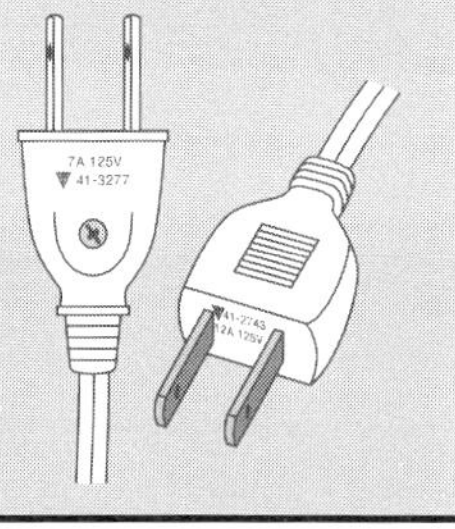

電気は容量を守って正しく使いましょう

コンセント、テーブルタップ

家庭用のコンセントの容量は、ふつう1カ所につき15A。この容量をオーバーして使うとプラグやコード、コンセントの発熱量が安全範囲を越えて発火する危険があります。特にコンセントに直接取り付けると差し込み口が増やせるタップを使っている場合は定量オーバーになりやすいので要注意。タコ足配線はできるだけ避けるようにしてください。
また、コードを延長するために使うテーブルタップも表記されている容量を守って正しく使いましょう。

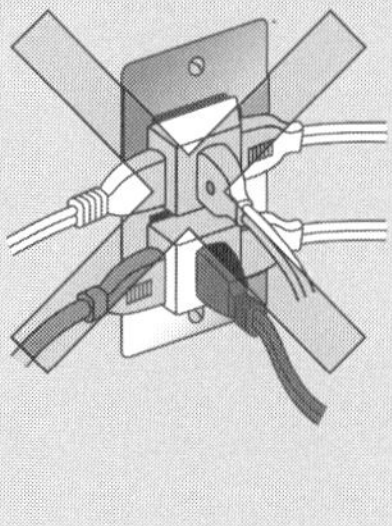

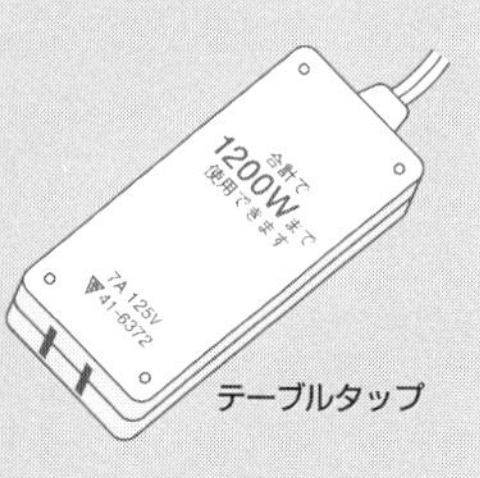

テーブルタップ

袋打ちコードのプラグ交換

コタツなどに使われている布で覆われたコード。この場合、新しいプラグは「袋打ち、平行コード両用」を使ってください

1 断線部分をプラグごと切り取ったら、外側の布の被膜をしごくようにして7㎝くらい下にずらし、中のコードを覆っている白い布の被膜の先から7㎝くらいの周囲をニッパーやハサミの先で切り取って被膜を取る。

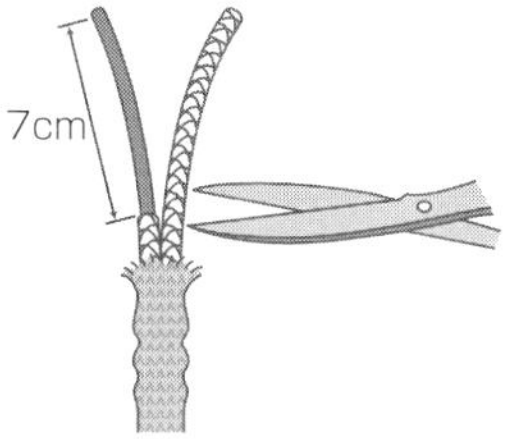

2 ずらした外側の被膜をドライバーの先を使って内側に折り込むように押し込んでから、周囲をしごいて2本のコードの先から6㎝くらいのところまで戻し、外側の被膜がずれないように木綿糸で5～6回巻いてしばる。

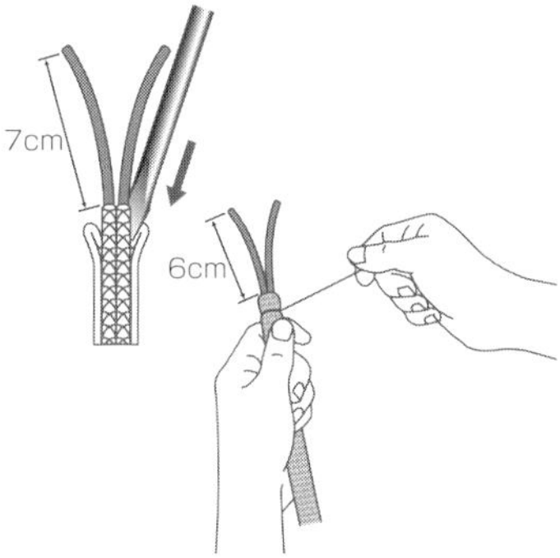

3 以下、ビニール平行コードの3番目からと同じ要領で被膜をむいて差し込み金具に巻き付け、プラグ本体に取り付ける。

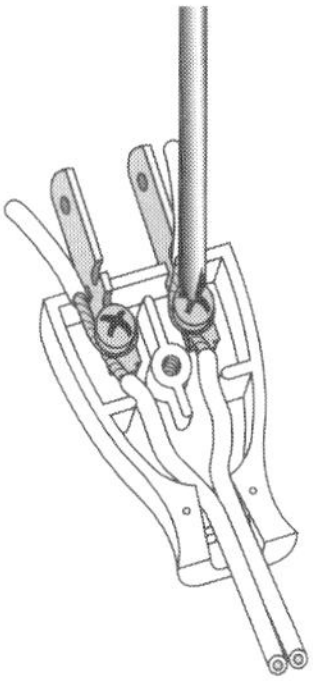

One Point Advice ＞じゃまなコードの固定法

電気器具のコードが床をはっていると足を引っかけるなどして危険なうえ、見た目も美しくありません。かといってプロのように、ステープルという金具を使ってコードを固定する工事を素人が行うことは法律で禁止されています。感電やショートの危険があるので、絶対に自分では行わないようにしてください。コードの処理を家庭で行いたい場合は、「コード止め」や「コード用ハンガー」と呼ばれる製品を使いましょう。これは裏の粘着シールをはがして床や壁に貼り付けてから、コードをはさんで先を少し折り曲げるようにして固定するようになっています。これならコードを傷つけることなく安全かつ合法に固定できます。
また、「コード用モール（配線モール）」を使えば、コードを固定したうえで、見えなくすることもできます。これは、まず下の部分を床や壁に両面テープでつけるか、キリで下穴をあけてからクギ打ちするなどして固定してから、コードを中に入れカバーをはめ込んで取り付けるようになっています。

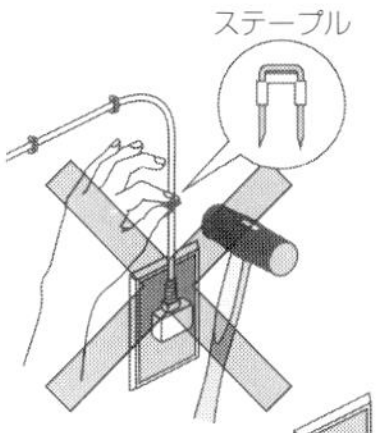

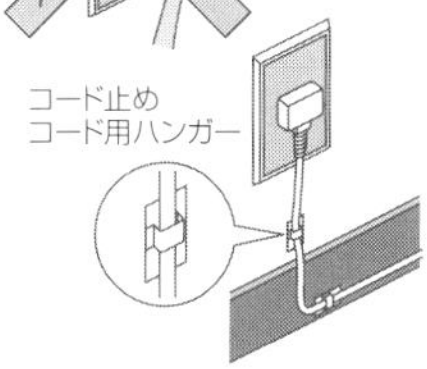

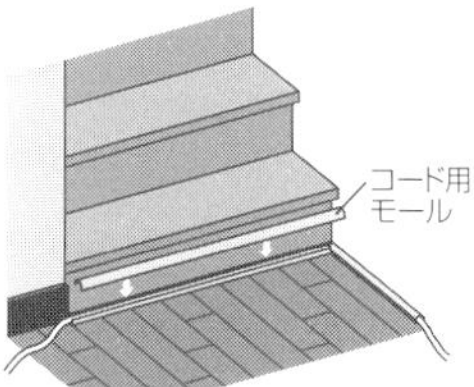

Chapter
5-8
メンテナンス

靴と傘の修理

靴の補修法

かかと部分の革のやぶれ

パンプスなどのかかと部分の革がやぶれた場合、そのままにしておくとやぶれた革がはがれて修繕が難しくなるので、早めに修理しましょう。やぶれの周辺の汚れを落としてから、やぶれた部分の革をていねいに伸ばし、透明タイプの合成ゴム系の接着剤をかかとと、やぶれた革の両面に薄く塗り伸ばします。その後、触ると指紋がつくぐらいに接着剤が乾いたらやぶれた革を伸ばしながらかかとに貼り合わせ、しっかり密着させるようにします。修理を終えたら市販のヒールプロテクター（透明の接着フィルム）を貼って補強しておけば安心。かかとはキズつきやすいので、このフィルムをやぶれ防止に使うのも方法です。

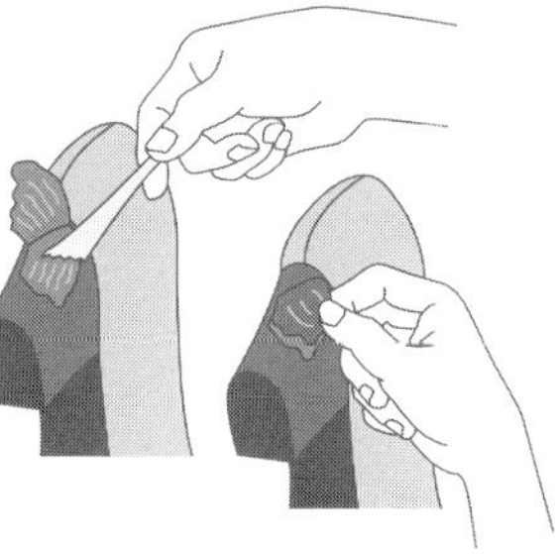

靴底のヒールの擦り減り

交換用のラバープレートとゴム系接着剤、クギがセットになっている靴底補修キットが便利。これは、紳士靴からハイヒールまで靴の種類やヒールのサイズに合わせて各種揃っているので、靴に合わせて選ぶことができます。靴底をきれいにしてから、ヒール部分と交換用のラバープレートとの両方にゴム系接着剤を薄く塗り伸ばし、指紋がつくくらい乾燥したら密着させます。その後、クギを打って補強すればＯＫ。ハイヒールを直す際は、擦り減ったゴムをペンチなどでつまんではずしてから、ピンのついたトップリストを差し込んで補修します。

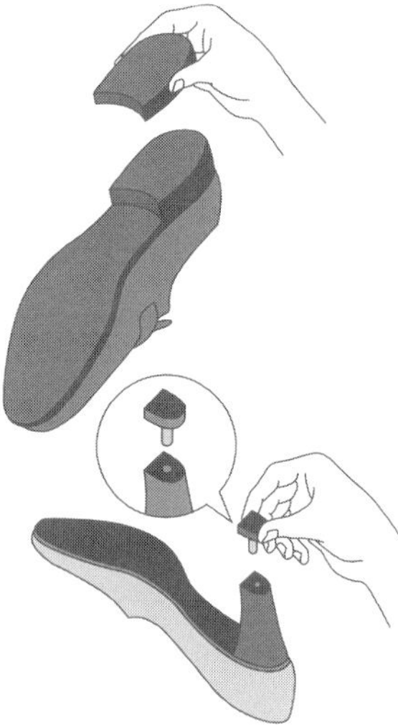

革靴のキズ、こすれ

クレヨンタイプの靴用傷かくしで補修します。これは、白、茶、黒系の10色セットで、ドライヤーなどで温めて練り合わせれば調色もできるので、幅広い色の靴に対応できます。使い方は靴の汚れを落としてから補修剤をキズ部分に擦り込み、はみ出した箇所のみを乾いた布で拭き取るだけと簡単。ただし、表面にエナメルなどでコーティング加工してあるものや、スウェード、セーム革には使用できません。

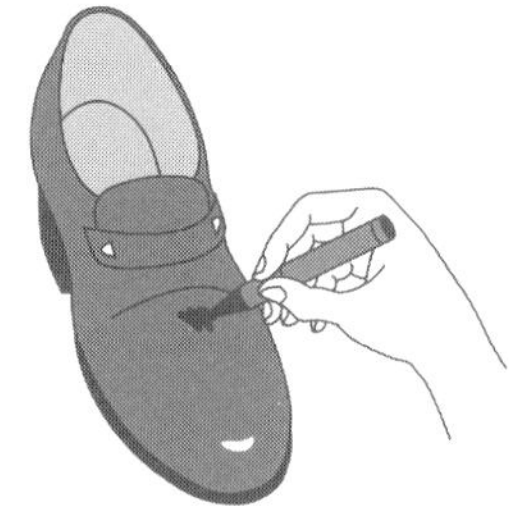

靴底一体成型タイプの擦り減りと割れ

かかと部分の片方が擦り減ったり、靴底に割れ目ができてしまった場合、かかと部分を交換するのも手ですが、カジュアルシューズやスニーカーなど靴底が一体成型になっていて、かかと部分のみの交換ができないタイプの靴でも「シューズドクター」という靴底専用の補修剤で修理することができます。これは固まるとゴム状の弾性体になるもので、革やゴム底によく密着します。色は白と黒があるので、靴に合わせて選んでください。

1 補修部分の汚れや水気を落とし、「シューズドクター」の密着をよくするために付属のサンドペーパーをかける。

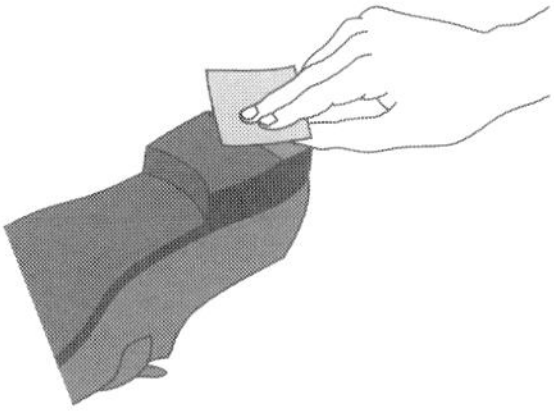

2 付属の型取りプレートをかかとに沿って当て、布粘着テープで固定する。型取りプレートが使いにくい場合は、紙製のガムテープで代用することもできる。

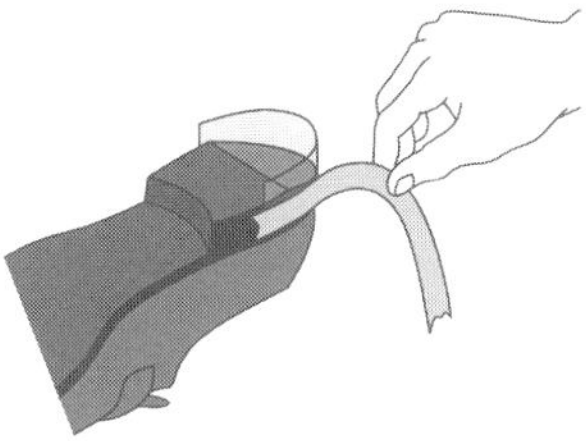

3 擦り減った部分に補修剤を絞り出し付属のヘラで伸ばす。この補修剤は 3 ㎜の厚さが固まるのに24時間かかるので、擦り減りが深い場合は、 3 ㎜埋めたら24時間おいて次の日にもう一度塗る、を繰り返すようにする。

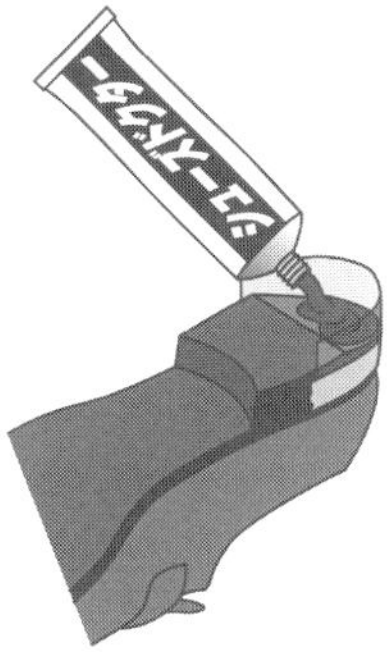

4 完全に固まったらプレートをはずして、はみ出している部分をハサミで切り取る。

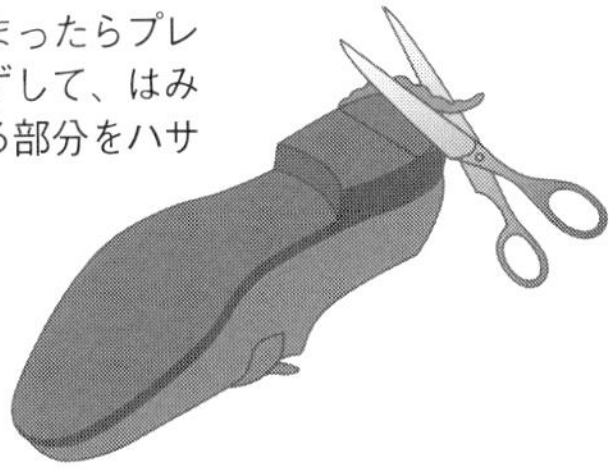

One Point Advice ＞ 汚れには中性洗剤が効果的です。

傘の汚れが目立つようになったら、裏側にタオルなどを当ててから、台所用の中性洗剤を薄めた液をつけたスポンジで洗いましょう。折りたたみ傘の場合は内側もていねいに。洗い終えたら、すすいでから水分を拭いて、よく乾燥させましょう。仕上げに防水スプレーを使うとさらに新品に近付きます。

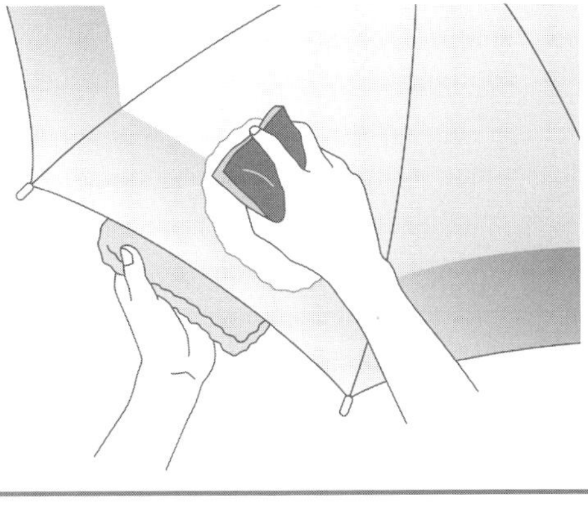

傘の補修法

傘の部分の呼び方

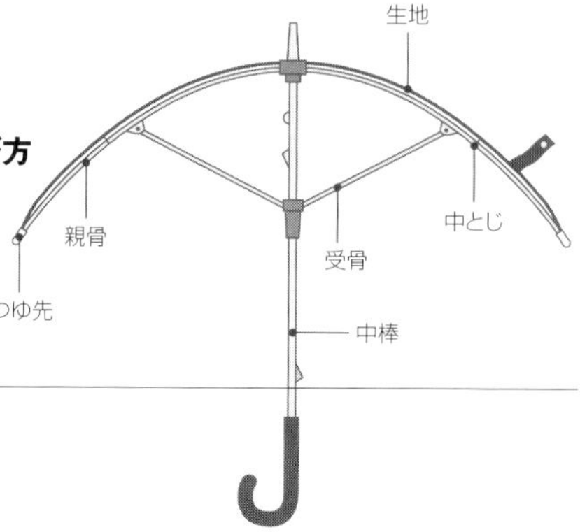

はずれたハトメ

親骨と受骨の接合部分のダボを止めているピンのことをハトメと呼びます。これがはずれてしまった場合は、ハトメのかわりに針金を使って修理することができます。

1 作業は傘を半開きの状態にして行うこと。ワンタッチ傘の場合は、受骨の内側につっかえ棒（スリコギなどを利用してもよい）をはさむとよい。つっかえ棒の長さは、大人用なら22～23㎝、子供用なら20㎝くらい。

2 ハトメがはずれた場合、それに接合していた受骨やダボも曲がっていることが多いので、まっすぐに直す。上や横からラジオペンチではさむようにして矯正するとよい。

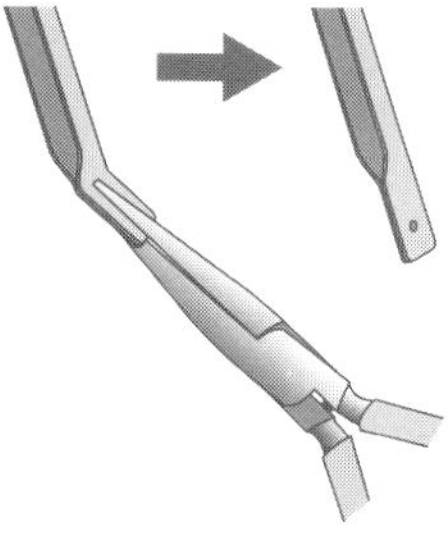

3 ダボの内側に受骨をはめ込んで穴を合わせ、4㎝くらいに切った針金（18番か20番）を通す。針金は傘の中心に向かって曲げ、接合部分の内側でしっかり交差させる。余分な針金を切り落とした後、切り端を両側からペンチではさんでねじって締める。

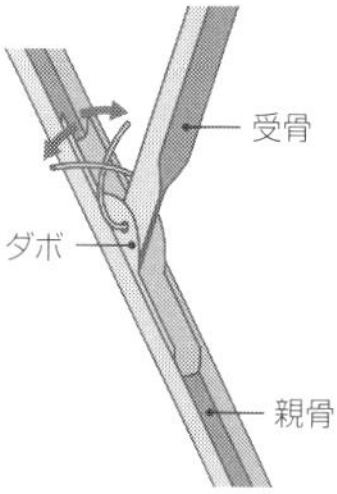

親骨の折れ

「三ツ爪」「四ツ爪」と呼ばれる傘修理部品で直します。これには大、小のサイズがあるので、傘の骨の太さに合わせて選びましょう。作業は、はずれたハトメを直すのと同様に半開きの状態で行います。また、折れた箇所に近い部分は布地を止めている糸を切り、楽に作業ができるようにしてください。

1 親骨の折れた部分は曲がったり、開いたりしている。この部分をラジオペンチではさんで、まっすぐに直す。

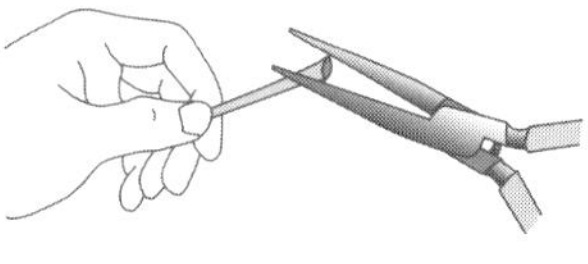

2 できるだけ、折れた箇所に傘修理部品の中央がくるようにして下からはめ込む。

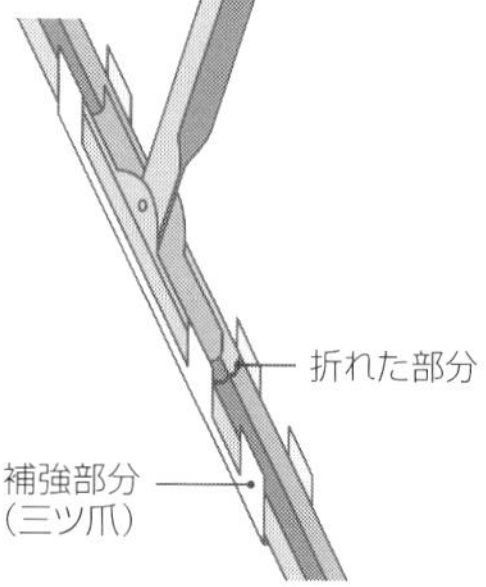

3 ペンチで傘修理部品の爪を片方ずつはさんで内側に90度倒してしっかり固定する。爪は両端を倒してから内側を倒すようにすること。

まず骨に対して斜めの角度からペンチを当て爪が斜めになるまで倒す。

傘を回して反対側からペンチを当て爪が90度になるまで倒す。同じように反対側の爪も倒す。

爪が90度まで曲がっていたらOKだが、もし固定が甘いようなら、爪をさらに内側に倒すとよい。

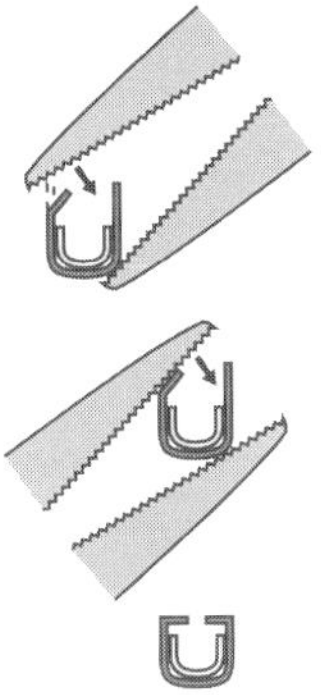

4 すべての爪を倒して固定したら、最初に糸を切ってはずした布地を糸と針で留め直す。

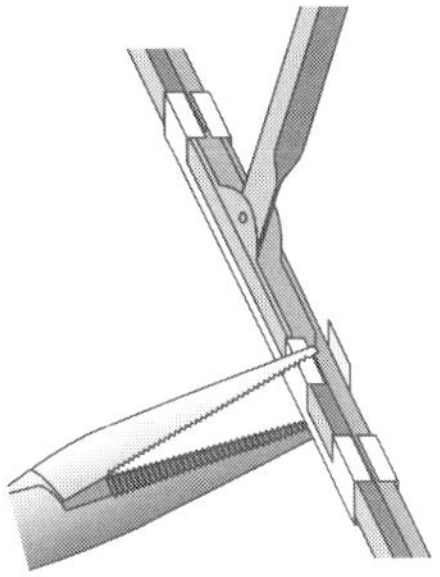

つゆ先の糸のほつれ

骨と布をとめている糸が弱って切れた場合は、針と糸で簡単に直せます。糸は傘の色に合わせた丈夫な木綿糸を用意してください。

1 針に糸を通して2本取りにして玉結びを作ってから、糸にろうそくのロウを擦り込む。こうしておくと、水はじきがよくなり、糸が長持ちする。

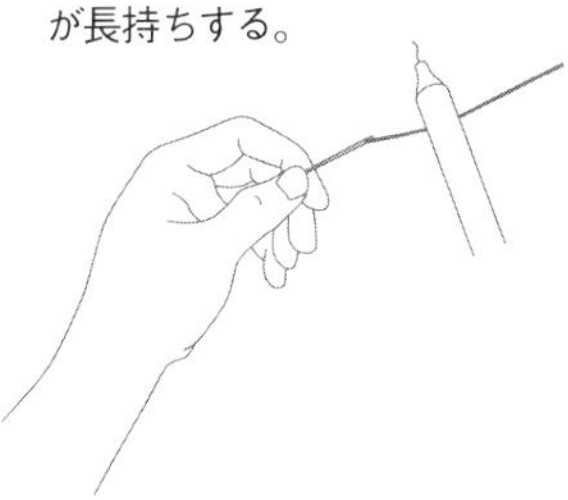

2 傘をたたみ、つゆ先の布の状態をチェックする。ほつれていれば縫い合わせ、布が弱っているようなら当て布をして補強するとよい。

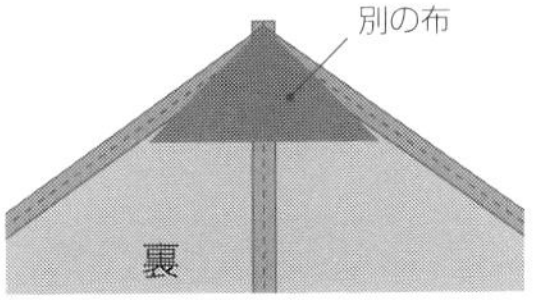

3 先端を3～5㎜ほど内側に折る。内側に玉結びがくるように内側から針を通してつゆ先の穴に通す。その後は、折り返した布だけをすくい、つゆ先の穴に通すのを3～4回繰り返す。

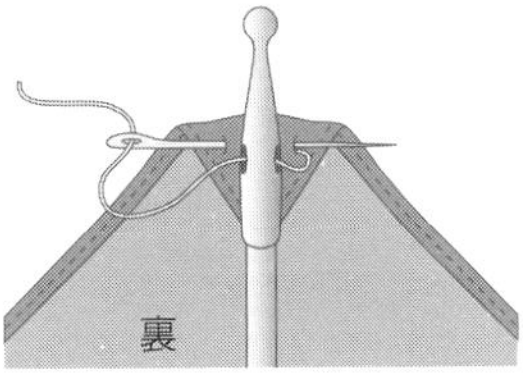

4 つゆ先を巻くように、先端の端と端をひっぱりながら3回ほど縫い合わせ玉結びを作ってとめる。その後、折り返した布の部分を一針縫ってから糸を切る。

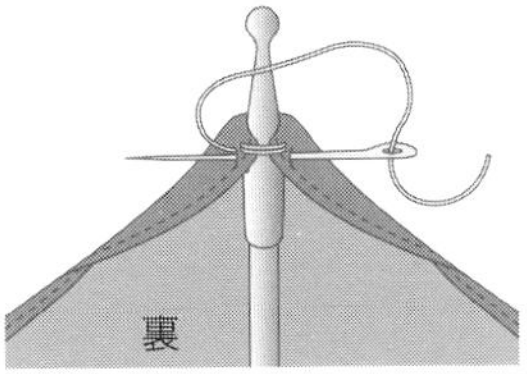

水はじきの低下

傘をよく乾かしてから開き、表面と裏側の両面にまんべんなく、しっとり濡れるくらい防水スプレーをかけて再度よく乾かせば、新品と同じくらいの水はじきが保てるばかりか、汚れ防止にも効果があります。防水スプレーを使う場合は換気のよい場所で行うこと。また新聞紙などを敷いて作業すれば周囲を汚さずにすみます。

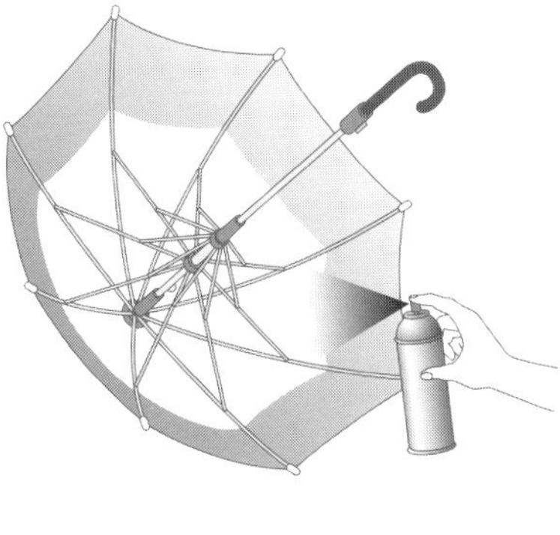

Chapter 5-9

メンテナンス 自転車の修理と手入れ

通勤や買い物などに便利な自転車。最近は、ＭＴＢなど性能、デザインともにグレードの高い自転車も人気です。定期的にきちんと整備して、気持ちよく、安全に乗れるように心掛けましょう。

タイヤのチェック

空気圧の確認

空気が減っていたり、逆にパンパンに入っているタイヤは乗りにくくて危険です。タイヤチューブを傷めることにもなるので、定期的にチェックしてください。タイヤの空気はチューブやバルブが正常でも少しずつ抜けるので、２～３週間に一度は空気を入れるようにしましょう。

空気圧は指で押すと少しへこむくらい、野球の軟球ぐらいが正常です。また、自転車に乗った状態でタイヤが路面に接地する長さで確認することも可能。幼児用の自転車の場合は27～30kgの子供が乗ったときに接地面が70～80mm、その他の自転車は60kgの人が乗車した時に100～110mmとなるのが適切です。この目安はタイヤに表示されていますから確認してください。ＭＴＢなどでツーリングに出掛ける場合などは空気圧計（エアーゲージ）で正確に測るようにすると安心です。

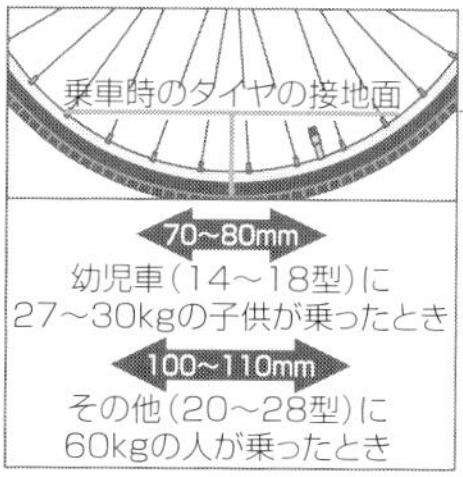

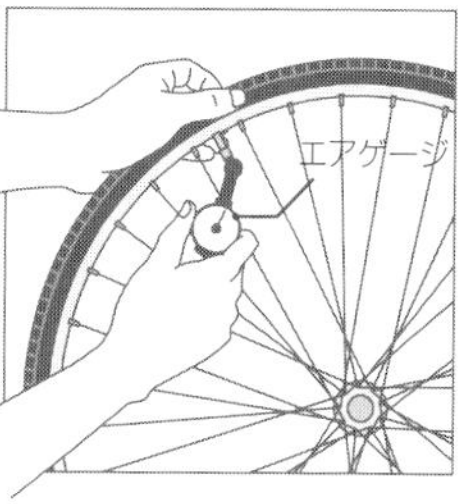

パンクの直し方

パッチゴムと接着剤、それにタイヤレバーやサンドペーパーを加えたものなど、手軽に修理ができるパンク修理セットが販売されています。

1 バルブのロックナットと、リムの部分のナットをはずす。

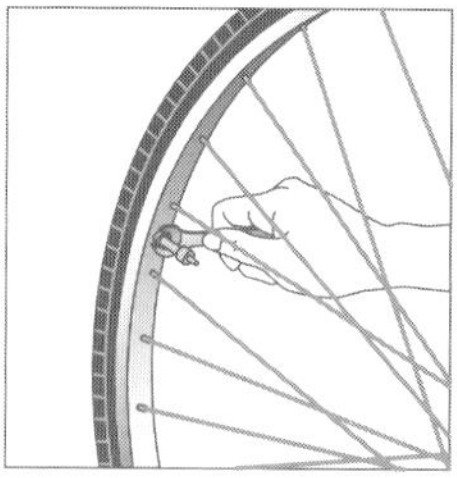

2 タイヤレバーの薄くなっている方をタイヤとリムの間に差し込んでおこし、タイヤレバーの切れ込み部分をスポークにかける。

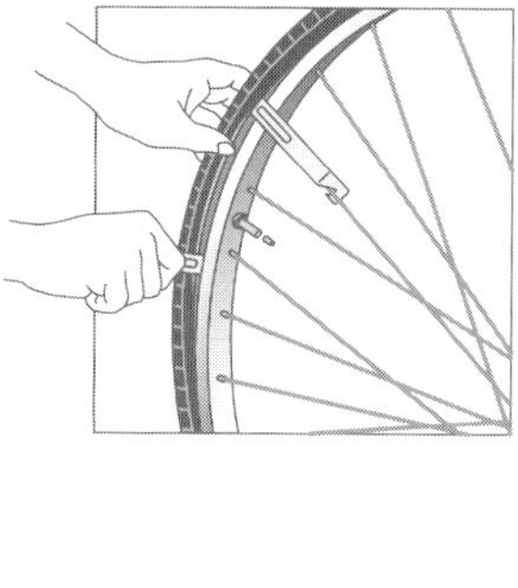

3 タイヤレバーを１～２本差し込んで、タイヤとリムの間に透き間ができたら、指かもう１本のタイヤレバーを透き間に差し込んで半周ぐらいさせるとタイヤがリムからはずれる。

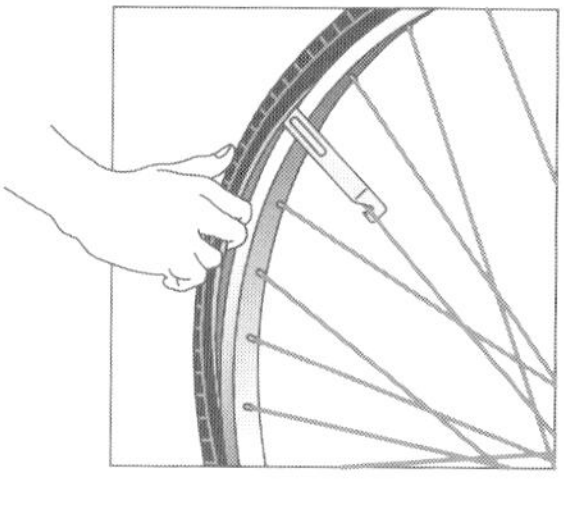

4 バルブの部分から、チューブを取り出してはずす。

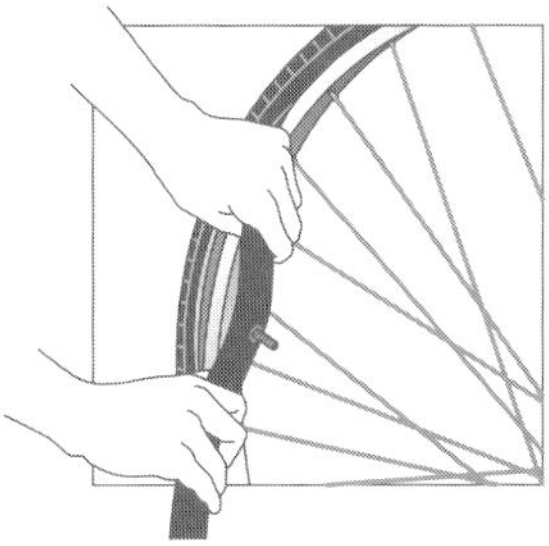

5 パンクの箇所を探す。穴が小さくて分かりにくい場合は、チューブに空気を入れて水の中につけ、空気が出ている場所を探すとよい。

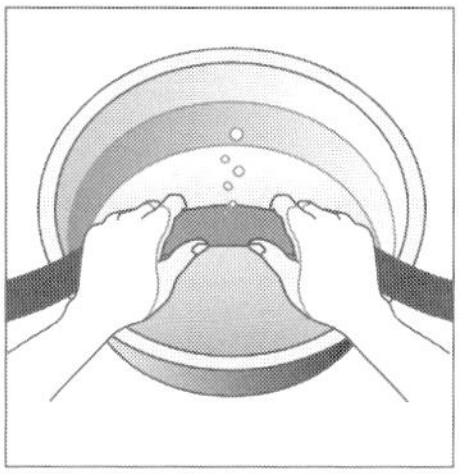

6 接着力を高めるためにパンク箇所の周辺約4㎝平方くらいを180番くらいのサンドペーパーでこする。⑤でチューブを濡らした場合は、よく乾かしてからこの作業にかかるようにする。

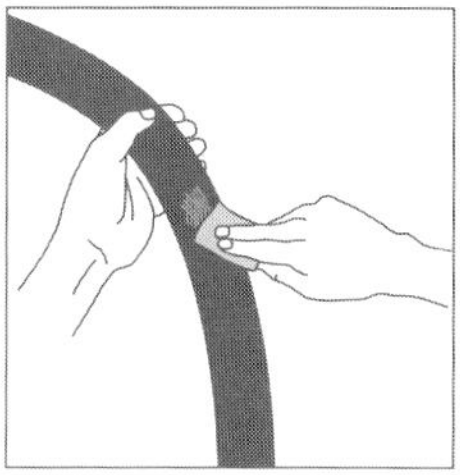

7 乾いた布で汚れを落としてから、パンク修理用の接着剤を薄く塗る。接着剤はパッチゴムの大きさより少し広めに塗る。

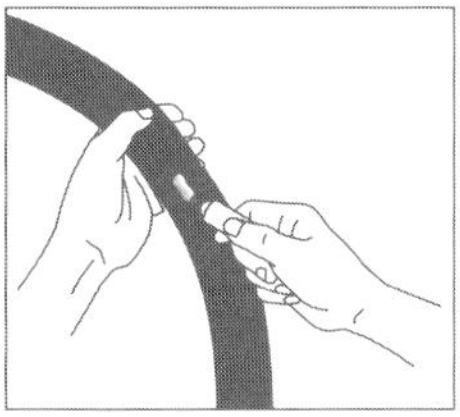

8 2～3分後、接着剤が少し乾いたら、パッチゴムの裏紙をはがしてパンク箇所に貼る。よく接着するようにタイヤレバーなどで強く押し付け、きちんと貼れていることを確認したら、パッチゴムの表の保護フィルムをはがす。接着剤がはみ出した部分にチョークの粉かベビーパウダーをかけておくと他にくっつかないのでよい。

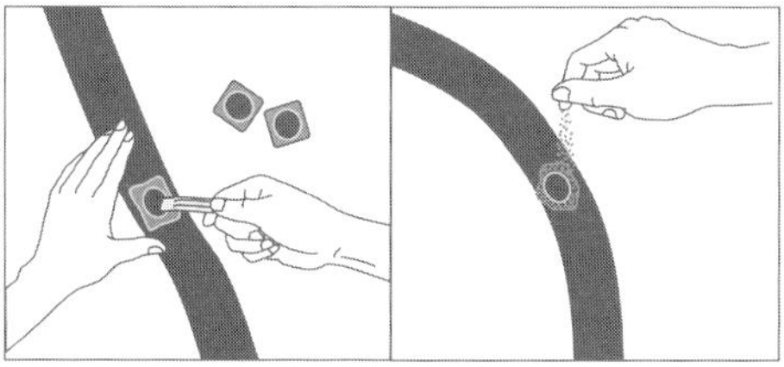

9 5分ほどおいてからチューブに空気を入れ、ちゃんと修理できているか確認する。

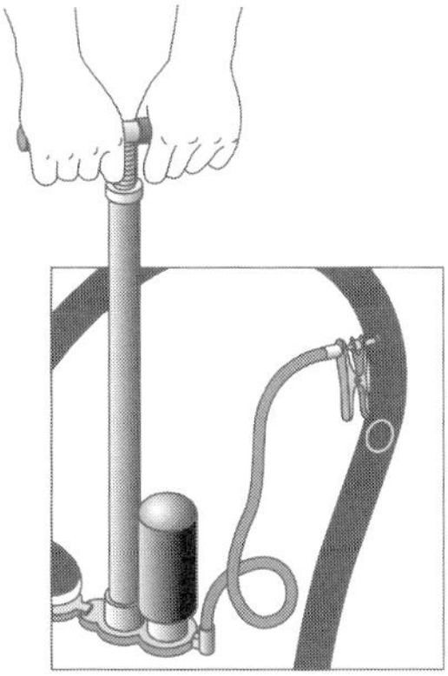

10 再度空気を抜いて、バルブの部分をタイヤに入れ、リムにナットで止める。タイヤに納まりやすくするために少量の空気を入れる。

11 チューブ全体をタイヤに入れ、リムにタイヤを戻してから、空気を入れる。

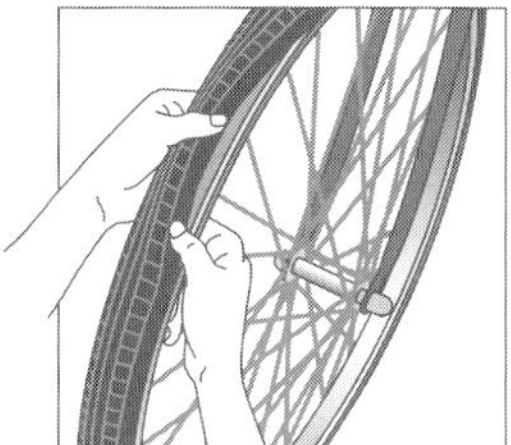

バルブの虫ゴムの交換

パンクしていないのに空気が抜ける場合、バルブが一般的に使用されている英式タイプなら、中の虫ゴムが劣化している可能性があります。空気を入れてからバルブ部分に石けん水を塗ってみて泡が出るようならナットをはずして虫ゴムを交換しましょう。

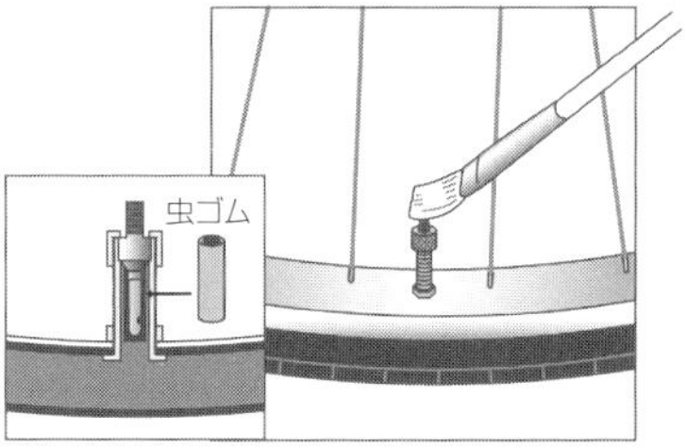

ブレーキがあまい場合

ブレーキの効きが悪い場合は、ブレーキゴムの擦り減りやワイヤーの伸びなどが原因と考えられます。ブレーキは、レバーを握ったとき、ハンドルとレバーの間隔が1/2ぐらいのときに効くのが正常です。それより狭くしないと効かない場合はブレーキがあまいといえます。

ブレーキゴムが摩耗している場合

ゴムをはさんでいる金具をはずして新しいゴムに交換する。ゴムは必ず、左右両方を取り替えること。また、取り付けるとき、ゴムがきちんとリムに当たるようにセットする。

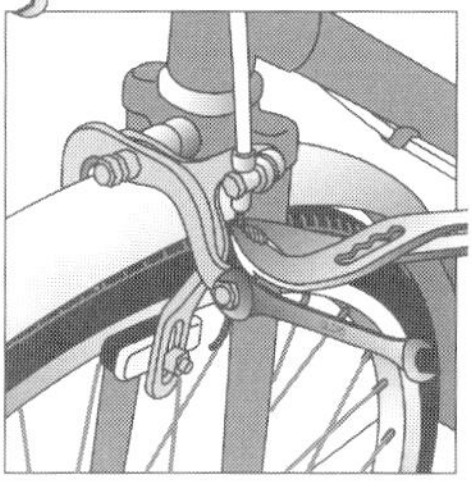

ワイヤーの調整

ブレーキゴムが摩耗していない場合は、ワイヤーの伸びが原因。普通はブレーキのワイヤー調整ネジで調整することができるが、それができない場合は、ワイヤーを止めてあるナットをゆるめて締め直すようにする。この作業は1人では難しいので、他の人にワイヤーを引っ張っていてもらいながらナットを締めるようにするとよい。

ライトの点検

夜間は照明が義務づけられています。ライトの故障で点灯しないとたいへん危険なので、まめにチェックし、点灯しない場合は原因を探してすぐに直しましょう。

ダイナモの配線

ライトがつかない場合、ダイナモ（発電器）の下の部分の配線がはずれているケースが多い。ハブラシなどで泥や汚れを落としてから、コードをしっかり止め直す。

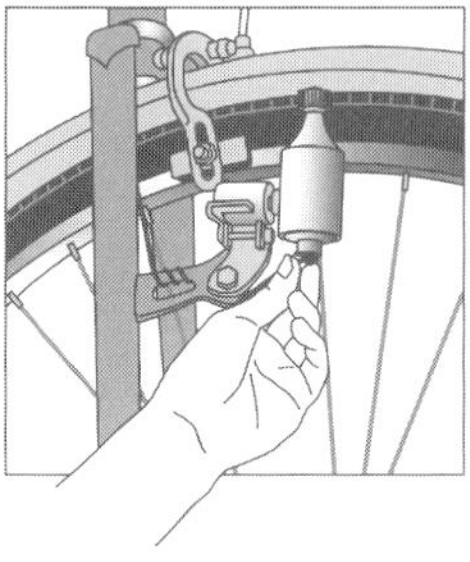

ランプの接触不良

配線に異常がない場合は、ランプのタマギレが考えられる。新しいランプに交換しても点灯しない場合は、接触不良の可能性があるので、電球を押さえている真ちゅうの板を少し起こしてみる。

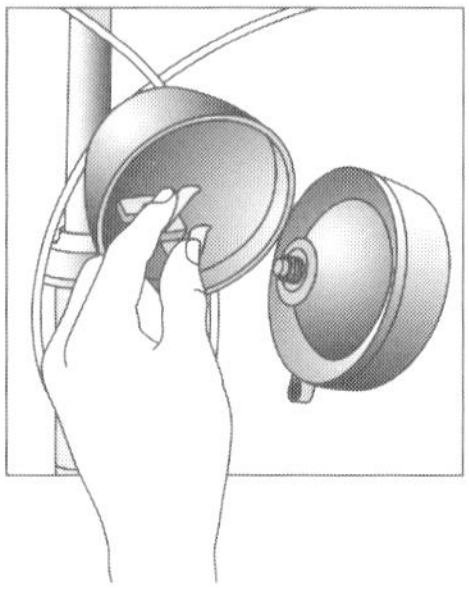

注油するポイント

最近こぐのに力がいる、キーキー音がする、といった状況は油切れが原因です。１カ月に１回くらいは丸印の箇所に自転車用の潤滑油をさすようにしましょう。

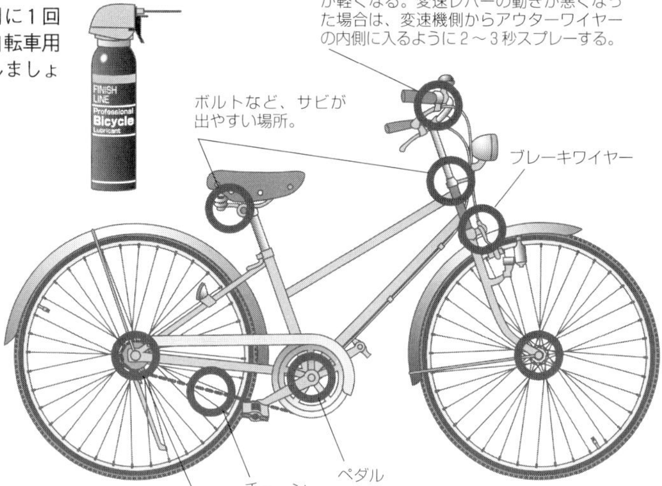

ブレーキレバーを引き、ブレーキワイヤーに注油する。これだけでブレーキのタッチが軽くなる。変速レバーの動きが悪くなった場合は、変速機側からアウターワイヤーの内側に入るように２〜３秒スプレーする。
ボルトなど、サビが出やすい場所。
ブレーキワイヤー
リアの変速機作動部などにも、スプレーを。このとき、リムにオイルが飛ばないように布などでカバーする。また、ホコリがつかないようにスプレー後、乾いた布でふき取るようにする。変速ワイヤーにも忘れずに。

One Point Advice

安全な走行のために

夜間の走行は危険です。前照灯を点けるのはもちろんですが、後部の反射板が壊れていたり、汚れていたりしてないかもチェックを。ペダルなどにも反射テープを貼りましょう。また、衣類もできるだけ目立つ色を選んだほうが安全です。

盗難防止対策

自転車についている箱鍵だけで安心してはダメ。箱鍵は壊しやすいので簡単に盗まれるケースが多発しています。チェーン錠やワイヤー錠、リングキーなどを併用して二重ロックしましょう。

ワイヤー錠

チェーン錠

Chapter 6-1

リフォーム

ふすまの張り替え

Part 1【アイロンを使った張り替え方と破れの修繕】

枠をはずさず、古い紙の上にスチームアイロンで張り付ける方法なので、初心者にも簡単。板ぶすまに最適ですが、本ぶすまにも枠をはずさずに張ることができます（アイロンで張るふすま紙の中には、ここで紹介するものと取り扱い方が違うものもあります。説明書をよく見て確認してください）。

ふすまの補修

ふすまを張り替える前に、穴があいたり、破れたりしている箇所の補修を行いましょう。

小さな穴の補修

破れたふすま紙の裏にノリをつけ、元どおりに張り合わせます。少し大きく破れている場合は、古い葉書か、同じような厚さの紙を破れ目より少し大きく切ったものを破れ目に差し込んでから、張り合わせましょう。その後、破れよりひとまわり大きく切った茶チリ紙の周囲5㎜にノリをつけて、破れの上に張ります。

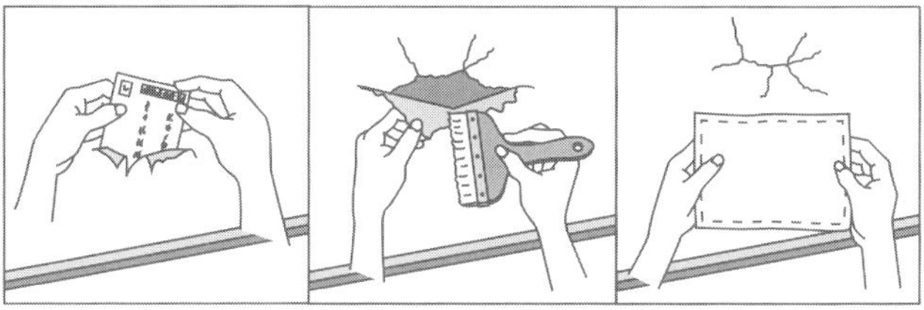

大きな穴の補修

骨が見えるほど、大きく破れている場合は、まず、破れてペラペラしている紙を切り取り、大穴補修紙（補修に使う厚い紙）を穴のサイズ、形に合わせて切り、霧吹きしておきます。その後、骨と穴の周囲にノリをつけ、大穴補修紙を張り、乾いたら、茶チリ紙を大穴補修紙よりひとまわり大きく切り、周囲5㎜にノリをつけて張ります。

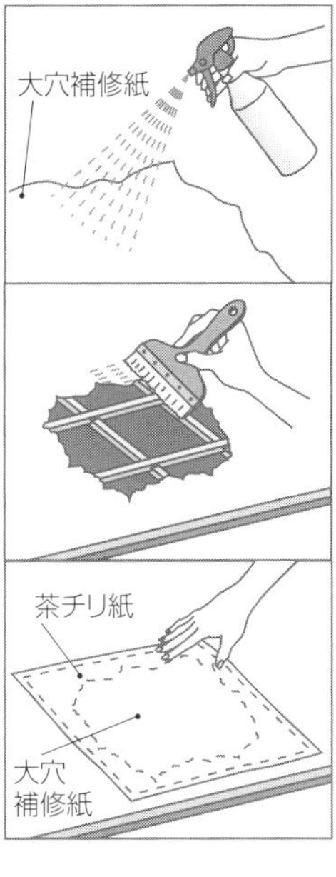

折れた骨の補修

骨が折れていても、そのまま元に戻せるところは、ゼリー状瞬間接着剤でつけるようにします。折れて骨がなくなっている箇所は、残っている骨に補強材（割り箸や細工材）を、ふすまの厚みより出っ張らないように添わせ、ゼリー状瞬間接着剤でつけてから、糸を巻いてしっかり結んでください。骨の修理が済んだら、大きな穴の補修と同じ要領で、大穴補修紙と茶チリ紙を張ります。

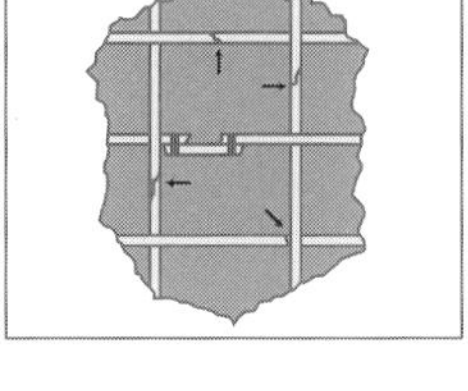

ふすまの種類

ふすまの張り替え方はふすまの種類によって若干異なります。まずは、家のふすまがどのような材質、構造でできているか、知っておきましょう。ふすまには、以下のように大きく分けて４つの種類があります。このほか、プレハブ住宅や中高層住宅では、芯にダンボールや発泡スチロール、ペーパーコア、枠にプラスチックやアルミなど新しい材質を使ったふすまもあります。

本ぶすま（折れ合いクギ式）

左右の枠を折れ合いクギで止めているタイプで、スライドさせると枠をはずすことができる。上下の枠はクギ止めされている。

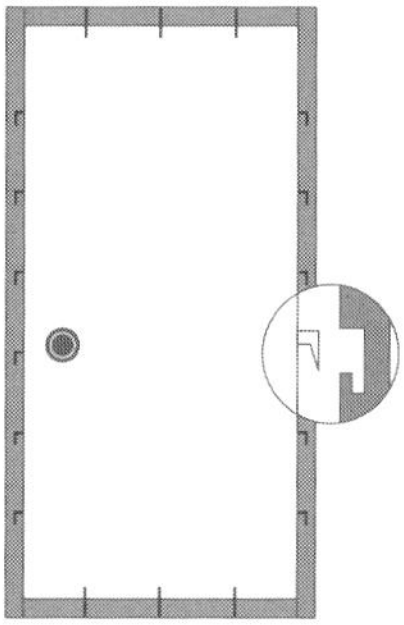

本ぶすま（木ネジ式）

上下の枠はクギ止め、左右の枠は木ネジで止められている。枠をはずす場合は、折れ合いクギと同様に、スライドさせるようにする。

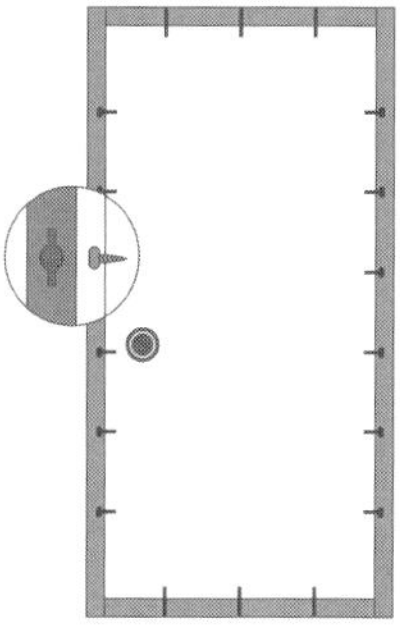

本ぶすま（クギ打ち式）

上下左右の枠すべてがクギ止めされている。左右の枠にクギの頭が見えるので、ほかのタイプと区別がつきやすい。

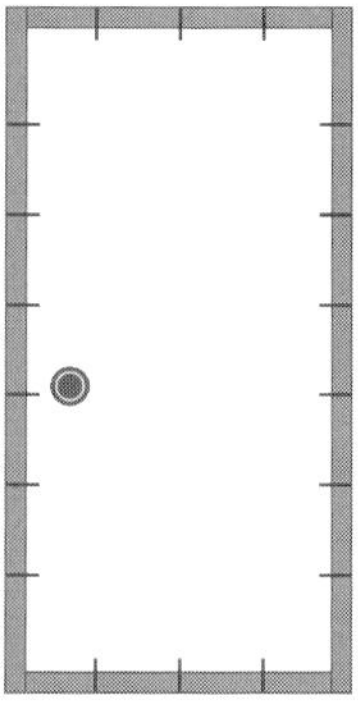

板ぶすま（戸ぶすま）

叩くと板の音がするタイプで、枠ははずせない。廊下や洋室と和室の間などに使われていることが多い。

One Point Advice

引手も取り替えてイメージチェンジ

ふすまの張り替えと一緒に、引手も取り替えてみませんか。いろいろなデザインのものが揃っていますが、古い引手の裏の凸部分の直径を測って、同じサイズのものを購入すればＯＫ。柄が洋風のふすま紙の場合は、白い引手を使うと雰囲気が変わります。

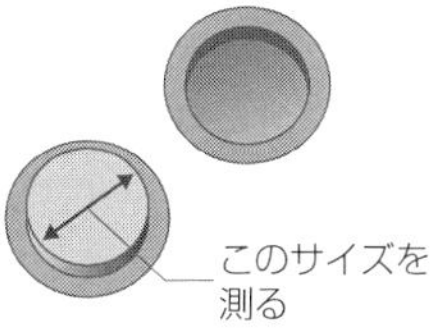

はがすときもアイロンで

アイロンで張るふすま紙は、はがすときもスチームアイロンを使います。張るときと同じように、端からゆっくりアイロンを当てながら、少しずつ紙をめくっていくときれいにはがすことができます。

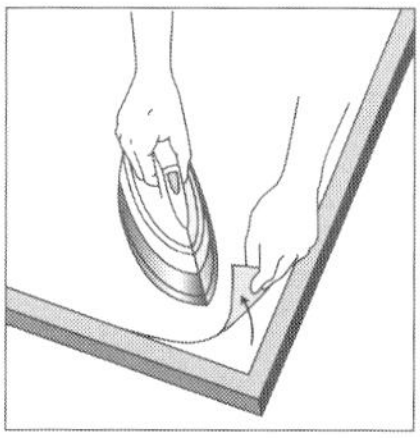

用意するもの

- □アイロンで張るふすま紙
- □引手クギ抜き
  （ニッパーで代用も可能）
- □引手クギ
- □カナヅチ
- □枠はがし
  （インテリアバール）
- □スチームアイロン
- □延長コード
- □カッター
- □カッティング定規
- □マスキングテープ
- □クギ締め
  （大きめのクギで代用も可能）

1 ふすまの位置を書き込む

張り替えが終わった後、ふすまを元通りの位置に入れ直すため、ふすまに鉛筆で番号を書き込んでおく。

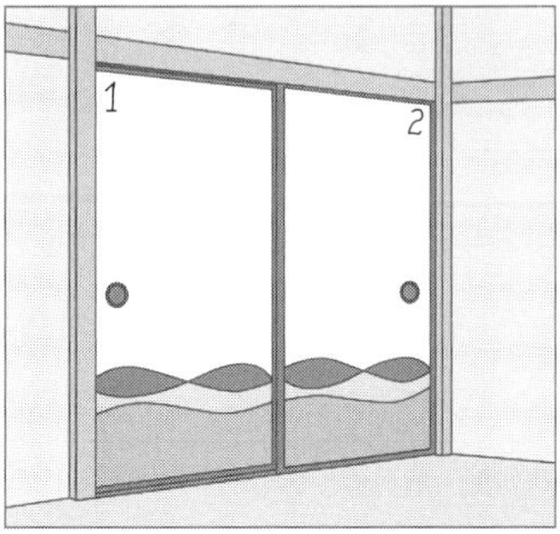

2 引手をはずす

はずしたふすまを床など平らな場所に置き、引手をとめているクギの上下どちらかの１本の頭を引手クギ抜き（またはニッパー）でつまんで抜く。引手クギは１本はずれれば、もう１本は、引手を持って引っ張ればはずれる。

引手のクギがしっかり入っていて、つかみにくい場合は、枠はがし（インテリアバール）をクギのある部分の引手の下に差し込み、カナヅチの柄などを差し込んで、テコの応用で少しこじ起こす。引手を戻すとクギの頭が浮くので、引手クギ抜きでつまみやすくなる。

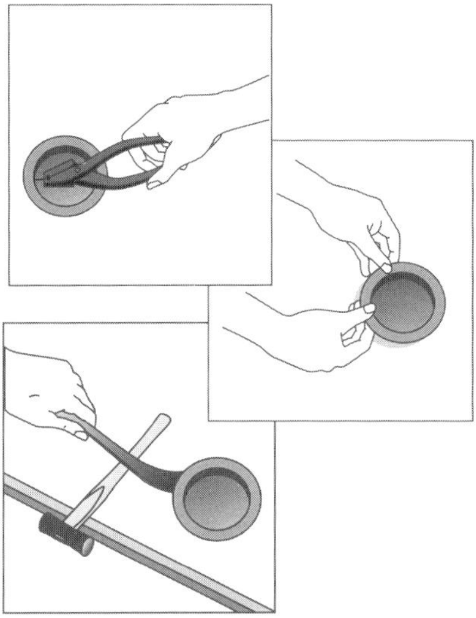

3 紙をふすまの上に広げる

紙が総柄や無地の場合は、そのまま紙の端をふすまの下枠の外側に合わせて、曲がらないように気をつけて、ふすまの上に広げる。

柄のあるふすま紙の場合は、柄の高さを揃えるために、張る枚数のふすま紙を柄を合わせて重ね、ふすまの上に広げた後、曲がりを正し、柄の位置を決めて、下の部分を枠の外側で切ってから、一枚ずつ広げて張っていくようにする。

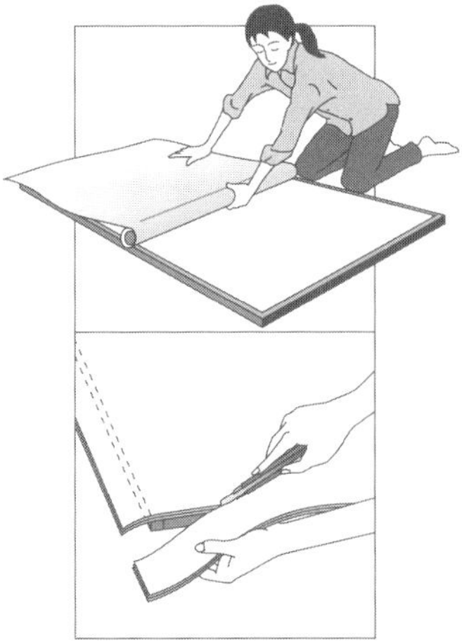

4 アイロンでふすま紙を張る

スチームアイロンを高温にし、下から順に中央から左へ、右へと全体にアイロンをかけていく。熱でノリを溶かして接着させる仕組みなので、ゆっくり動かすのがコツ。枠の部分は初めに指の爪で軽くきめ込みを入れておいて、その近くまでアイロンがけをする。最後に周囲にアイロンをかけるので、多少、未接着の箇所が残っていてもかまわない。
また、このとき手で触って引手のある部分を探し、枠からはみ出さないようにふすまの位置の番号を書き込んでおくとよい。

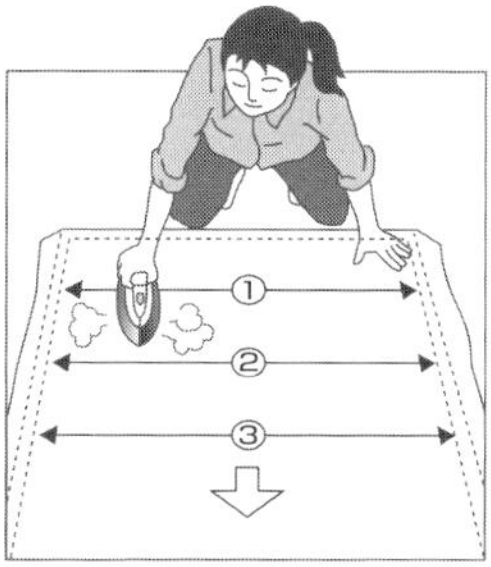

5 余分な紙を切り取る

枠の内側にカッティング定規を当て、ずれないように注意してカッターで余分な紙を切り取る。このとき、枠がはずれる本ぶすまはカッターの刃を真下に向けて、枠がはずれない板ぶすまの場合は、カッターの刃を枠に向けて切るようにする。

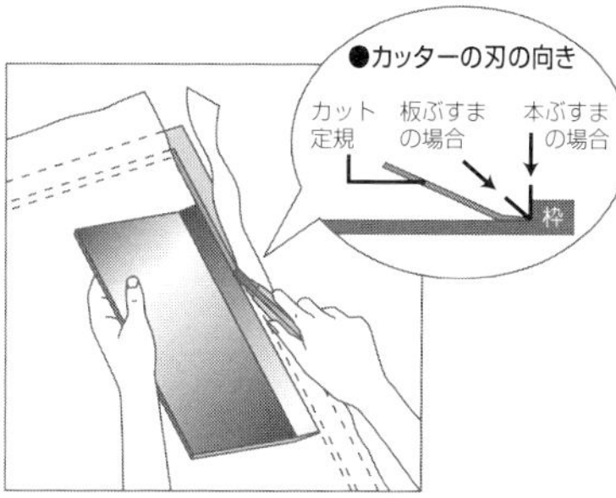

6 周囲にアイロンをかける

ふすまの枠には熱に弱いものがあるので、余分な紙を切り取った後、枠の目立たないところにアイロンのスチームを当て、変色しないかどうか確かめる。白く変色する場合は、マスキングテープを枠に張り、保護してから周囲にアイロンをかけるようにする。アイロンの先の丸みを使い、枠にそって、ていねいにかけていくのがコツ。

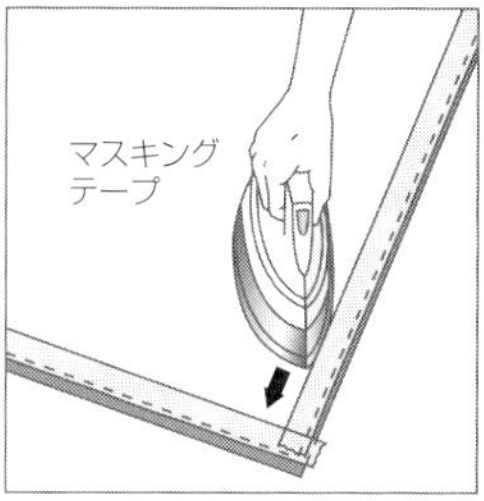

7 引手を取り付ける

手で触って引手のある場所を探して、カッターで十字に切り込みを入れ、引手のクギ穴が上下にくるようにして取り付けてから、クギを少し斜め下を向くように手でぐっと差し込んで、カナヅチで打つ。

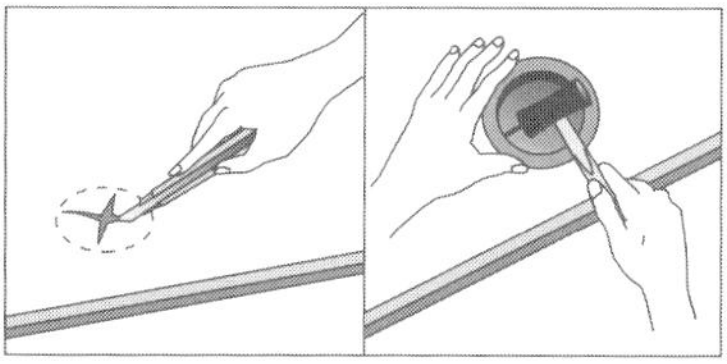

8 引手をクギでとめる

引手のカーブがじゃまになってカナヅチで打ち切れない頭の部分は、クギ締めで打ち込むときれいに仕上がる。クギ締めがない場合は、大きめのクギの頭を引手クギの頭に当ててカナヅチで打ち込んでもよい。

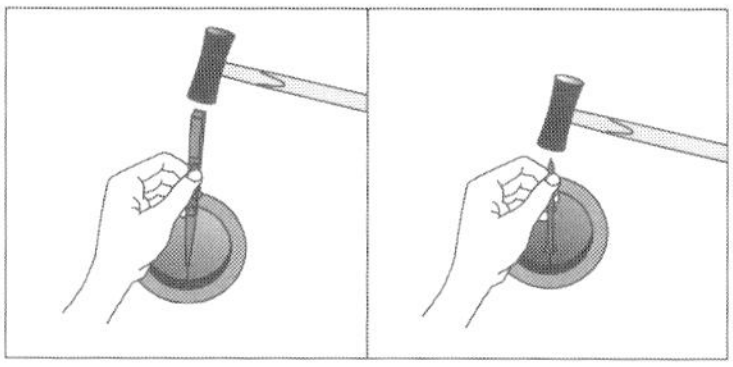

ふすまの張り替え
Part 2【枠をはずし、ノリつきふすま紙で張り替える方法】

枠が外れる本ふすまを張り替える場合は、紙の裏にノリがついているノリつきふすま紙（切手式）がおすすめです。水をたっぷりつけて張るのがポイントで、コツさえつかめば、本格的な張り替えができます。できれば、２人で作業してください。

用意するもの

- □ノリつきふすま紙（切手式）
- □茶チリ紙（下張りに使う薄紙）
- □引手クギ抜き（ニッパーで代用も可能）
- □カナヅチ
- □枠はがし（インテリアバール）
- □なでバケ
- □ふすま・障子用ノリ
- □ノリバケ
- □スポンジ
- □マスキングテープ
- □カッター
- □ハサミ
- □クギ締め（大きめのクギで代用も可能）

サビていたり交換したい場合に必要なもの

- □引手
- □引手クギ
- □折れ合いクギ、またはふすま枠用木ネジ
- □ふすま枠用クギ（ピンパ）

1 ふすまと枠にしるしをつける

張り替えが終わった後、ふすまを元どおりの位置に入れ直すため、ふすまに鉛筆で番号を書き込む。枠も元の位置にはめ直せるよう、上下左右の枠にマスキングテープを貼り、ふすま番号と、上、下、左、右を書いておく。

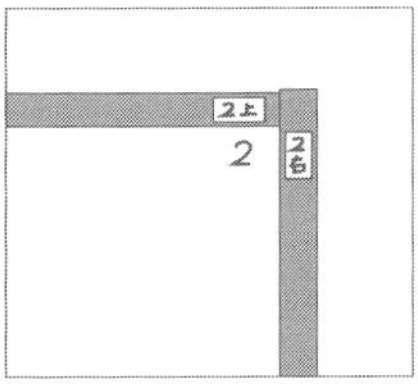

2 左右の枠をはずす

折れ合いクギ式、木ネジ式のふすまの左右の枠は、当て木をして上から下にたたくとはずすことができる。それで動かないときは、反対側からたたくとはずれることもある。クギ打ち式の場合は次の上下の枠をはずすと同じ要領で。

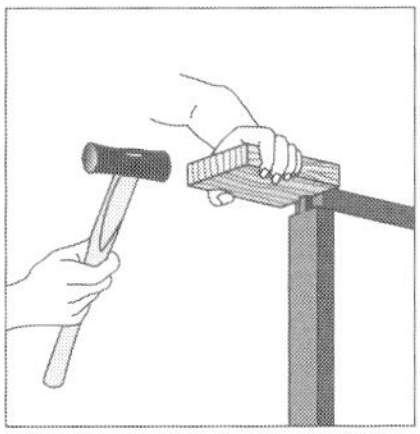

3 上下の枠をはずす

上下の枠は、普通２、３カ所でクギ打ちされている。キズをつけないように端から、枠とふすまの間に枠はがし（インテリアバール）を差し込み、カナヅチで枠はがしを軽くたたきながら少しずつずらしていき、クギの近くにきたら強めにたたいてクギを抜くようにする。

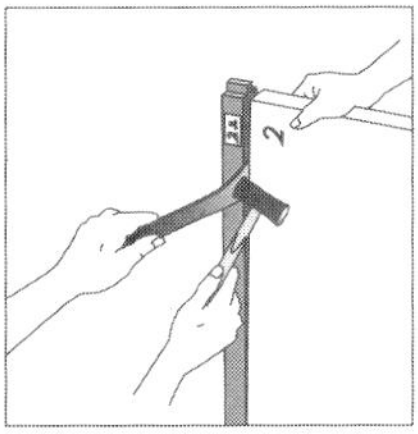

4 引手をはずす

上下どちらかの引手クギ１本を引手クギ抜きかニッパーで抜き取ったあと、引手を引っ張れば、もう１本のクギと引手がはずれる。クギがしっかり入っている場合は『6-1ふすまの張り替え Part 1』を参照に。この後、破れがある時は『6-1ふすまの張り替え Part 1』を参照して補修し、下張りをするときは115頁を見て茶チリ紙を張る。

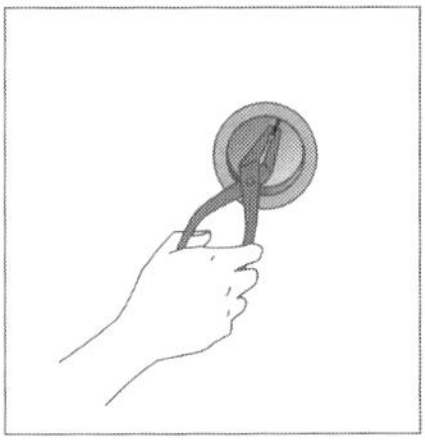

5 柄を合わせ紙を切る

柄がある場合は柄の高さを合わせるため、張る枚数のふすま紙を柄を合わせて重ね、ふすまの上に広げる。柄の位置を決めたら、ふすまごとひっくり返し、曲がりを正してから、ふすまより四方1㎝大きく切る。ふすまを台に乗せ、紙を切る線を台の端に合わせて、台にカッターを沿わせるようにして切ると簡単。

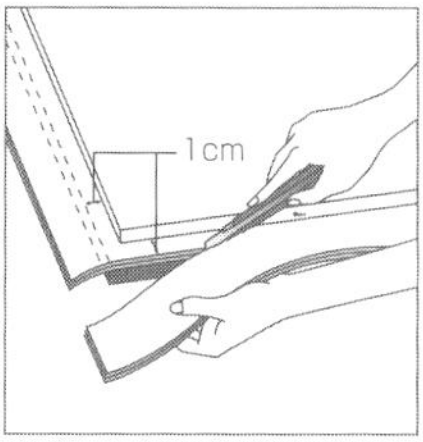

6 ノリつき面（裏面）に水を塗る

柄物のふすま紙は、柄の部分から水を塗り始め、全体に塗っていく。このとき、水が少ないとシワの原因になるので、スポンジに多すぎると感じるくらいたっぷりの水を含ませ、均一に広がるように軽くのばすのがコツ。水をつけたら、2〜3分、紙が伸びるのを待ち、その間に水が乾くようなら、その部分に水を塗る。

7 周囲にノリをつける

水が乾くのを待つ間に、障子・ふすま用のノリを濃いめに溶いたものをノリバケを使って、ふすま紙の周囲2〜3㎝幅に塗る。

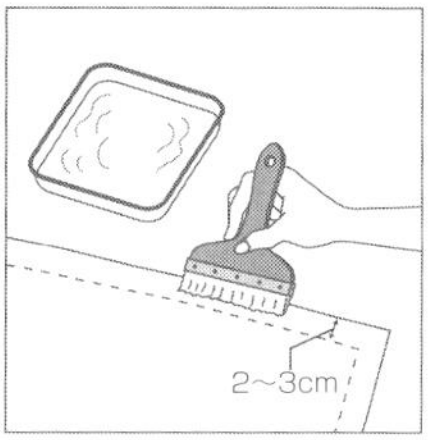

8 ふすまに紙を張る

2人でふすまを持ち、ふすまの下側を持った方が紙の端から1㎝のところに合わせて真っすぐに置く。その間、もう1人はふすまを持ち上げており、位置合わせが終わったら、紙が曲がっていないか確かめてそっとおろす。そのあと2人でふすま紙ごと、ふすまをひっくり返す。

9 ハケで空気を追い出す

なでバケで、中央から外に向かって、上下方向、左右方向、斜め方向の順に空気を追い出す。このとき、紙が多少凸凹していても乾けばピンとなるのでそのままにしておく。ただ、はっきりとしたシワができたら、角からシワの部分までふすま紙をはがして張り直す。

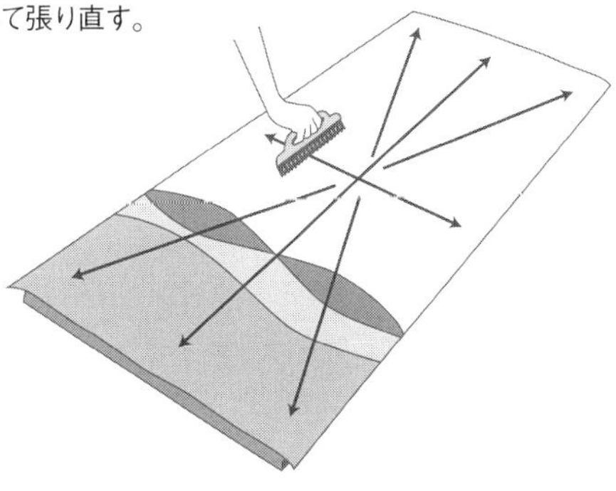

10 厚みに紙を張り、角を切り落とす

紙の周囲をふすまの厚み部分に折り返し、空気が入らないよう張っていく。紙がふすまの厚みよりはみ出しているときは、厚みの半分ほどのところをカッターで切り取る。四隅の角は三角につまみ、ハサミで切り取る。

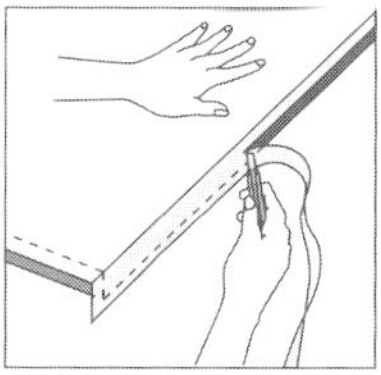

11 引手切り込みを入れる

ふすま紙が湿っているうちに手でなぞって引手の位置を探し、その引手の枠からはみ出さないように、最初に書いたふすま番号を書き込んでから、カッターで十字に切り込みを入れる。

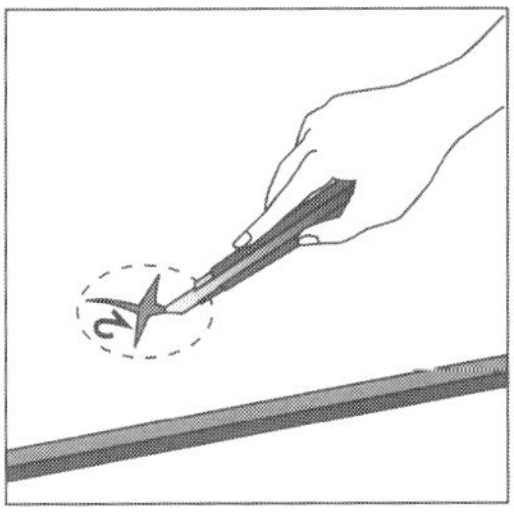

12 左右の枠を取り付ける

ふすまの番号と枠の位置を確認し、左右の枠を取り付ける。ネジやクギに枠の穴を合わせてかぶせるようにして上からしっかり押さえ、出ている下側に当て木をしてカナヅチでたたいてはめる。その際、折れ合いクギの場合は、クギの向きや曲がり具合を揃えておくのがコツ。

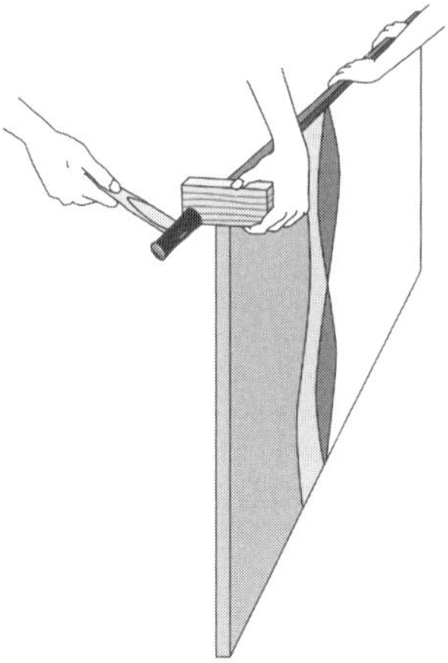

13 上下の枠を取り付ける

左右の枠の端にある切り込み部分に上下の枠を差し込んで合わせ、クギを打って取り付ける。左右の枠の下側を下枠と平らになるように、左右の枠に当て木をしてカナヅチでたたく。ふすま紙がよく乾いてから、引手をつける（『6-1 ふすまの張り替え Part 1』参照）。

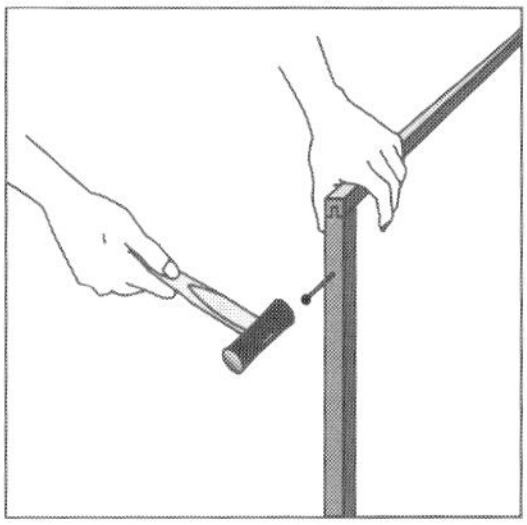

板ぶすまの場合の張り替え方

本ぶすまの張り替えのために用意するものに加え、カッティング定規が必要です。

1. 引手をはずす。

2. ふすまの上にふすま紙を重ねて広げ、柄の位置を確かめてから枠の外側で切る。

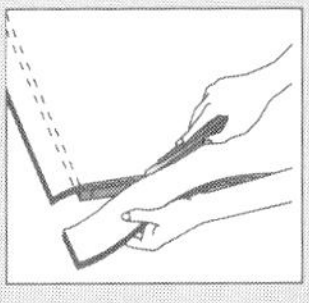

3. ノリがつかないように、枠にマスキングテープを貼る。

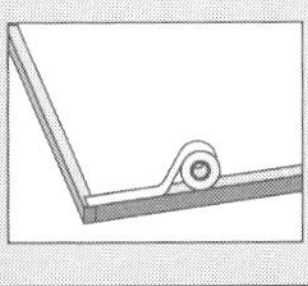

4. ふすま紙の裏全体にたっぷり水をつけるとともに、枠の内側にあたる部分にノリをつける。

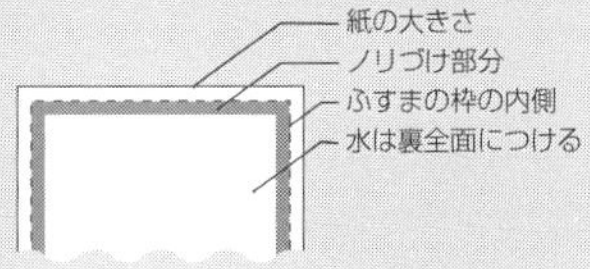

5. ふすま紙をふすまに張り、なでバケで空気を追い出す。

6. ふすまの枠に竹ベラなどできめ込みを入れてからカッティング定規を当て、カッターの先を枠に向けて余分な紙を切り取る。

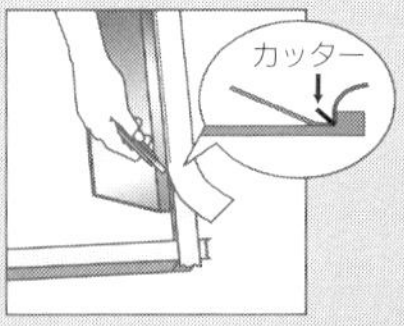

7. マスキングテープをはがし、引手を取り付ける。

茶チリ紙で下張りする方法

ふすまを破くと、中から茶色のペラペラした薄い紙が見えることがあります。それが、茶チリ紙というもので、ふすまの下張り用の紙です。ふすま紙を張り替える場合、そのまま張ることも可能ですが、茶チリ紙で下張りをすると、前の柄が透けるのを防ぐ、ふっくらと仕上がる、タバコのヤニが染み出してこない、次に張り替えるとき引手部分から簡単にはがせるなどの利点があります。多少、手間がかかっても、美しい仕上がりのためにぜひ下張りから挑戦してみてください。茶チリ紙は普通、6枚でふすま1枚を張るようになっていて（関西地方などでは横長で3枚でふすま1枚のものもある）、周囲だけにノリをつけて張る袋張りという方法で張ります。

1 茶チリ紙を6枚重ね、短い方で正方形を作った対角に向かってクルクル巻いては元に戻すのを2～3回繰り返して、6枚の紙の二辺が5㎝程度ずれた状態にする。

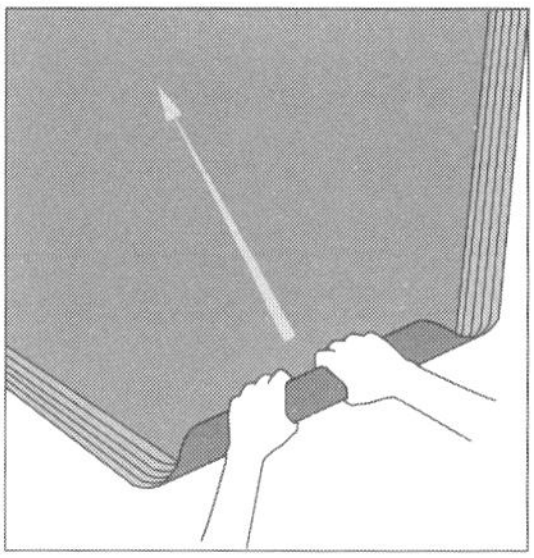

2 6枚合わせた茶チリ紙の端を台の角などにピタッと合わせ、ノリバケでノリをつける。こうすると6枚の二辺に一度にノリづけができる。ノリはふすま・障子用のノリをやや濃いめに溶いたものを使い、周囲の約5㎜幅につけるようにする。

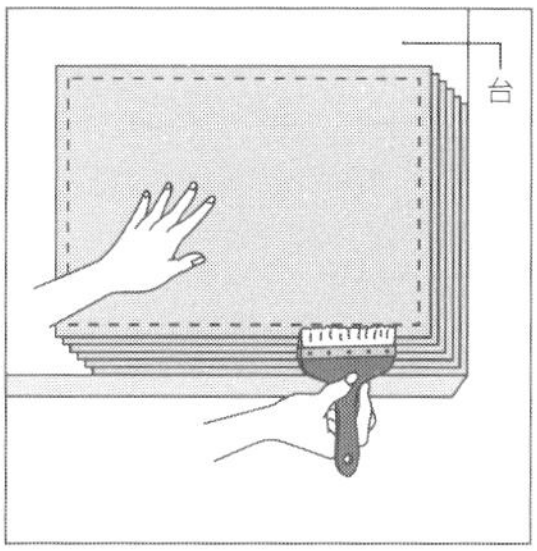

3 茶チリ紙を重ねたまま180度向きを変え、残りの二辺を台の角に合わせ、1枚ずつ約5㎜幅でノリをつけていく。1枚つけたらまた端までずらして合わせて、ノリをつけるようにする。

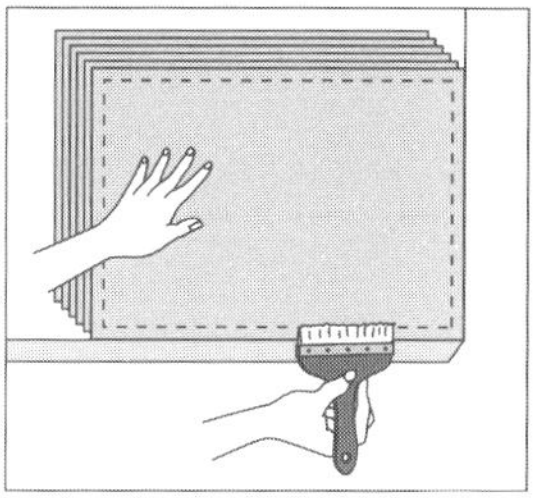

4 ふすまの厚み部分に5㎜くらいのノリしろがくるように折り曲げて、左上に1枚張る。

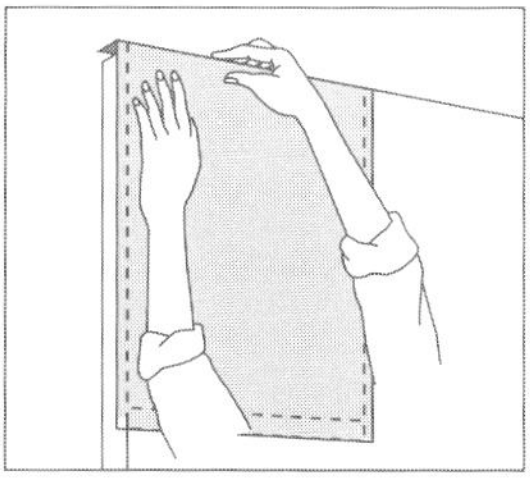

5 1枚張ったらその右、次にふすまを逆さにして左右を張り、最後の真ん中の2枚を張る。ふすまの厚み部分に5㎜折り曲げるようにして位置を決めたら、重なりはなりゆきで。下張りなので、曲がったり、シワが入っても気にしなくてよい。

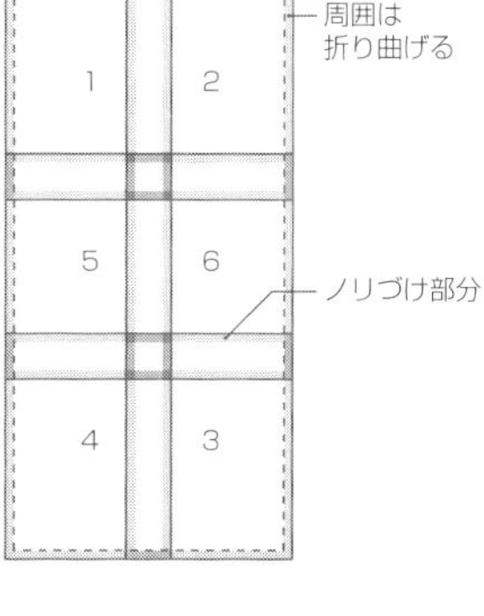

6 茶チリ紙を6枚全部張り終えたら、ふすまの位置を示す番号を茶チリ紙の上に書いておく。最後に引手部分に指で穴をあける。

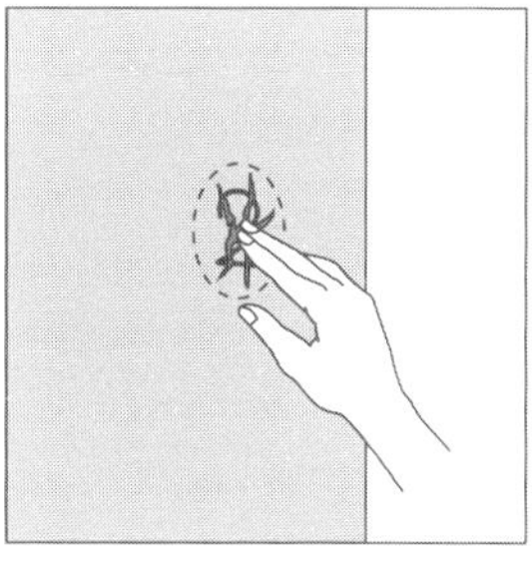

Chapter 6-3

リフォーム

障子の張り替え【一枚張りで張る方法】

かつて障子の張り替えというと、美濃判や半紙判と呼ばれる小さなサイズの障子紙を何段にも重ねて張る方法が主流で、手間がかかり、きれいに張るにはある程度のテクニックも必要でした。しかし、現在は継ぎ目なしにきれいに仕上がる一枚張りが中心となり、障子張りの道具も便利なものが発売されているので、たいへん簡単に張り替えることができます。障子紙は1～2年に一度張り替えるのがベスト。気軽に張り替えてみてください。

ノリつき障子紙で張り替える方法

用意するもの

- □一枚張りタイプの障子紙
- □割り箸
- □雑巾
- □セロテープ
- □容器入り障子用ノリ
- □カッター
- □定規、またはカッターガイド

1 障子をはずす

張り替える枚数が多いときは、どこのレールにあったかを間違えないように、しるしをつけておく。障子がはずれにくければ、位置を変えるか、誰かに鴨居を押し上げてもらってはずすとよい。

また、雪見障子のすり上げ障子（上下する部分の障子）は、左部分にバネが入っているので、左側に少し押し込むようにすると、右からはずれる。

2 古い障子紙の桟部分に水をつける

ハタキなどで障子全体のホコリをはらった後、ノリつきの面を表にして立て掛け、ノリバケかハンドスプレーで桟全体に水をたっぷりと含ませる。このとき、はがしにくいようなら、市販の障子紙はがし専用の“はがし剤”を使うのも手。

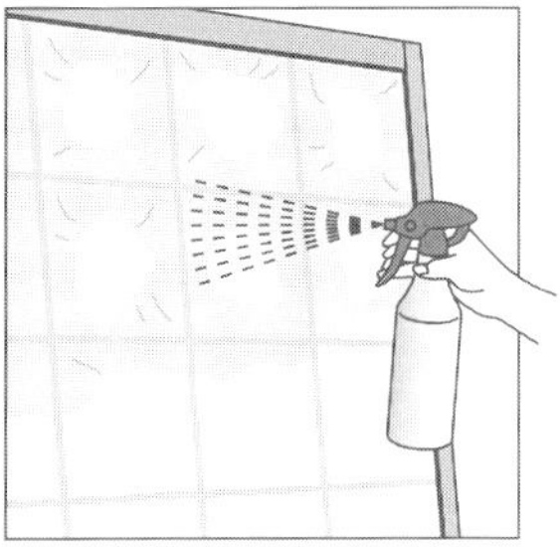

3 古い障子紙をはがす

2～3分してノリがふやけてきたら、上か下どちらでもよいので両端をめくり、両手で紙の端を持って、ゆっくりはがしていく。

4 桟をきれいに拭く

桟に残っているノリや紙を割り箸でこすり取ってから、障子の桟を固く絞った布で拭きあげる。桟が濡れたところに障子紙を張るとシミができるので、乾くまで陰干ししておく。

5 障子紙を仮どめする

ノリがたれても困らないように新聞紙などを敷いた上に、張る面を上にして障子をねかせる。障子の上枠から障子紙のロールを50㎝ぐらい広げ、左右のどちらかの外枠の端に合わせて、曲がってないかを確かめてからセロテープで3～4カ所とめる。

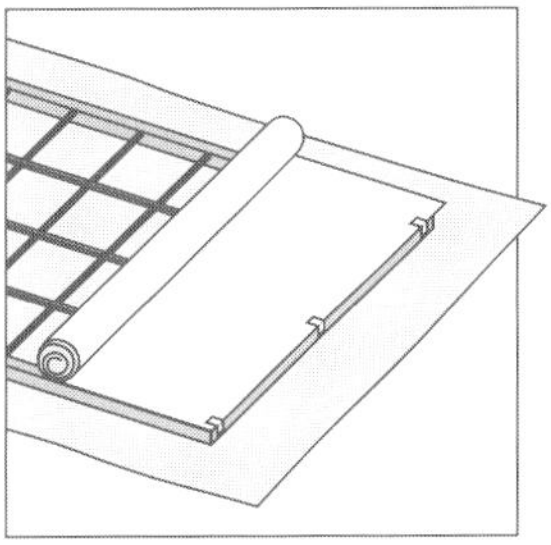

6 障子紙を巻き外に置く

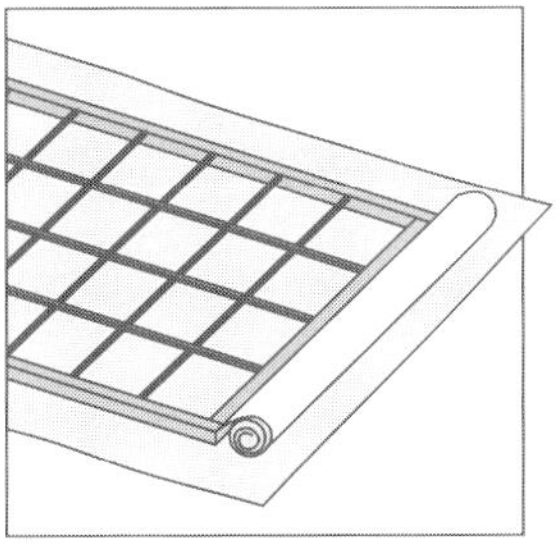

7 桟と枠にノリをつける

容器入り障子用ノリのガイド部分を桟の側面にそわせて引きながらノリを押し出す。枠の周囲も同様にのりづけする。

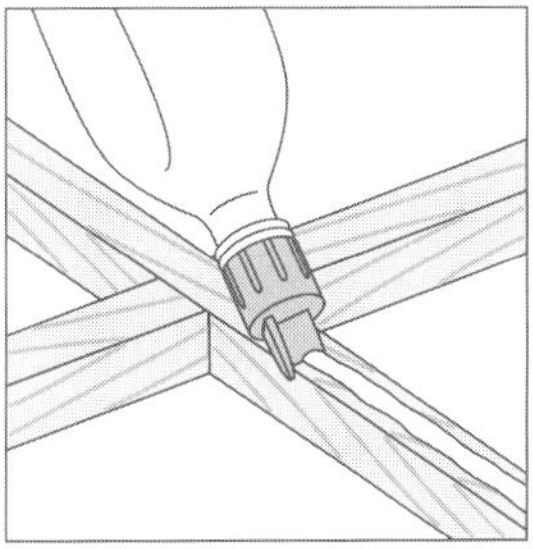

8 障子紙を張る

外に置いておいた障子紙を枠にのせ一気に転がして張り、桟と枠の部分を手の甲で軽く押さえる。

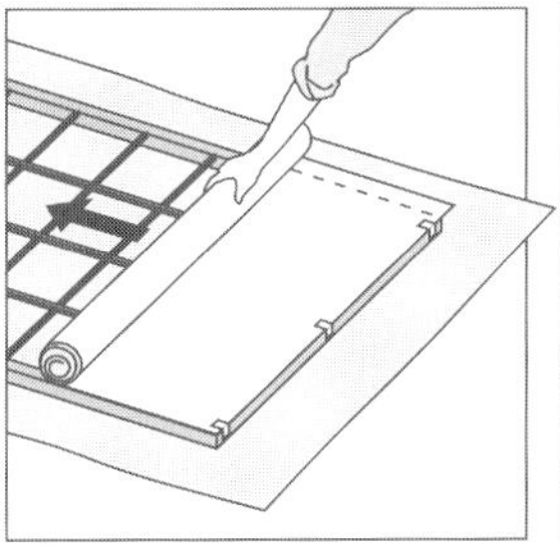

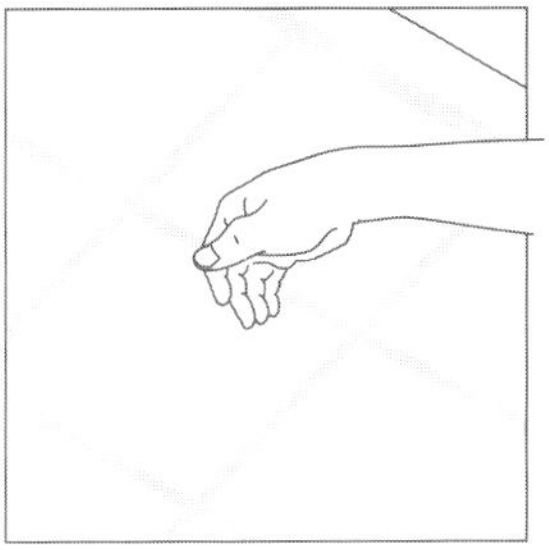

9 余分な紙を切り取る

カッターの刃を新しくして定規を当てながら周囲の余分な障子紙を切り取る。障子の外枠に“紙じゃくり”という浅い段がある場合はその線にそって、ない場合は枠の内側から6㎜ほど残して切る。このとき、内側に段差のある溝があり、切りたい位置で固定して障子紙がカットできるカッターガイドを使うと便利。

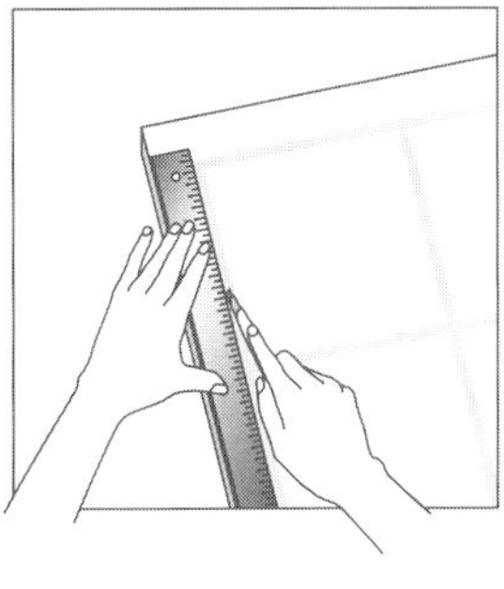

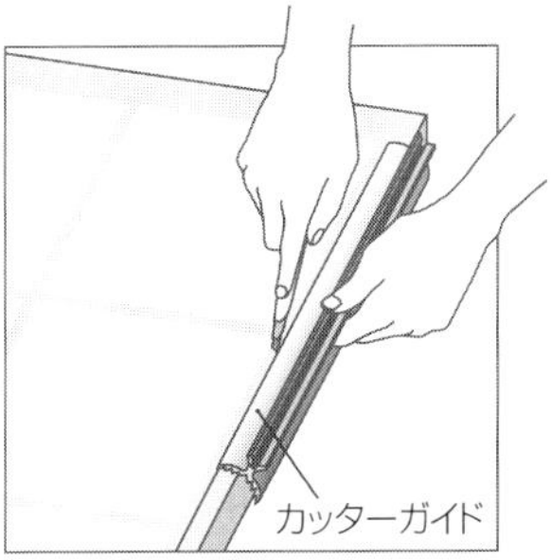

アイロン張り障子紙の張り方

ノリづけ不要なアイロン張り用障子紙を使えば、張り替えがさらに簡単にできます。

用意するもの
- □アイロン
- □延長コード
- □カッター
- □定規、または
  カッターガイド

1 障子にアイロン張り障子紙を広げる

張る面を上にして障子をねかせ、障子紙の粘着面を下にして、曲がらないように広げる。

2 アイロンで端を留めてから、桟と枠にアイロンをかける

ドライの中温にセットしたアイロンで、イラストの順に端を留めてから、中央から外に向かって、桟と枠の接着させる部分をアイロンで軽く押さえていく。障子紙によってはアイロンを当てると、てかってしまう種類もあるので目立たない箇所でチェックし、光るようなら接着させる面以外の紙には、できるだけアイロンを当てないように注意を。

3 余分な紙を切る

一枚張りと同じ要領で余分な紙を切る。余分な紙が枠に張りついてしまった場合は、アイロンをかけながらはがすと簡単にはがれる。

※アイロンで張った障子紙を張り替えるときも、アイロンを当てながらはがすとよい。

障子紙が破れた場合の部分的補修

補修シールを使う方法

小さな破れなら穴の上に貼るだけで補修できる補修シールがおすすめ。和紙でできていて、桜、梅、星、もみじなどの形があり、色も白のほか、桜は淡いピンク、もみじは薄緑のものもあります。いかにも補修したという感じを避けたいときは、まわりにもシールを貼って、模様に見せることも可能。また、部屋の間仕切りや廊下に面した障子など、両側から見える障子の場合は、同じ形のシールを2枚用意して、両側から形がピッタリ合うように貼るときれいです。

マスを張り替える方法

やや大きく破れた場合は、そのマスのみ張り替えるとよいでしょう。手持ちの障子紙で張るのもよいですが、草花などの透かし模様の入った修理用の障子紙や、色付きの和紙などを使って市松模様にするなどデザイン張りをすると、おしゃれに仕上がります。

1 破れた部分の桟によく切れるカッターを沿わせて、マスごと紙を切り取る。

2 張り替えるマスの周囲の桟の幅も含めたサイズを測り、その大きさに新しい紙を切る。障子を裏返し、張り替えるマスの四辺の桟に障子用ノリをつける。

3 新しい紙の上辺の両サイドを持ち少し引っ張るような感じで、桟の外にはみ出さないように注意しながら張る。その後、手の甲で軽く押さえる。

One Point Advice

すべりが悪い場合の改善

障子やふすまの下の部分に貼るだけで滑りがよくなる“トスベール”が便利。汚れを落としてから2カ所に貼ると開閉がスムーズになります。

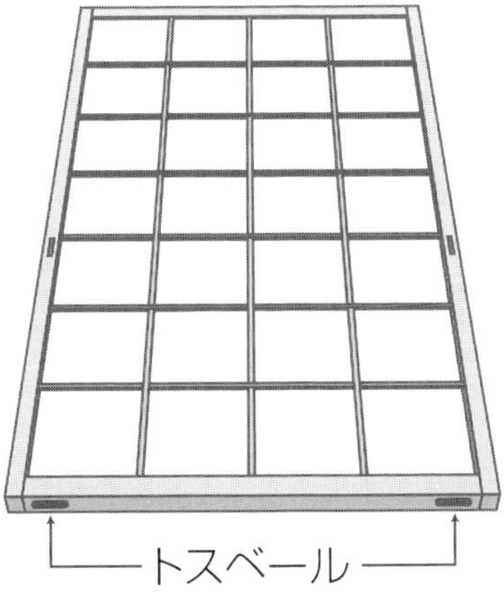

開け閉めの際の騒音防止

障子やふすまを閉める音が響く場合は、柱に当たる枠の部分にクッション性のあるテープを貼るとよいでしょう。音がやわらぐうえに、すき間風も防ぐことができます。ポリウレタン発泡体を使った“ふすま戸当たりテープ”なら、補強ネット入りなので、はがすときもきれいにはがせます。

Chapter 6-4

リフォーム

網戸の張り替え

網戸（押さえゴム式）の張り替え

用意するもの

□網

網の幅は91cmが主流だが、140cm前後のものもあるので、店にない場合は取り寄せてもらうとよい。長さは10cm単位で切り売りもしているし、2m巻きのものもある。網戸1枚につき、長さ20cmくらいの余裕をみて購入すること。色はブルー、グレー、ブラックなどがある。ほとんどが、ポリプロピレン製だが、一部には塩化ビニール製のもの、ペットの爪や火にも強いグラスファイバー製のものもある。

□押さえゴム

太さが4種類あるので、現在使っている押さえゴムをこじ起こし、3～4cm切り取ったものを持っていって、一番近い太さのものを購入する。色はグレーとブロンズとがあるので、サッシの色に合わせて選ぶとよい。

□キリ、または千枚通し

□網戸用ローラー

□カッター

□ドライバー

1 桟カバーや引手をはずす

掃き出し窓などに使われている中桟があるタイプは、中桟のカバーの両端にあるネジを緩めてはずす。引手がついているものも、ネジを緩めればはずれる。

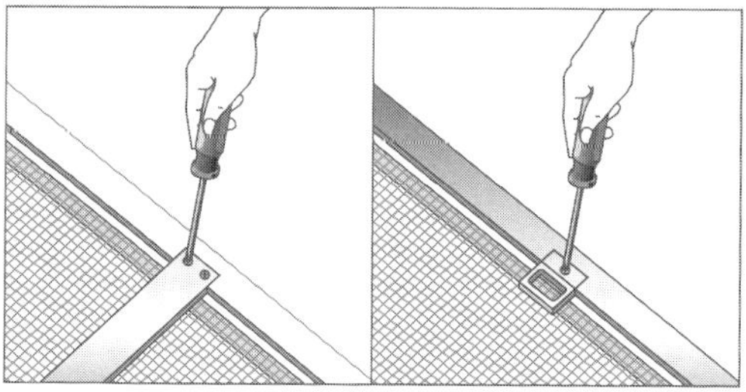

2 押さえゴムをはずす

押さえゴムの端をキリや千枚通しなどでこじ起こし、ゴムを引っ張ってはずし、網をとる。

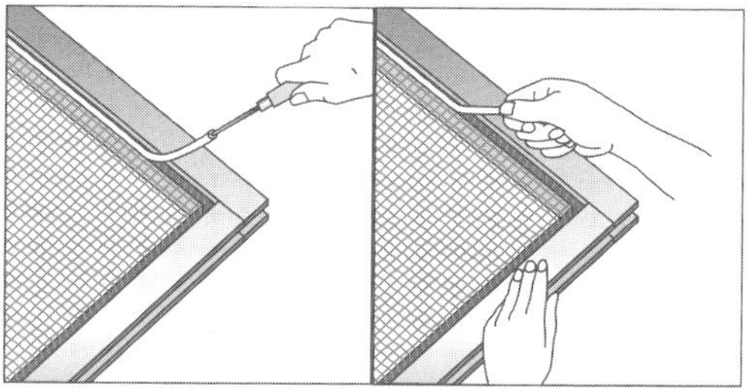

3 溝のホコリをとる

溝にはホコリやゴミがたまりがち。この際に歯ブラシなどできれいに掃除しておくとよい。

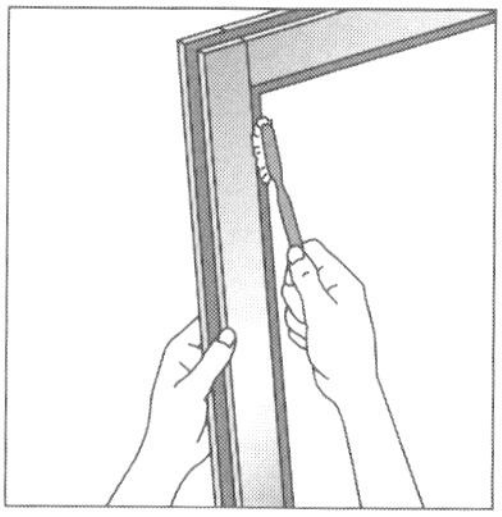

4 網をのせる

巻きぐせのついている面を下にして、図のようにD辺の枠より10㎝出し、A辺の枠より２～３㎝耳が出るようにして平行にのせる。
押さえゴムは長辺と短辺を足した長さのものを２本作る。

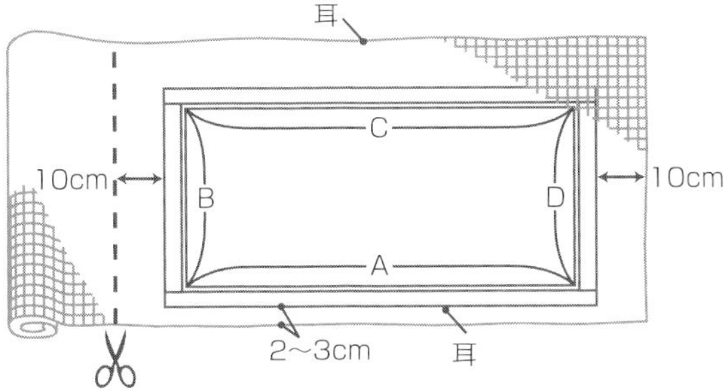

5 長辺Aの端をはめ込む

まず、A辺にゴムをはめ込む。ゴムをはめ込み始めるときは、人差し指と中指を開いてゴムを押さえ、２本の指の間のゴムを網戸用ローラーのヘラの部分で押し込むと楽に入る。

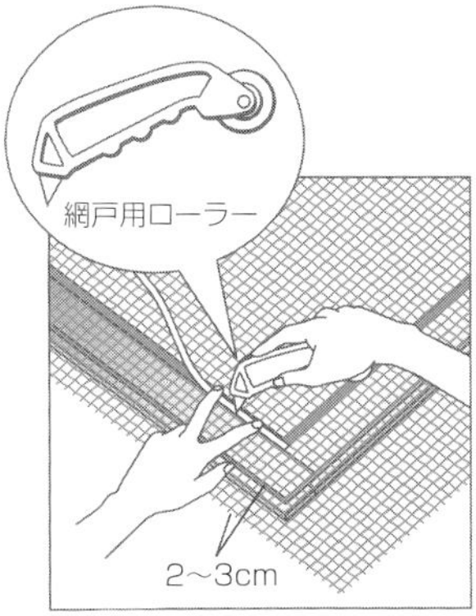

6 長辺Aをはめ込む

左手で網を軽く押さえ、網戸用ローラーのローラーを転がしながらゴムをはめ込んでいく。このとき、左手は常に同じ強さで押さえるようにし、押さえた部分だけを入れるのがコツ。また、右利きの人は右回り、左利きの人は左回りにローラーを転がすと作業が楽にできる。網が斜めになったり、波打った場合は、ゴムをはずし、網を２㎝ほど外にずらしてはめ直すようにする。

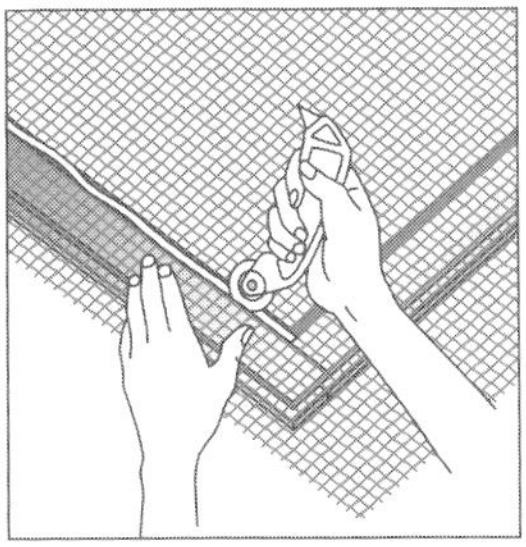

7 長辺Cをはめ込む

短辺と網目が平行なのを確かめ、Aと同じようにC辺にゴムをはめ込んでいく。このとき、Aのゴムを入れたところに網の膨らみが少しあるくらいになるように、左手で引きかげんを調整しながら行うのがコツ。ここでピンと網が張ってしまうようなら張り過ぎになるので、少し余裕を持たせるようにする。

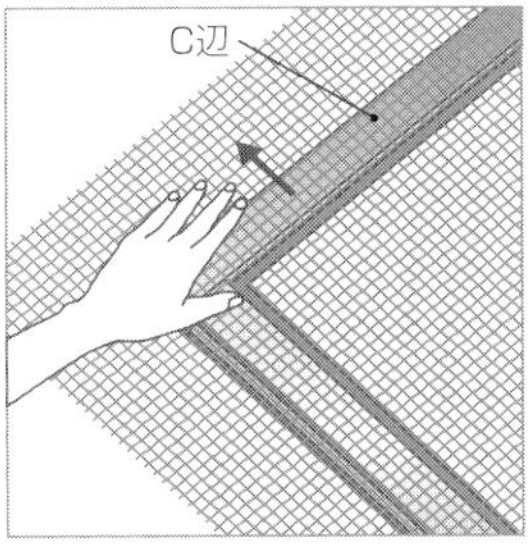

8 短辺D、Bをはめ込む

長辺Cをはめ終えたら、ローラーのヘラでコーナー部分にゴムを押し込んで短辺Dにゴムをはめ込み、短辺Bも同様にはめ込む。短辺にゴムをはめ込んでいくときも、左手で網を軽く押さえながら行う。このとき、網の張り方が緩めなら少し引きかげんに、それでなければ、軽く手を当てる程度にする。

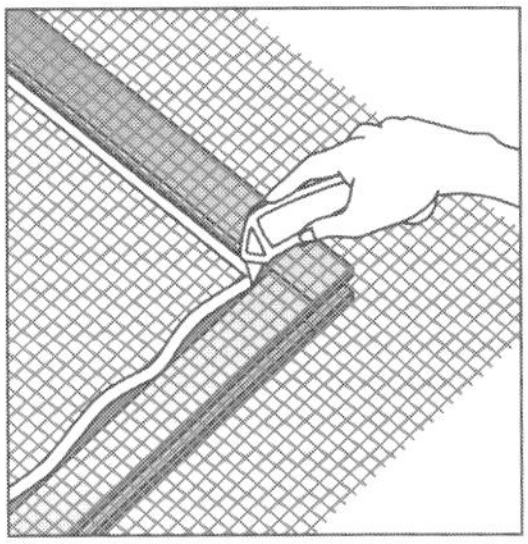

9 網の張り具合を見て調整する

網の張り方を透かすようにして見てチェックする。たるんだり、ふくれている場合は、その部分の網をそっと引き上げて、その部分より少し広くゴムをはずし、網を引きながら再度ゴムをはめ込む。このとき、ローラーを転がすとゴムが伸びるので、ローラーで上から押さえるようにして入れていく。

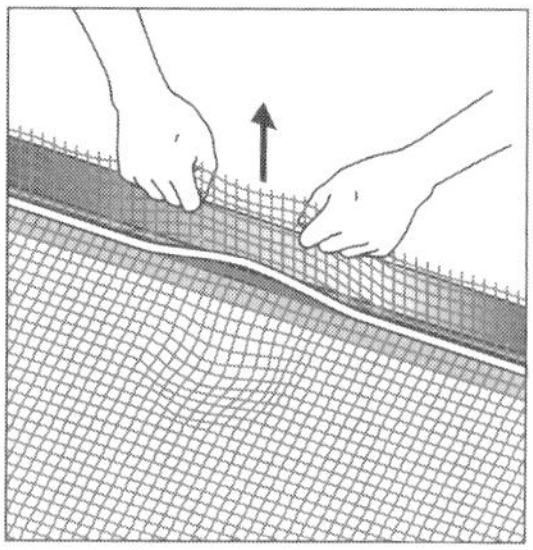

10 余分なゴムと網を切り取る

押さえゴムの余分をハサミで切りローラーのヘラで溝におさめる。網の余分はカッターの刃を枠に向け、進行方向に向かってねかせ、ゴムに沿って切り取る。

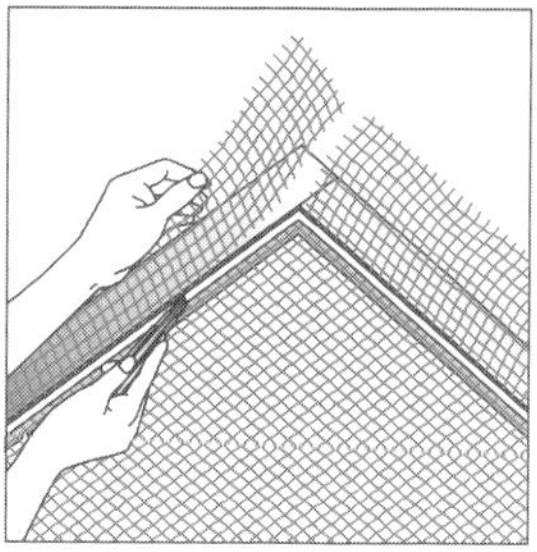

網戸の修理

穴があいた場合

すぐに張り替えられないときの応急手当の方法です。見た目はあまりよくないので、早めの張り替えをおすすめします。

●小さな穴

穴のあいた箇所の網の汚れを落としてから、同じサイズに切ったビニール補修用テープか塩ビシート補修テープを両面から貼ります。また、網目模様の入っている網戸補修用テープも市販されています。

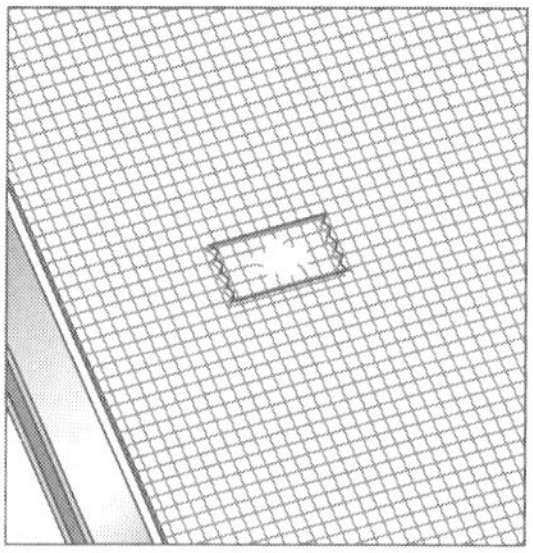

●少し大きな穴

網戸と同じ網を穴より大きく切り、周囲の網糸を抜いたものを用意し、1本1本ピンセットなどで網目に交互に入れて固定します。

また、網を当て、1本の長い網糸で縫うようにとめる方法もあります。

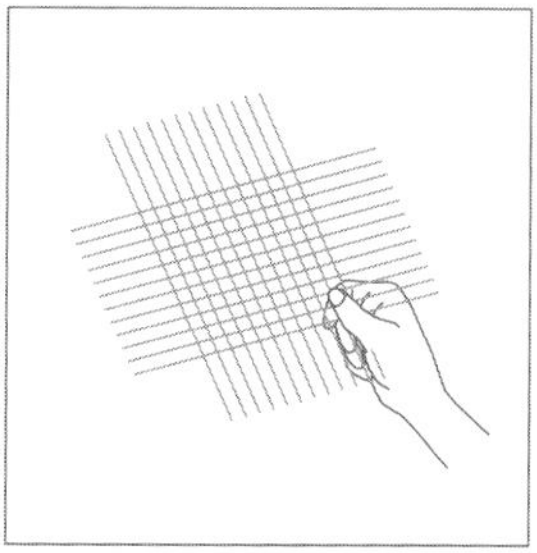

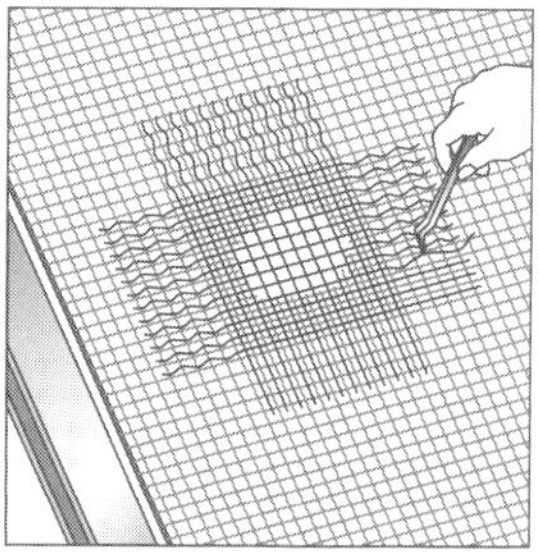

網戸がガタつく場合

網戸がはずれやすくなったり、上にすき間ができたとき、網戸の上部にプラスチックのはずれ止めがついているタイプなら、そのネジを緩めてはずれ止めの位置を調節してから締め直すと改善されます。戸車がついているタイプの場合は、そのネジを緩めて戸車の位置を調節してから締め直してください。戸車の動きが悪い場合は、防サビ潤滑剤などにノズルをつけ戸車の部分に吹き付けるとスムーズに動く場合があります。

上部のはずれ止めを調節する

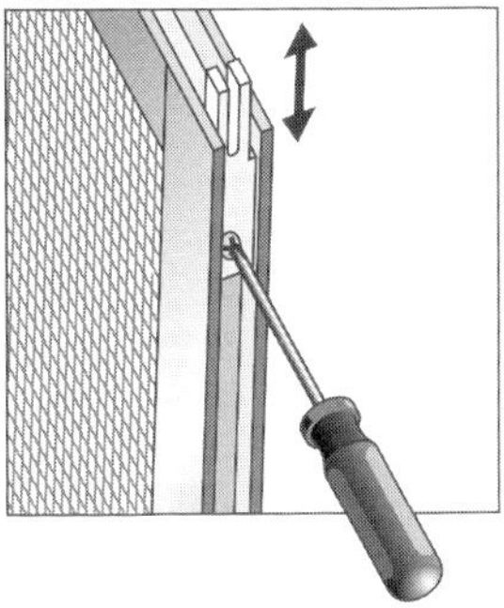

戸車の位置を調節する

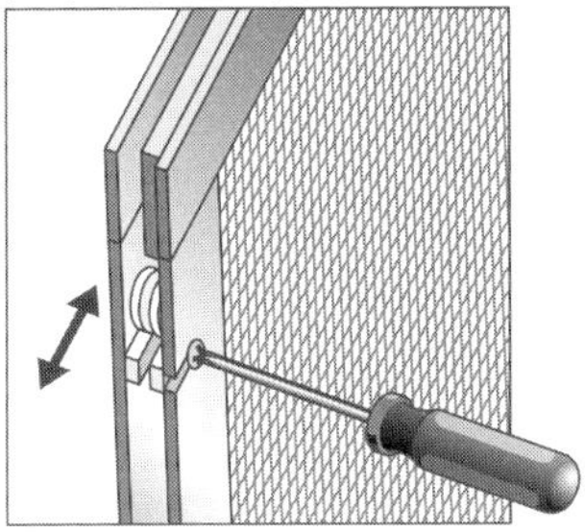

戸車に防サビ潤滑剤をスプレー

パッチ式の網戸の場合

押さえゴムでなくプラスチックの棒状の網押さえで押さえているパッチ式の場合も、マイナスドライバーなどで網押さえをはずし、長辺A、長辺C、短辺D、短辺Bの順に固定すればよい。網押さえを溝に入れるとき、端をカナヅチか木ヅチでたたき込んでから、柄をねかせて押さえ込んで入れるのが押さえゴムと異なる点。なお、網押さえが割れてしまったときは網戸を購入した店で取り寄せてもらえる場合もあるが、サイズの合う押さえゴムで代用することも可能。

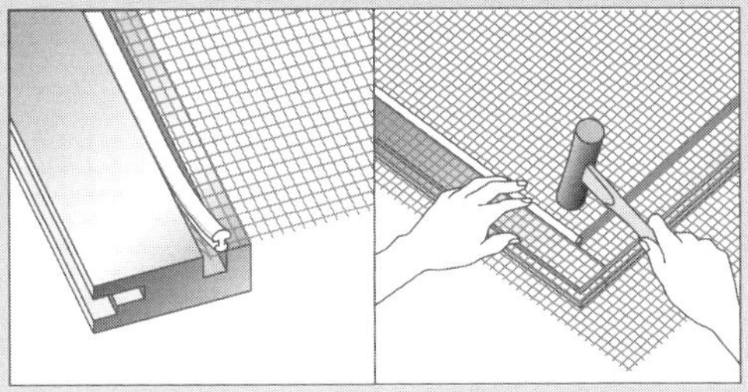

One Point Advice > 網戸をはずさずに洗う方法

まず、掃除機でホコリを吸い取ります。このとき、網戸の片面に新聞紙などを貼って掃除機をかけると効率的。その後、住宅用アルカリ性洗剤を少し入れた液をコテバケにつけて容器の縁でよくしごいてから網に当て、一方方向に動かして全体に塗ります。2～3分おいてから絞った雑巾を軽く当てながら、洗剤分を取るように拭けば終了。
スプレー式の住宅用洗剤ならコテバケのモケット部分に直接スプレーして使ってください。また、網戸専用のクリーナーも各種発売されています。そのほとんどは泡状に吹き付けて使うタイプです。

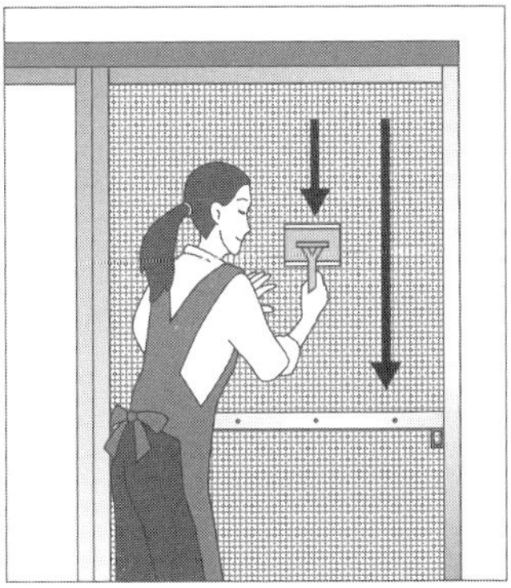

Chapter 6-5

リフォーム

クッションフロアの敷き方

防水性、防音性、弾力性があるクッションフロアは、色柄も豊富なため、台所や洗面所の床のリフォームに最適です。

用意するもの

- □クッションフロア
- □クッションフロア用両面テープ
- □巻き尺
- □大型カッター、ハサミ
- □金属製の定規、押さえベラ
- □マチ針
- □ガムテープ
- □クッションフロア用のシーリング剤
- □アクリル系充てん剤

1 見取り図を作り、床材の必要量を計算する

部屋の寸法を計って正確な見取り図を作成し、床材の幅（90cmか180cm）で計画線を入れて必要な長さを算出。それに、それぞれの両端に約5cmの余分と、柄合わせの分を入れて計算する。購入する際に、見取り図を持って担当者に相談するとよい。

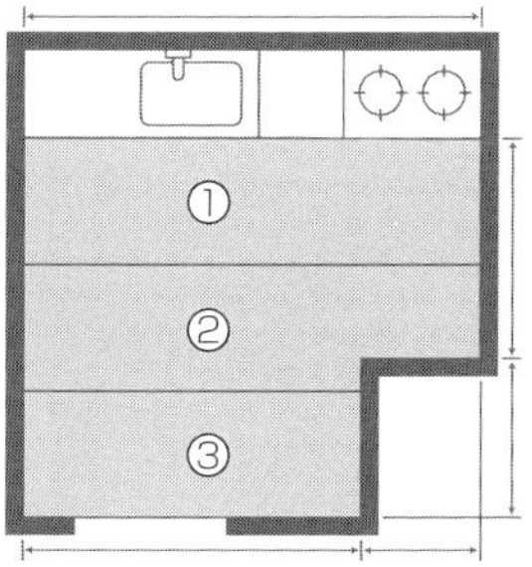

2 床を洗剤拭きする

床が汚れているとテープがしっかりつかないので、掃除機をかけたあと、住まいの洗剤で拭き掃除をしておく。台所など油汚れのある床面はアルカリ性洗剤で拭いた後、水拭きして乾燥させておくこと。

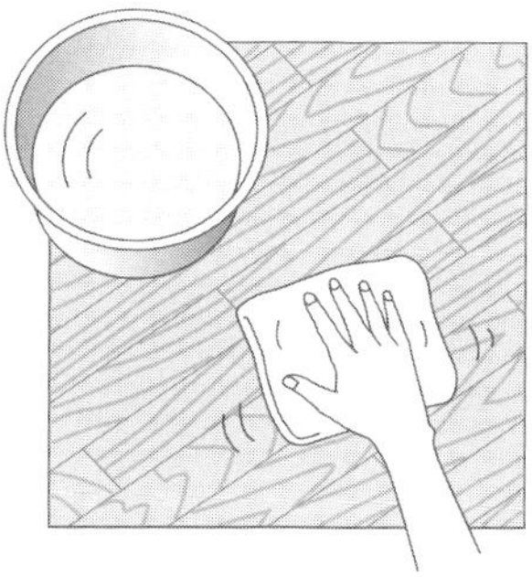

3 クッションフロア用両面テープを床に貼る

壁際にピッタリ合わせて部屋の周囲に両面テープを貼ったあと、浮き上がりを防ぐため、床材の中央になる部分にも壁から50cm離して両面テープを貼る。

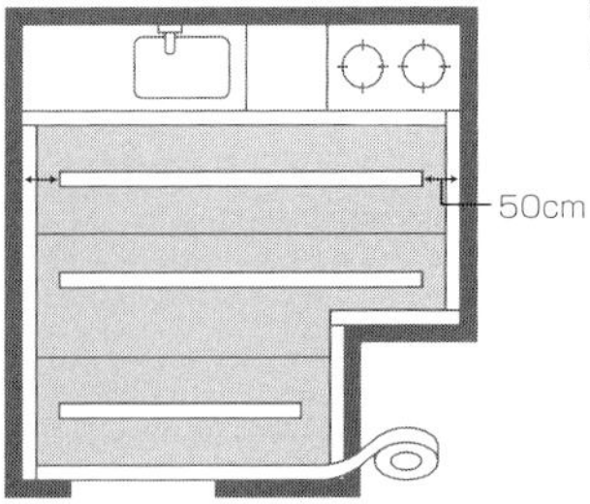

4 1枚目の床材を貼る

ロールになっているクッションフロアを1枚につき両端5cmずつの余分（計10cm）を加えた長さに切り離す。

柄の位置を考えて、壁際から3〜5cmほど余った状態になるように1枚目の床材を貼る位置を決め、中央に貼った両面テープのはくり紙をはがして床材を固定する。

床材の端の位置に合わせてカッターで両面テープのはくり紙に切り込みを入れてから、貼る部分のはくり紙をはがす。このとき、2枚目との柄合わせがしやすいように、継ぎ目になる部分は10cm程はくり紙を残しておくとよい。

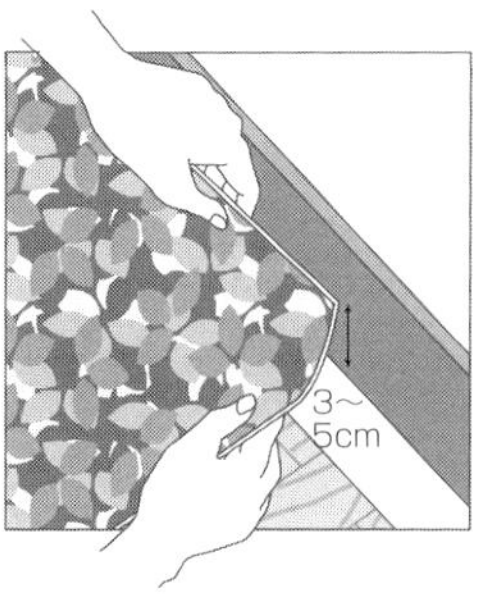

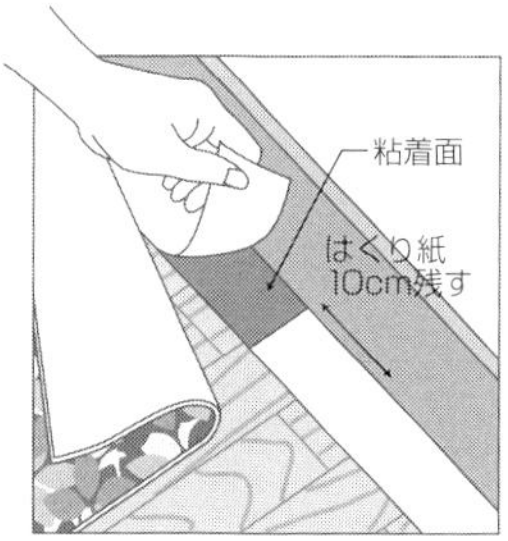

5 1枚目の床材を切る

押さえベラで床材を押さえつけてしっかり角を出してから、カッターの刃を壁に向けて切る。

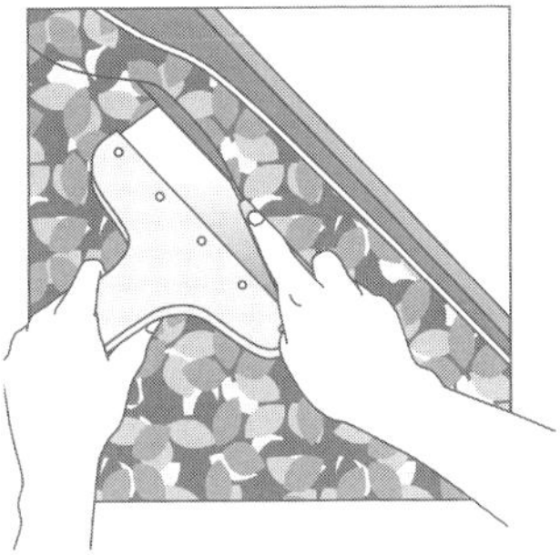

6 2枚目との継ぎ目の柄を合わせる

1枚目の床材の継ぎ目に2枚目の床材を重ねて柄の位置を合わせる。このとき、マチ針で上の柄と下の柄の同じ所を差して、2～3カ所止めると確実。きちんと柄が合ったら、布粘着テープで2カ所ほど仮止めする。2枚目の中央の両面テープのはくり紙をはがして固定する。

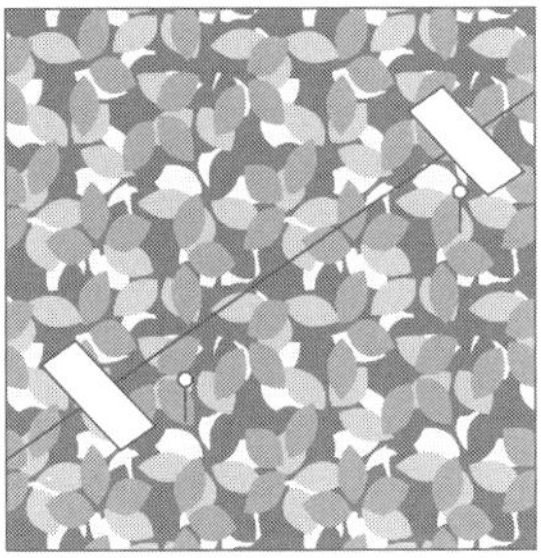

7 2枚一緒に切る

2枚目の中央の両面テープのはくり紙をはがして固定してから、1枚目と2枚目の床材が重なった部分の中央に金属製の定規を当て、大型カッターで2枚を一度に切る。切り終えたら①と②の切れ端を取る。

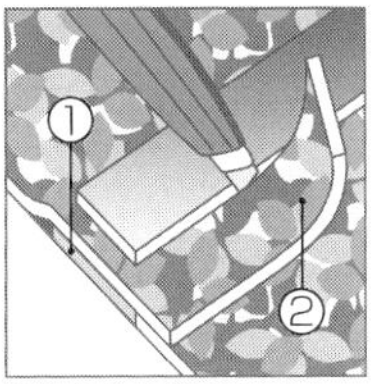

重なりの中央をカット

8 継ぎ目を貼り合わせる

両方の継ぎ目を少し持ち上げ、テープの中央が継ぎ目にくるように両面テープを床に貼り、そのはくり紙と最初に10cm残しておいた壁際のはくり紙をはがして、しっかり押しつけて貼る。その後、1枚目と同じ要領で2枚目の壁際の余分を切り取って床に貼る。

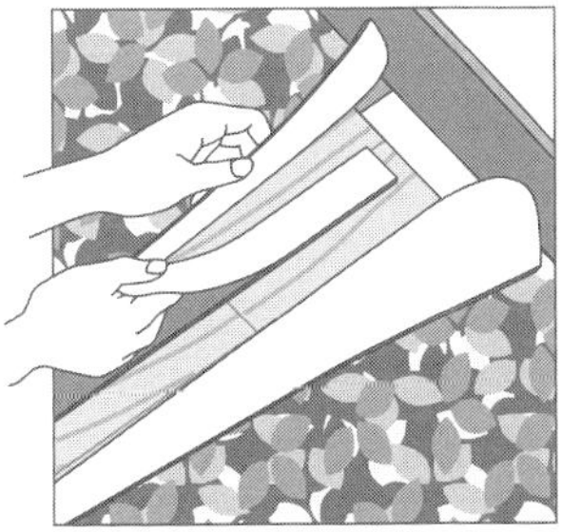

9 継ぎ目をシールする

3枚目以降も同様に貼り、すべて貼り終えたら、水やゴミの侵入、めくれ防止のため、継ぎ目をクッションフロア用のシーリング剤でシールする。

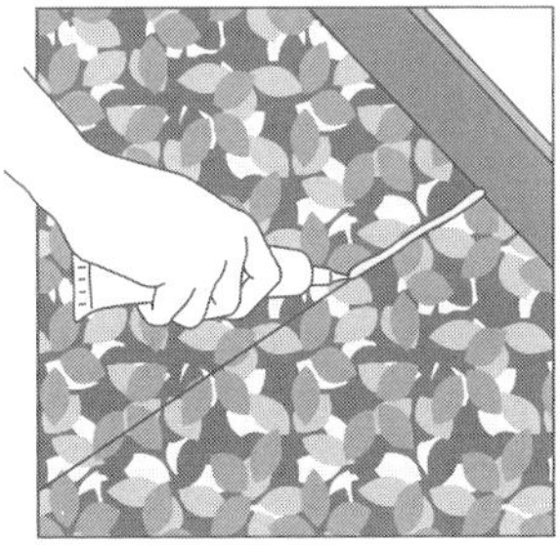

型取りテープを使う方法

クッションフロア用の両面テープには、床に貼る面にもはくり紙がついていて、AとBに分かれるようになっている「型取りテープ」という商品もあります。これを使うと床材の型取りが簡単にできるので、クッションフロアをきれいに敷き込むことができます。床材の貼り方は、クッションフロア用両面テープと基本的には同じですが、壁際の処理は以下を参考にしてください。

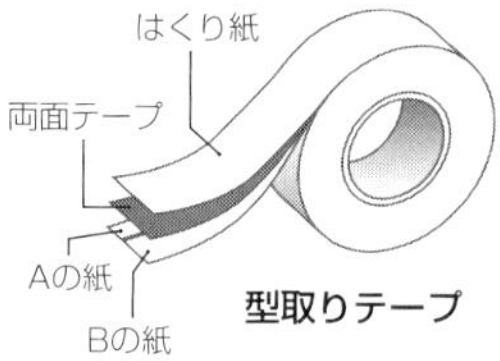

1 部屋の周囲と中央にテープを貼る

両面テープと同じように部屋の周囲と床材の中央部分に型取りテープを貼る。ただ、周囲にテープを貼るとき、型取りテープのAの紙だけをはがしながら貼ること。中央は型取りをする必要がないので、A、B両方の紙をはがして貼ればよい。

2 壁際の型を取る

床材を貼る位置を決め、中央のテープで床材を固定してから、壁際に貼ったテープのはくり紙をはがして床材を接着させる。このとき、金属製の定規などを壁際に当て、たるみが出ないように角までしっかり押さえて、型を取るのがコツ。

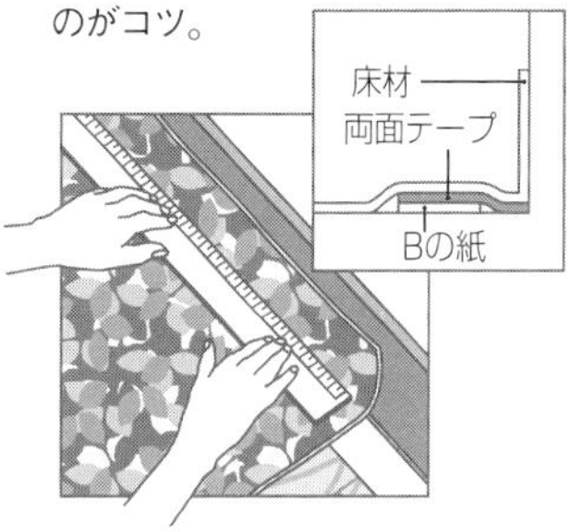

出隅部分は床材の外側から床の角に向かって切り込みを入れ、入り隅部分は、床材の角を三角に切り落としてから型取りをするとよい。この際、切り過ぎたり、角の位置がずれたりしないよう、数回に分けて様子を見ながら慎重に切ること。

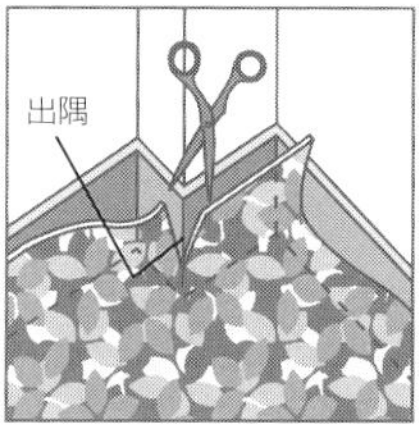

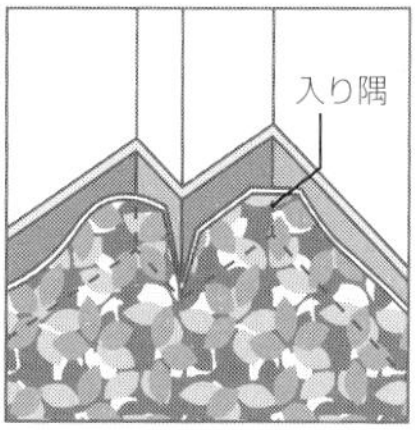

3 床材を本切りする

ここで床材をいったんはがすと、床に貼っていた型取りテープが床材の裏について一緒にはがれる。そのA側のラインが壁面の型になっているので、その線にそって、ハサミで余分を切り離す。

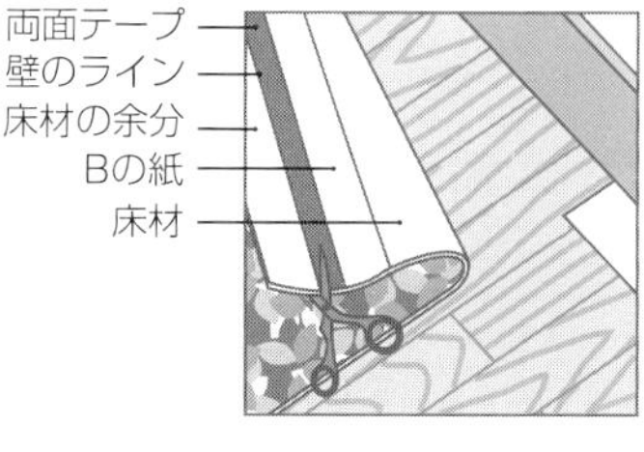

4 床材を本貼りする

型取りテープのBの紙をはがして、床材を床に押し付けて貼る。その後、両面テープで貼るのと同じ方法で2枚目との柄合わせをする。

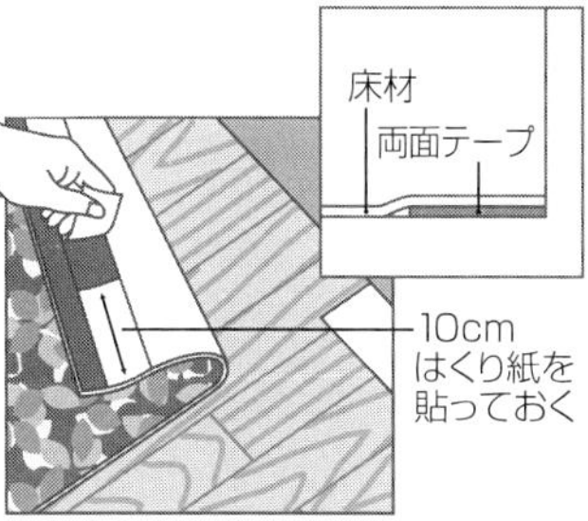

●凹凸部分

床材を壁と平行に少し離して置いてから、かまぼこの板など（幅定規を使ってもよい）を壁に当ててずらしながら、先の細い水性ペンで正確に壁面の型を写し取っていく。その後、カッターかハサミで型の線を切ってはめ込む。

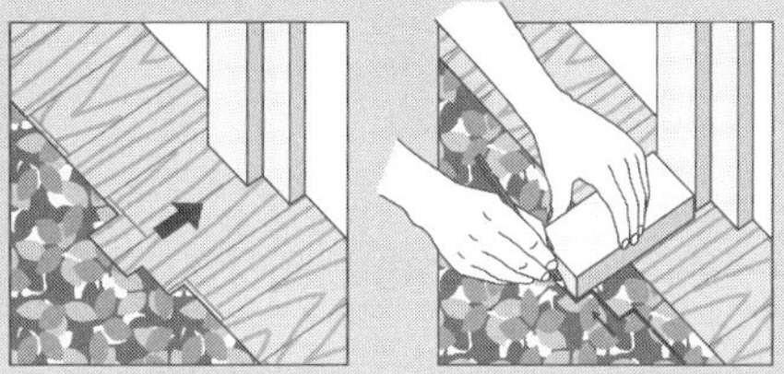

●コーナー部分

他の壁際を仕上げておいてから、少しずつ切り込みを入れながら押さえベラできめ込んで角を出し、押さえベラを当ててカッターで切る。

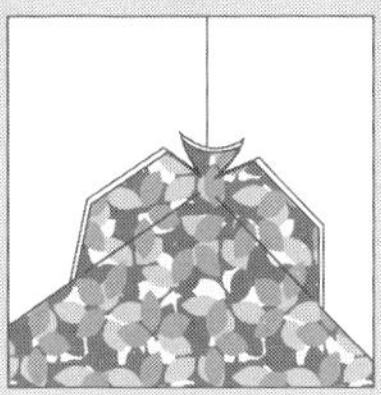

●隅に大きな柱がある部分

周辺の壁際の処理をする前に床材を持ち上げて角の部分を床に当て、そこまで切り込みを入れてから、壁際をきめ込んで切る。

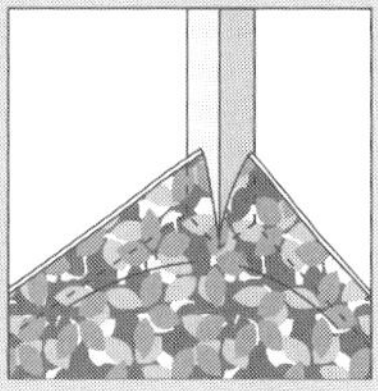

One Point Advice ＞クッションフロアの部分的貼り替え

部分的に破れたり、タバコなどで焼け焦げができた場合、同じ色柄のクッションフロアの端材があれば、その部分だけ貼り替えて修繕することができます。

床材と同じ色柄の端材をキズ部分より大きめに切り、柄を合わせて重ね、布粘着テープで固定。定規を当てキズ部分より大きく四角にL型カッターで2枚一緒に切る。

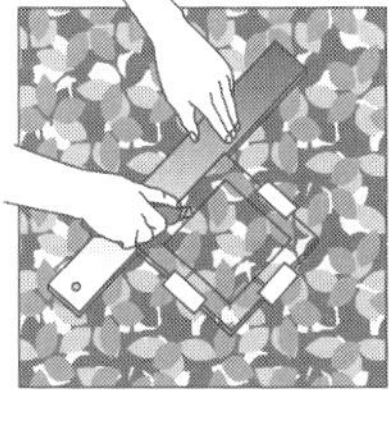

布粘着テープをはがして新しい床材をはずしてから、古い床材をカッターの先などを使ってはがす。床面に接着剤がついていたら、金ベラや粗いナイロンタワシなどで接着剤をできるだけ取り除く。

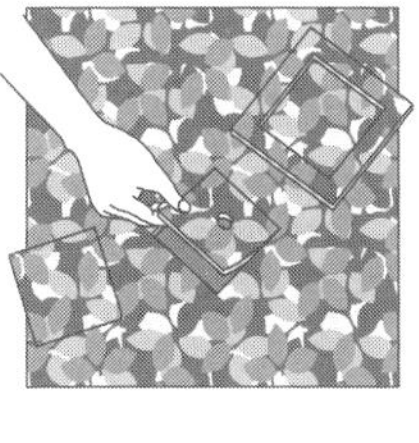

クッションフロア用両面テープを床面に貼り、新しいクッションフロアをはめ、継ぎ目をクッションフロア用シーリング剤で埋める。

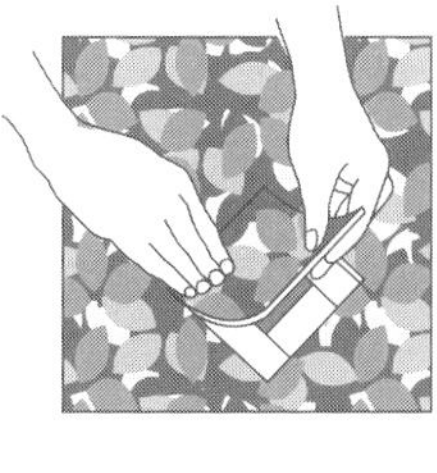

Chapter 6-6

リフォーム

壁紙の貼り方

壁の汚れが落ちない場合や、思い切りリフォームしたい場合は、壁紙の貼り替えがお勧め。まずは子供部屋など気楽な場所からチャレンジしてみましょう。壁紙の表面素材には布製、紙製のものもありますが、日常の手入れを考えると、洗剤拭きもできるビニール製のものがお勧め。
また、ノリの種類でも131頁のように数種類ありますが、どれも基本的な貼り方は同じです。柄があるものは柄合わせが手間なので、初めは無地や無地に近いもの、柄を合わせる必要がないものを選ぶとよいでしょう。

用意するもの

- □壁紙
- □ハサミ
- □重りと糸とプッシュピン（画鋲）
- □なでバケ
- □カッター
- □竹ベラ または 和裁用ヘラ
- □押さえベラ または カッティング定規
- □壁紙用ローラー
- □幅広マスキングテープ
- □再湿製壁紙の場合 →スポンジ
- □ノリなし壁紙の場合 →壁紙用ノリ、ノリバケ

壁紙を貼る前に

壁紙が貼ってある場合

今まで貼ってあった壁紙の表面をはがす作業が必要です。角などからめくると簡単にはがすことができます。もし、きれいに１枚ではがれない場合は、押さえベラなどを使ってはがしてください。表面をはがすと薄い紙が残ります。新しい壁紙はこの上に貼るようにします。ただし、薄い紙が破れているような場合は、はがし剤を使ってすべてはがしてから貼るようにしてください。

塗装してある壁に貼る場合

塗装している壁や化粧合板に貼る場合は、下地処理が必要です。サンドペーパー（180番くらい）を表面にかけてから、下地用パテか下地用シーラーを塗り、よく乾燥させておきましょう。

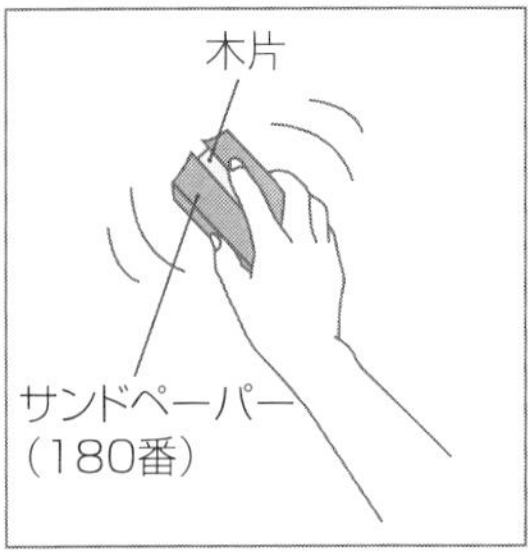

壁にキレツや板の継ぎ目がある場合

壁面が平らになるように、キレツや穴、また板の継ぎ目部分などは室内用壁パテで埋めておいてください。

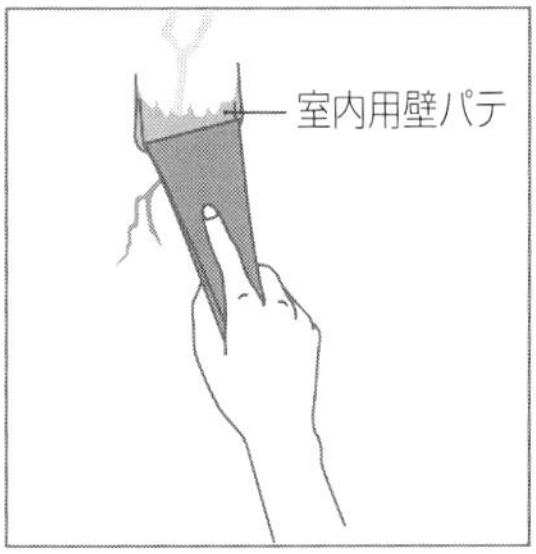

クギの頭が見える場合

クギのサビが表面から出てくるのを防ぐため、クリヤーラッカーでひろい塗りをしておきましょう。

1 見取り図を描き、必要なサイズを算出する

部屋の見取り図を描き、サイズを測って書き込む。壁紙は、上下それぞれに3cm、合計6cmの余分と、柄を合わせる場合はそのための余分を加えた量が必要になる。お店に見取り図を持っていき、何cm必要か、継ぎ目をどこにするかなど、相談するとよい。

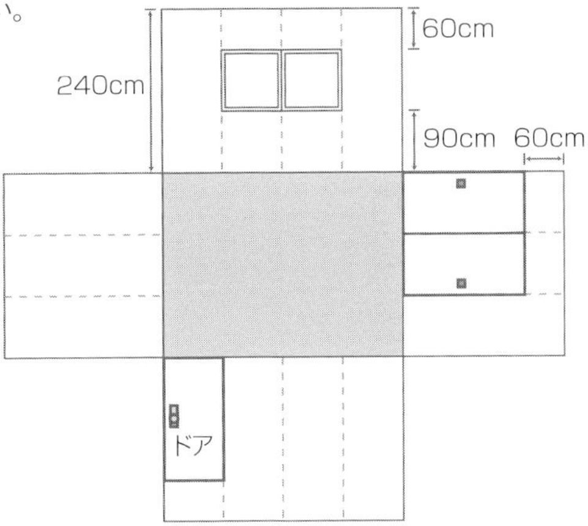

2 マスキングテープを貼る

天井際や回り縁、ドア枠などにノリがつかないようにマスキングテープを貼っておくと安心。もし、それらの部分や壁紙の表面にノリがついてしまった場合は、乾かないうちに拭き取るようにする。

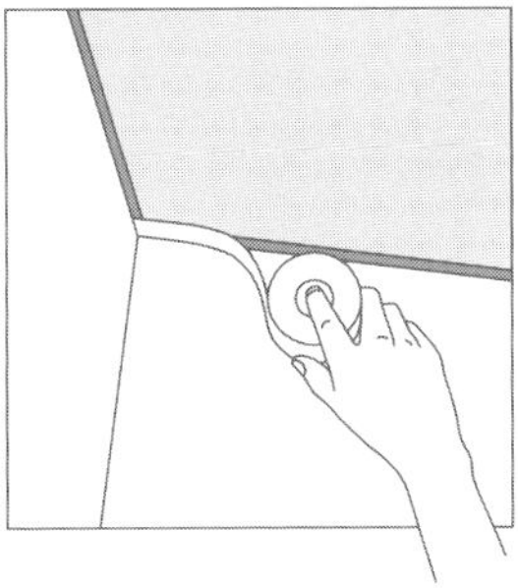

3 壁紙を裁断する

壁のサイズに上3cm、下3cm、合計6cmの余分を加えて切る。

柄合わせが必要なときは、１枚目の柄に合わせて２枚目を置き、上を１枚目に合わせて切ってから、6cmの余分を加えて裁断する。３枚目以降も同様にして切る。

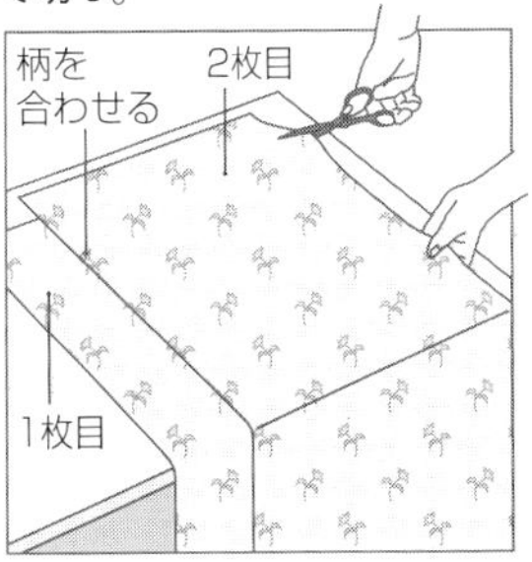

4 壁紙の裏に水またはノリをつける

●再湿壁紙の場合

裏にスポンジで水をたっぷりつけながら、折りたたんでいき、ノリが十分にもどるまで３～４分おく。

●ノリなし壁紙の場合

壁紙用のノリをノリバケで塗りながら、上と同様に折りたたんでいく。

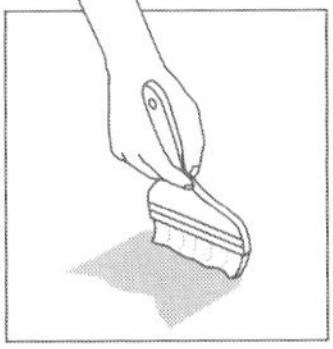

※生ノリ付き壁紙、粘着壁紙を使用する場合は水やノリをつける必要はないが、いずれの場合も、貼る位置まで折った状態で運ぶようにする。

5 1枚目の上部を真っすぐに貼る

重りをつけた糸をプッシュピンで壁にとめておく。再湿壁紙、ノリなし壁紙の場合はそのまま、生ノリ付き壁紙、粘着壁紙の場合は裏のビニールか紙を50cmぐらいはがしてから、壁紙の上を持ち、上に3cmぐらい余分を残して吊った糸を見ながら、壁紙が垂直かどうか確かめて、上の部分を手で押さえて貼り付ける。

6 なでバケで空気を追い出しながら貼る

上の部分を左右に、次に中央を上から下に、そして左斜め、右斜めの順番で、なでバケで空気を追い出しながら貼る。このとき、コーナー部分はなでバケで軽くたたくようにして貼るのがコツ。また、生ノリ付き壁紙、粘着壁紙の場合は、もう一人が裏のビニール、紙をひっぱってはがしながら貼るとうまくいく。

7 上下の余分を切る

ヘラなどできめ込みを入れてから、押さえベラやカッティング定規を当て、カッターで余分な壁紙を切り取る。このとき、カッターは少しねかせぎみにして使うのがポイント。また、カッターの刃をまめに折って、よく切れる状態にして使うときれいに仕上がる。

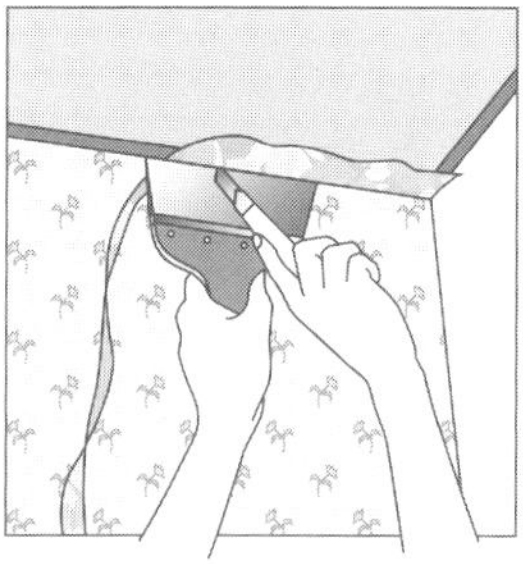

8 2枚目を貼る

1枚目に2～3cm重なるように2枚目を貼っていくのが基本だが、柄合わせが必要なときは、柄が合う場所で重ね合わせるようにする。1枚目と同様に貼ったら、重なり部分の中央に定規を当て、カッターで2枚一緒に切り、AとBの壁紙を取り除く。このとき、壁紙の表面にノリがついたら、乾く前に布で拭くこと。

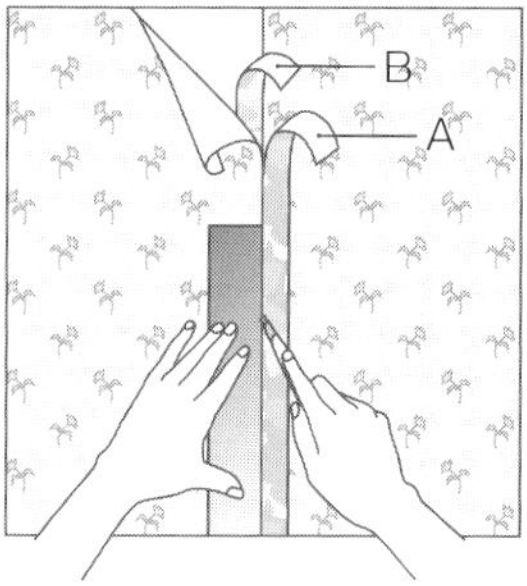

生ノリ付き壁紙には、端にジョイントテープがついているので、Aは切ると落ちる。Bは壁紙を少しはがして取り除き、Cの端に残っているジョイントテープもはがして貼り直すことを忘れずに。ほかのタイプの壁紙を使う場合、表面がデコボコしていてノリがついてしまうと落ちにくそうなタイプなら、マスキングテープを端に貼るなどしてジョイントテープの代わりにするときれいに仕上がる。

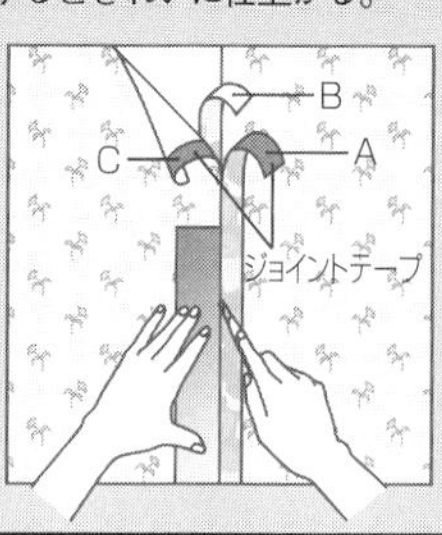

9 継ぎ目に押さえローラーをかける

壁紙用ローラーをかけると、継ぎ目が目立たなくなるうえ、はがれにくくなる効果もある。

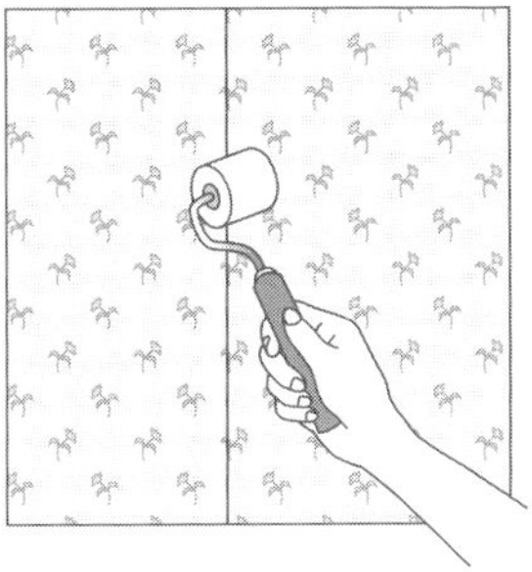

コンセントやスイッチ部分の処理方法

壁紙を貼る前にプレートをはずしておく。壁紙を貼っている途中でその部分にきたら、ハサミで切り込みを入れて周囲を貼り、その後、プレートより小さく余分な壁紙を切り取ってから、プレートを取り付ける。

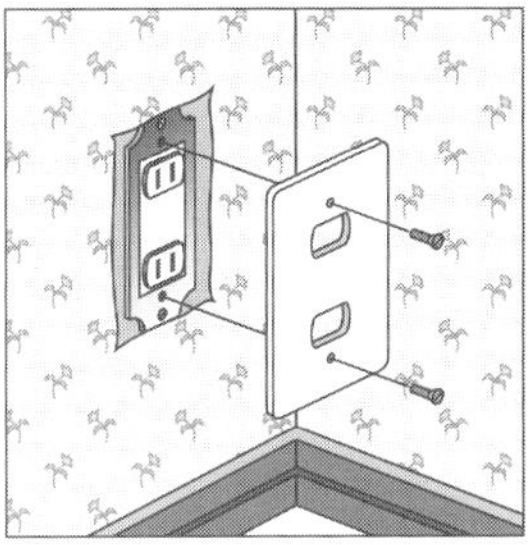

壁紙の種類

再湿壁紙（切手式）
裏面に水をつけると、切手のようにノリが戻るタイプ。

ノリなし壁紙
ノリのついていない壁紙。裏面に壁紙用ノリをノリバケで塗ってから貼る。

生ノリ付き壁紙
壁紙の裏に生ノリを塗布し、ビニールフィルムを貼り付けてあるもので、店頭の見本帳から柄を選んで注文すると、約3～5日で宅送されるシステムになっている。

粘着壁紙（ワッペン式）
裏面に粘着剤が塗ってあり、裏紙をはがして貼るタイプだが、ビニールだけで紙が裏うちされていない粘着シートは、壁に貼るには不向き。

One Point Advice ＞ 壁の材質別リフォーム方法

壁の種類によって、模様替えの方法は異なります。壁に合わせて最適な方法を選んでください。

●ビニール壁紙
貼り替えも簡単にできますが、ビニール壁紙に塗れる塗料もあるので、貼り替える前に塗装してみるのも楽しいでしょう。

●布壁紙
塗装するとなると、下地処理が必要なので、壁紙を貼り替えた方が簡単です。

●プラスター壁
壁紙を貼ることも、塗装することも簡単にできます。

●塗装している壁、化粧合板の壁
壁紙を貼るにも、塗装するにも下地処理が必要になります。

Chapter 6-7

リフォーム

トイレのリフォーム

壁のリフォーム1
塗装する

塗装壁、プラスター壁はもちろん、ビニール壁紙の壁も「ビニール壁紙に塗れる」という表示がある塗料なら塗ることができます。『7-1塗装のための基礎講座』を合わせてご覧のうえ、チャレンジしてみてください。

1 ペンキがついては困る部分をカバーする

壁の汚れを落としてから、床や便器、パイプなど塗料がついたら困る部分を、マスキングテープやビニールシート、新聞紙などでカバーする。ペーパーホルダーやコンセントのプレートなど、ネジ止めされている備品はドライバーではずしておいた方が作業がラク。

また、壁にヒビ割れや穴、壁紙のめくれやはがれがある場合は、『5-4壁の補修』を参考に直してから作業すること。

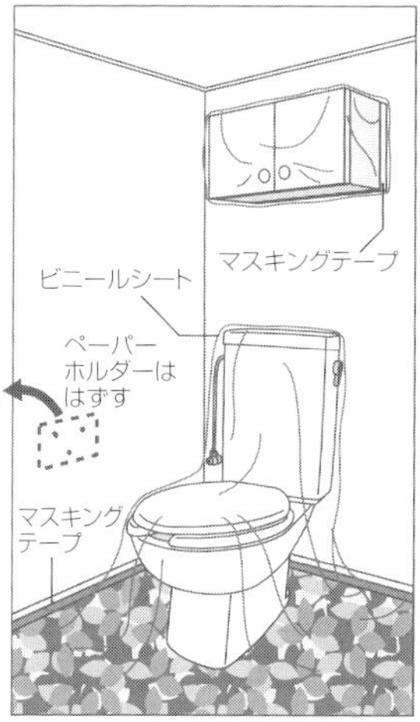

2 細かな箇所をスジカイバケで塗る

塗料をムラがなくなるまで割り箸などで混ぜてから、ムダ毛を除いたスジカイバケを使ってコーナーや収納ボックス、水洗タンク、給水パイプのまわりなど、幅が狭くて塗りにくい場所を塗っていく。

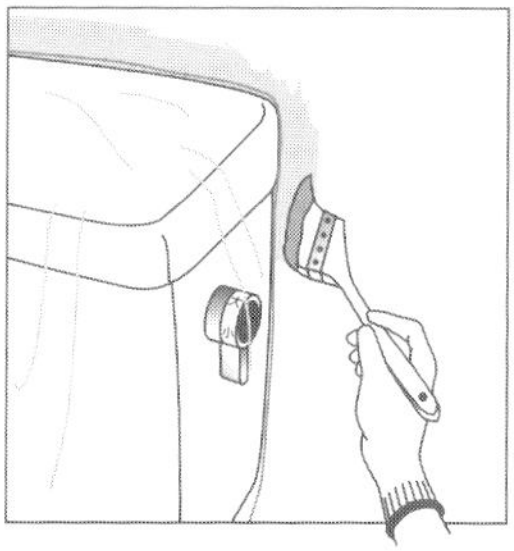

3 ローラーバケで壁全体を塗る

塗料を受け皿に移し、ローラーを何回もころがしてペンキが平均につくようになじませてから、壁の広い部分を塗っていく。あまり早く転がすと塗料がはねるので、ゆっくり転がすように。

4 継ぎ柄をして高いところを塗る

天井に近い高い箇所はローラーバケに別売りの継ぎ柄をつけるとラクに塗れる。天井を塗る場合も、これを使うと便利。

全体を塗り終えたら、塗り残しや模様が透けて見える部分がないかチェックし、塗り足りない箇所があったら二度塗りをする。その後、ペンキが乾く前にマスキングテープをはがし、カバーに使ったビニールシートや新聞紙をはがす。ドライバーではずした備品は、完全に乾いてから取り付けるようにする。

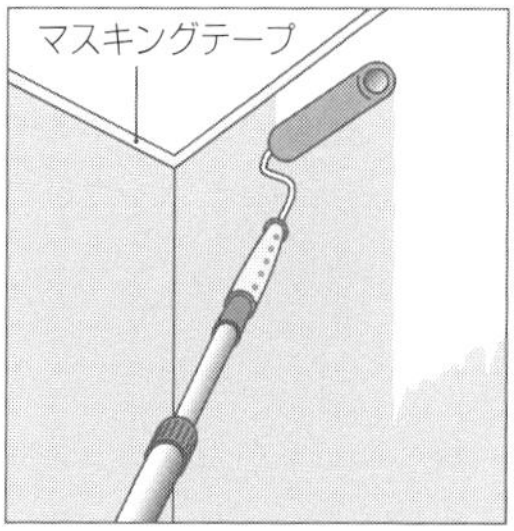

壁のリフォーム 2

壁紙を貼る

現在、壁紙を貼っている場合はもちろん、プラスター壁などの場合も、下地処理をすれば新しい壁紙を貼ることができます。ここではトイレに貼る場合のポイントをご紹介します。詳しくは『6-6壁紙の貼り方』を参照してください。

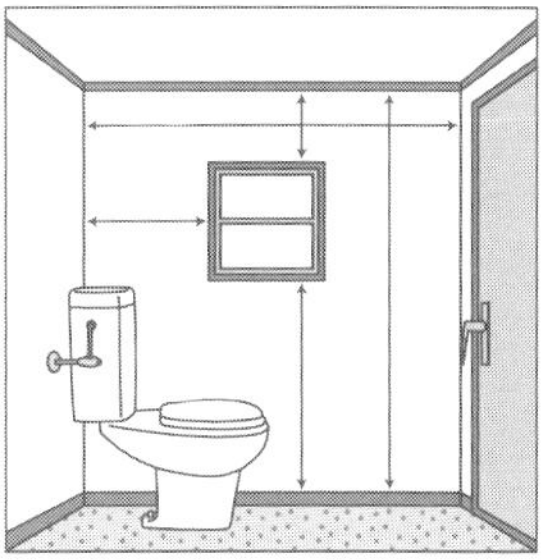

1 壁のサイズを測り、壁紙を裁断する

ペーパーホルダーや水洗タンクのフタなど、はずせるものはできるだけ取りはずしたあと、各部分のサイズを測り、継ぎ目の位置を決めるなど、貼る計画を立てる。壁紙は上下それぞれに 3 ㎝の余分を加えて切る。柄のある壁紙の場合は柄合わせをするための余分も必要。

2 壁紙を貼る

糸を吊るして垂直を確認して、まっすぐに壁紙を貼り、なでバケで空気を追い出しながら貼る。

上下の余分などはカッティング定規を当てて切り取る。継ぎ目部分は重ねて貼ってから、中央をカッターで切り、壁紙の端を取って貼り直すようにする。

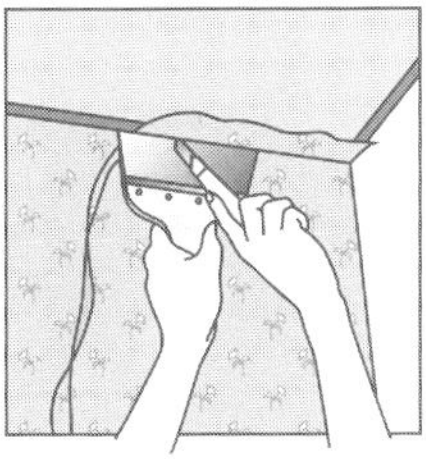

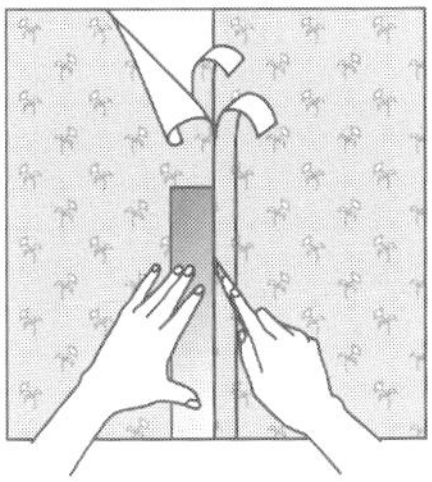

3 パイプの取り付け部分

丸いカバーをずらしたのち、目立たない方向から壁紙に切れ目を入れてパイプの周囲に貼る。パイプのまわりは、あとカバーで隠せる程度に細かく切れ目を入れながらピッタリ貼り、余分は切り取る。カバーを元通り戻せば完了。

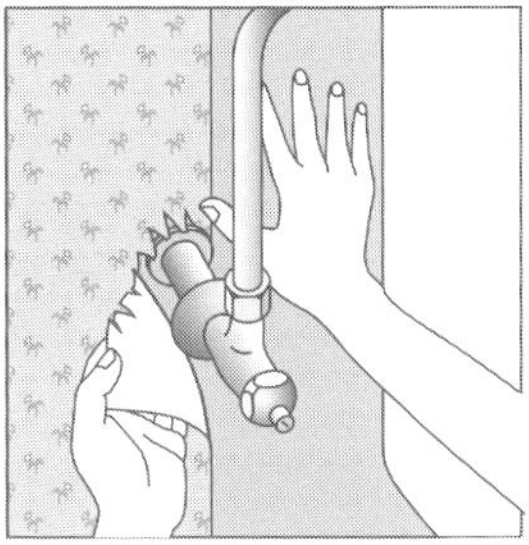

4 タンク部分の貼り方

切り込みを入れながら周囲を貼る。余分は切り取って、タンクの裏に押し込むようにしながら貼っていくとよい。タンクのフタの部分は、フタで隠れるところまで貼るようにする。

床面のリフォーム

クッションフロアを敷き込む

1 床のサイズを測る

建物が歪んでいる場合もあるので周囲四辺を測ったあと、壁から便器までの間を正確に測って便器の位置を確認する。

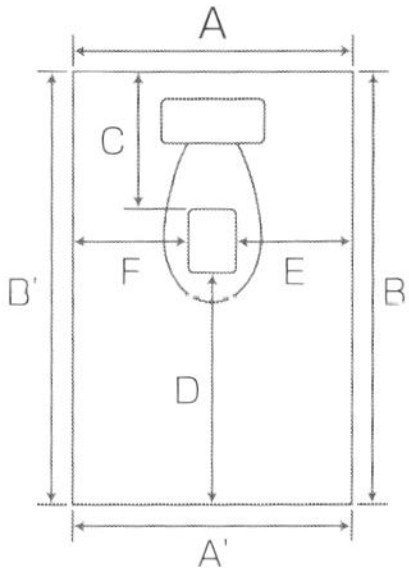

2 便器の型紙をとる

包装紙くらいのしっかりした紙に切り込みを入れ、便器が入るくらいのだいたいの大きさの穴を開けて便器のまわりにはめ込む。

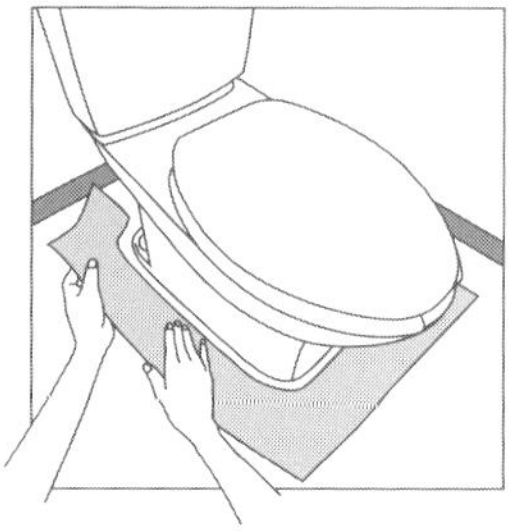

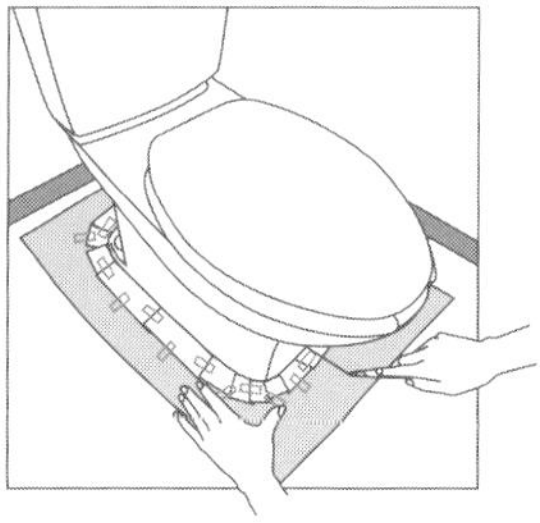

3 クッションフロアを裁断する

クッションフロアを表にして最初に測った四辺のサイズよりも1㎜程度、大きく切る。

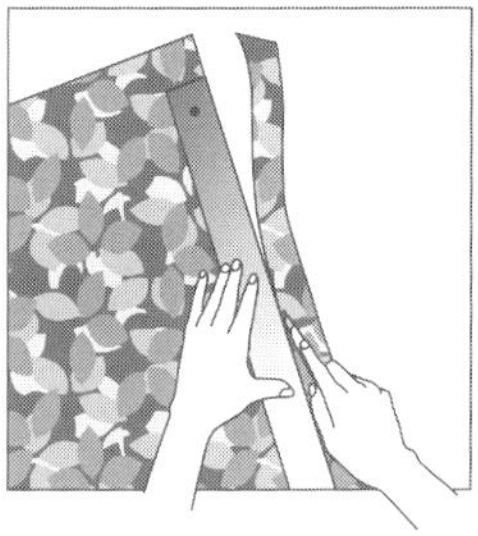

4 便器の型を当てて切り抜く

裁断したクッションフロアの端から、C、F、E、Dの距離を測り、それに合わせて便器の型を取った型紙を置いてズレないようにテープで止める。水性ペンで便器の型を移してから型紙をはずし、カッターでていねいに切り抜く。そのあと、便器の後ろになる側に定規を当てて、直線に切り込みを入れる。

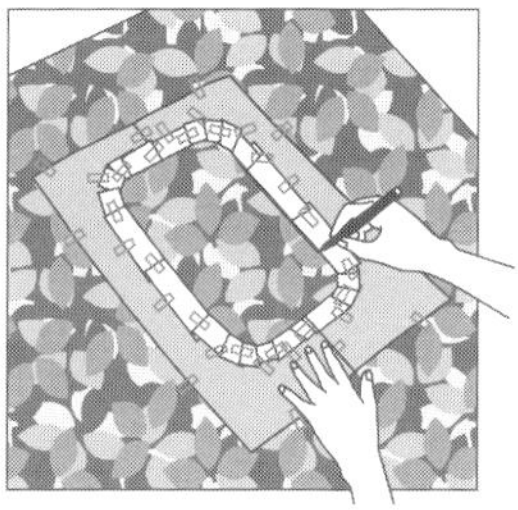

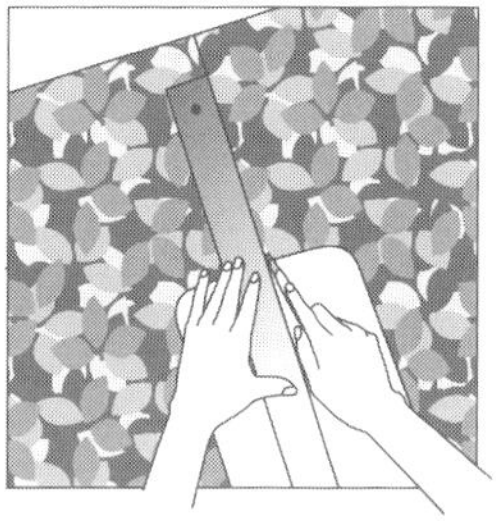

5 床に両面テープを貼る

床の汚れを落としてから、壁側の周囲と便器の後ろ側の継ぎ目になる部分にクッションフロア用の両面テープを貼る。便器のまわりは適当な大きさに切って貼るとよい。

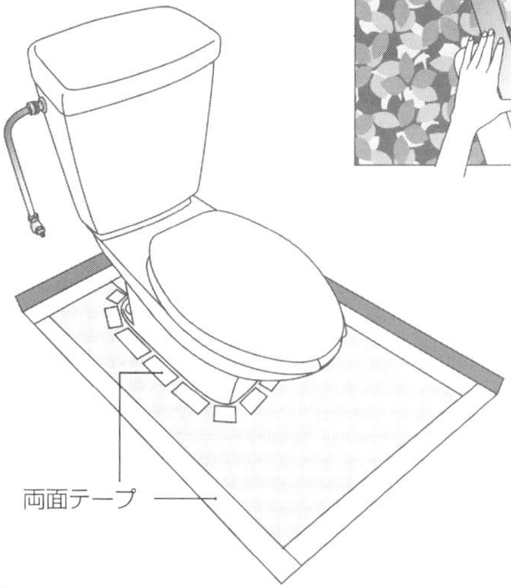

6 床材を敷き込む

両面テープの表面の紙はそのままにしてクッションフロアを敷き込み、サイズが合っているかどうか確認する。

ＯＫなら、両面テープの表面の紙を少しずつはがしながら、クッションフロアを固定していく。

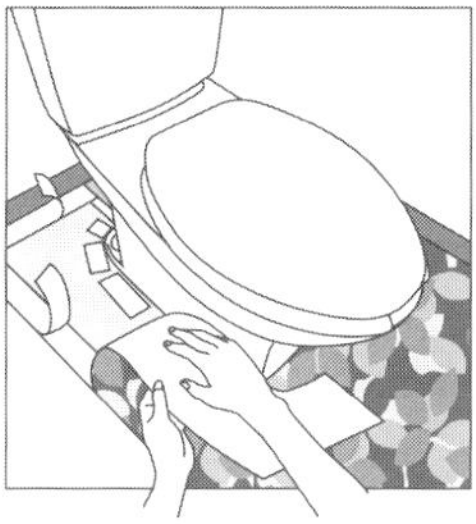

7 充てん剤でコーティングする

水がしみこまないように、便器のまわりと後ろの継ぎ目をシリコン系充てん剤で埋める。このとき、埋める部分の両際にマスキングテープを貼ってから充てん剤を絞り出し、付属のヘラか指に水をつけて押しつけるようにならしてから、マスキングテープをはがすときれいに埋めることができる。

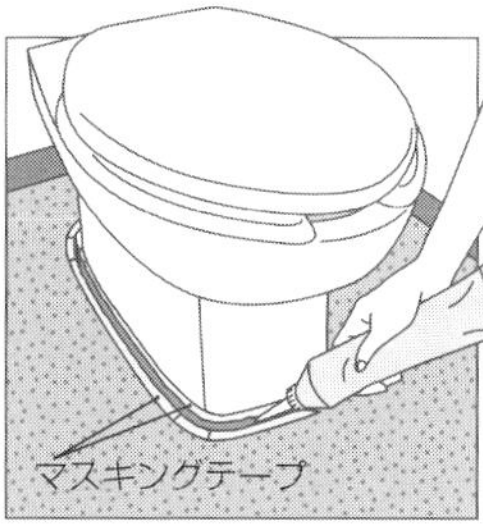

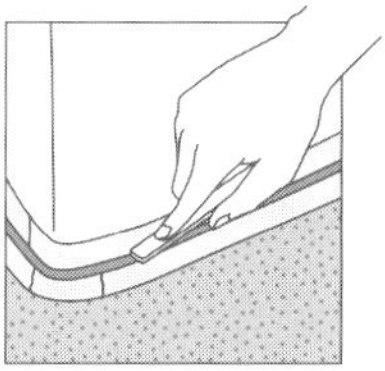

One Point Advice ＞ペーパーホルダーの交換

トイレのリフォームのついでにペーパーホルダーも交換してみませんか。ワンタッチペーパーホルダーに替えれば、トイレットペーパーの交換もたいへんスムーズになります。

1.現在、使用中のペーパーホルダーと同じ位置に取り付けたい場合は、ネジの位置を測り、市販のワンタッチペーパーホルダーのネジ穴の位置と合うかどうか確かめること。

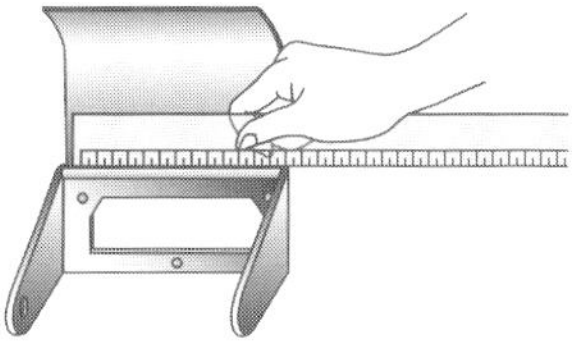

2.ネジを緩めて使用中のペーパーホルダーをはずし、ワンタッチペーパーホルダーを取り付ける位置を決めたら、ワンタッチペーパーホルダーの裏面についている両面テープの表の紙をはがして接着したあと、ネジでとめる。このとき１本ずつ最後まで締めないで、３本をある程度締めて、位置を確認してからしっかり締めるのがコツ。

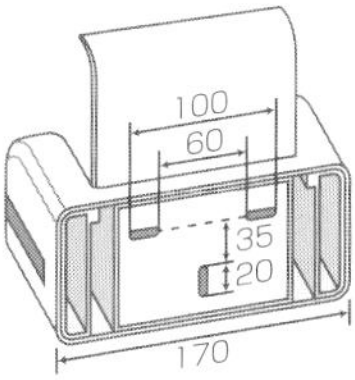

※壁がネジのきく木製で、塗装あるいは壁紙を貼ってリフォームする場合は、古いホルダーをはずして穴を埋めてからリフォームすれば、ネジの位置を気にせず好きな場所に取り付けることもできます。

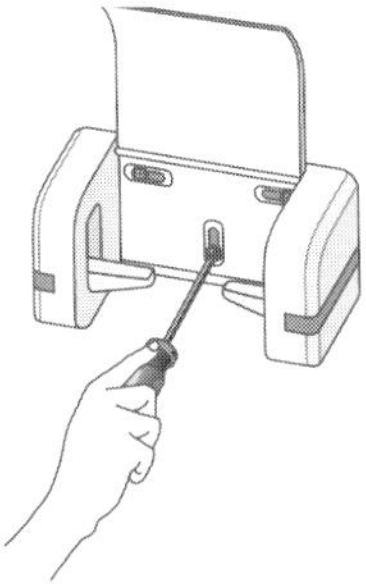

Chapter 6-8

リフォーム

押入れの改造法

押入れはふとんの収納に適した規格で作られていますから、それ以外のモノをしまうとなると、意外と不便だったり、デッドスペースができたりします。そんなときは思い切ってリフォームして、モノがしまいやすく、出しやすい収納場所に変身させましょう。

中段のはずしかた

中段をはずせば、ワンピースやコートといった長い衣類をかけたり、スキーやゴルフバッグなど長いものを収納するのに便利です。

1 左右の端をとめている板のクギをクギ抜きで抜いて、板をはずす。

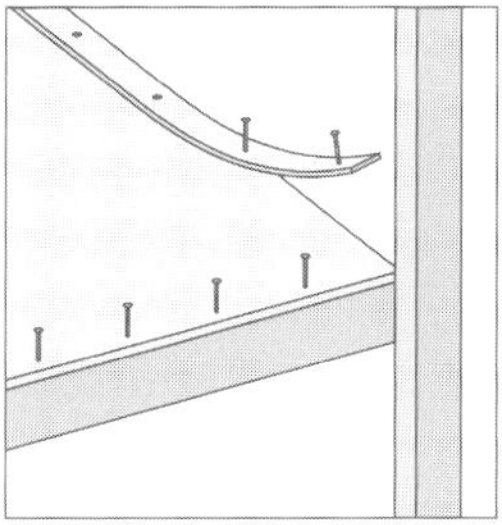

2 クギ打ちされている上板をはずす。この場合、カナヅチで下からたたいてクギを浮かせてからクギを抜くようにすると簡単に抜ける。

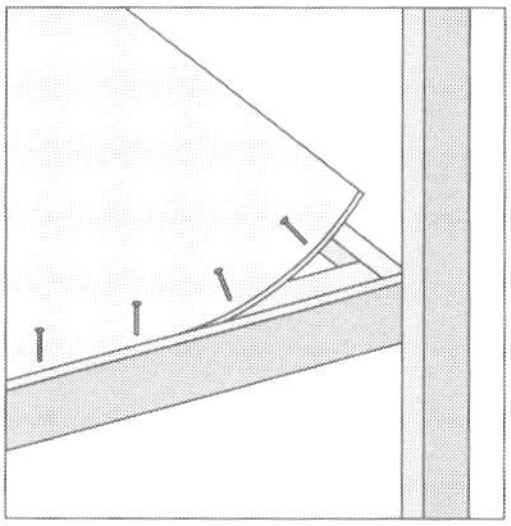

3 桟をはずす。これも上板と同じように、カナヅチで下から叩いてからクギを抜くとよい。

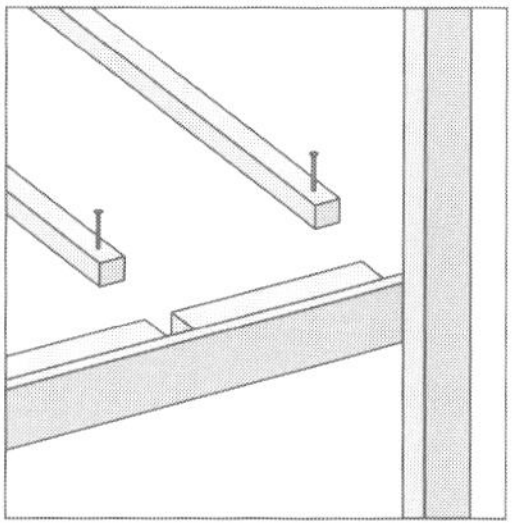

4 前板を左右の柱に止めている大きなクギをクギ抜きで抜いて前板をはずす。

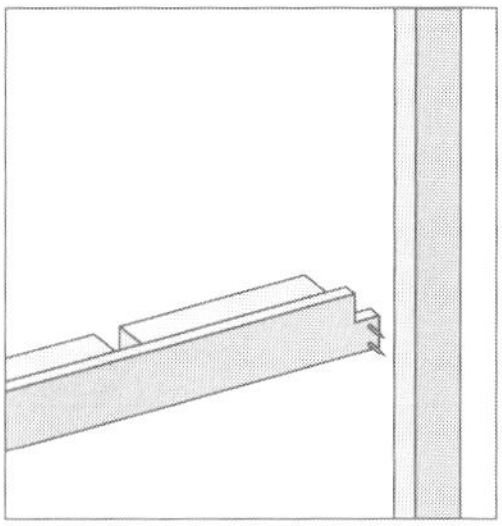

中板がはずれない場合

まれに、壁際の桟と前板を組んでクギ打ちしてから押入れ内部の壁を仕上げている住宅があります。この場合は、壁を壊さないと前板をはずすことができません。そんなときは、柱にそって前板をノコギリで切り落とすのも方法です。ただ、これを切ってしまうと元の状態には修繕できませんから、借家などの場合は避けたほうが無難です。

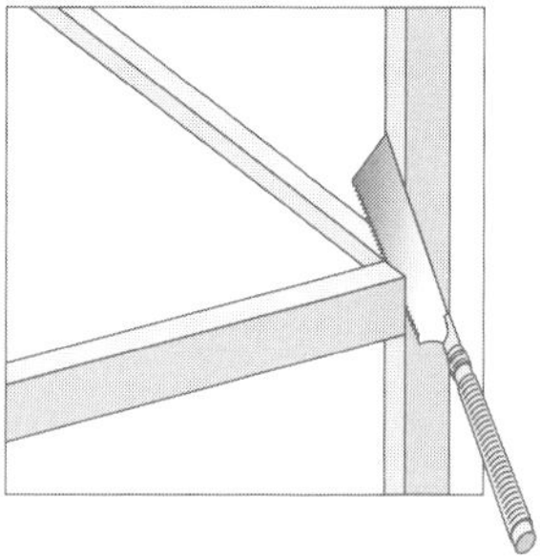

縦仕切りの入れ方

桟を組んで合板を貼る方法

角材で押入れのサイズに合った桟を作ります。押入れは天井や床の下地に構造材が入っているので、それをたよりにクギ打ちしてください。はじめに奥と手前の縦桟を入れてから、上下の横桟、最後に中の縦桟を入れるようにします。このとき、上の横桟は天井の構造材を利用してもかまいません。クギの打ち方は右のイラストを参考に。斜めにクギを打つ際は、キリで下穴を開けてからクギ打ちし、クギジメでしっかりたたき込むようにします。最後に両面、あるいは片面に3㎜厚の合板をクギ打ちすれば完成です。

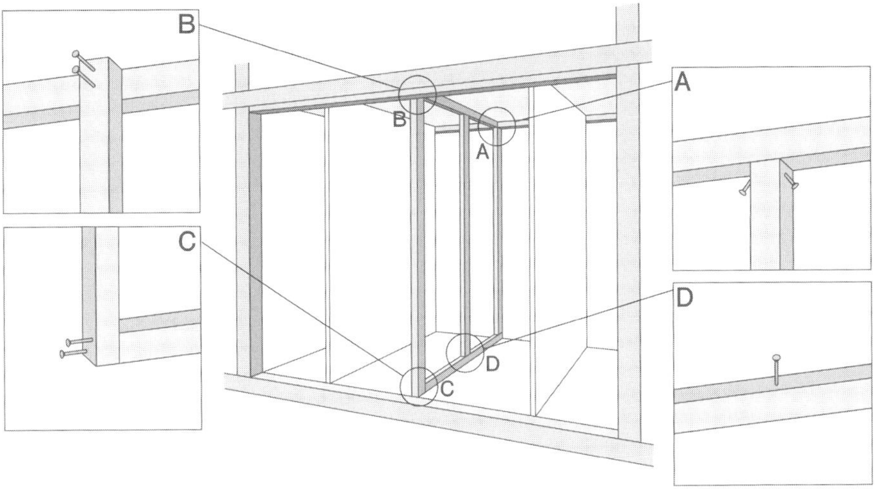

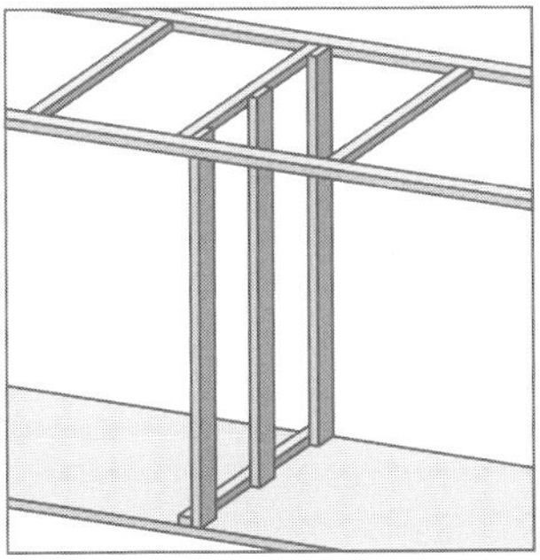

縦仕切りを簡単に入れたい場合は、天井の構造材の位置に合わせて床に横桟を打ち付け、それに縦板をクギで打ち付ける方法もあります。

押入れ収納グッズで収納力アップ

大掛かりなリフォームをしなくても、収納グッズを使えば、収納しやすい押入れにすることが可能です。上手に使いこなして、押入れを有効利用しましょう。

パイプハンガー、伸縮ハンガー

クロゼットのようにハンガーに掛けた衣類などを吊るすことができます。
パイプハンガーは、押し入れの天井の桟にパイプ受けを木ネジでとめて取り付けます。また、ネジ止めの必要のない伸縮タイプのパイプハンガーもあります。
サイズに合わせて高さや幅を調整することができる置き型も便利でしょう。

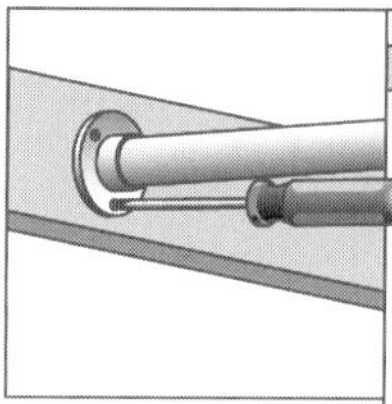

キャスター付きラック

いろいろなタイプが出回っているので、押入れのサイズや収納するものに合わせて使い分けすると効果的。キャスター付きなので荷物を入れたままラックごと出し入れできるため、奥の深い押入れも無駄なく活用できます。

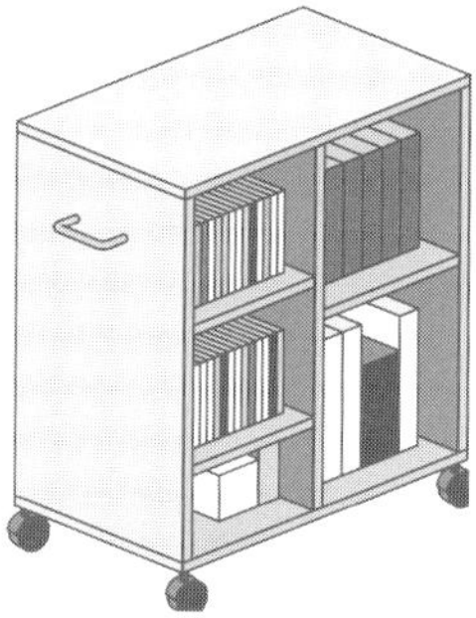

収納ラック

押入れタンスだけでなく、いろいろなタイプ、サイズのものが販売されています。どこに何をしまっているかがわかりやすい半透明な素材が便利です。

ふとん棚

ふとんを取り出しやすく、しまいやすく、そして無駄なく収納することができます。通風がよくなるので、湿気対策にもなります。

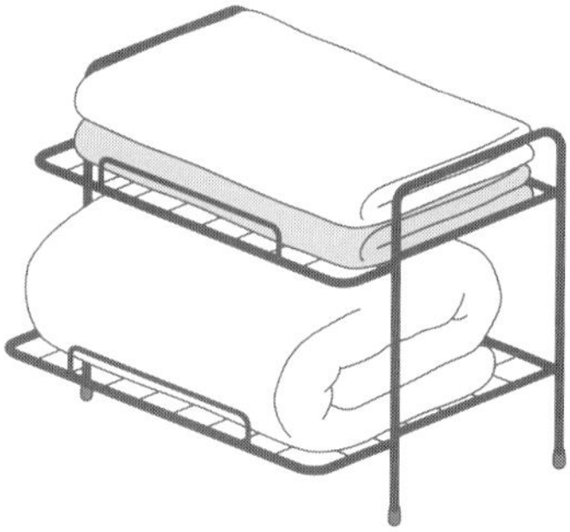

棚のつけ方

棚をつける場合は、壁と縦仕切りに受け木を取り付け、それに板をのせるようにします。棚板は厚さ15㎜くらいの合板を使ってもしなってくるので、縦仕切りと同じように角材で桟を組んでから化粧合板などを表面に貼るようにしたほうがよいでしょう。

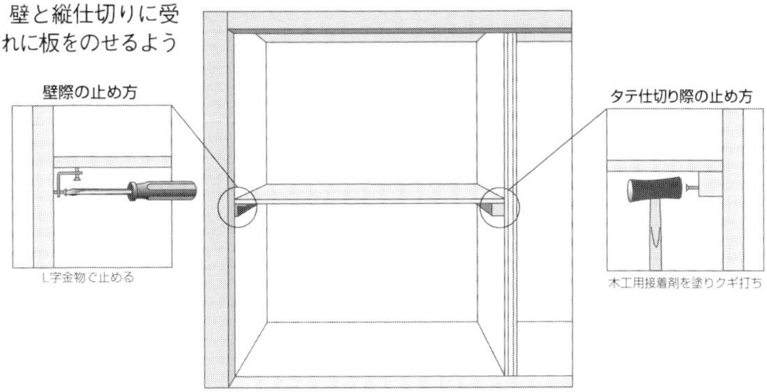

奥や横の壁面に棚をつけたいときは、棚受けレールを利用するのも手。これなら段数や段の高さが自由に変えられるので、たいへん便利です。壁面が合板貼りの場合は、合板をクギ打ちしてある部分の構造材にネジ止めを。

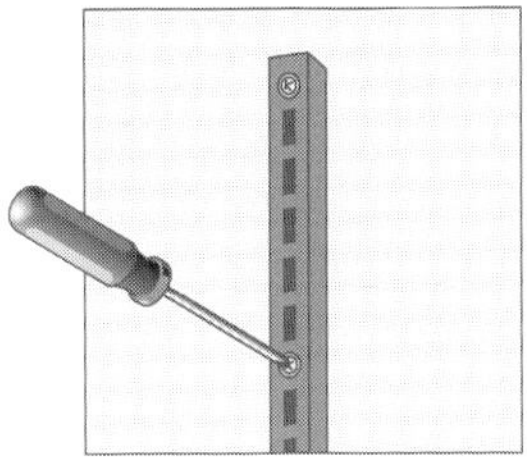

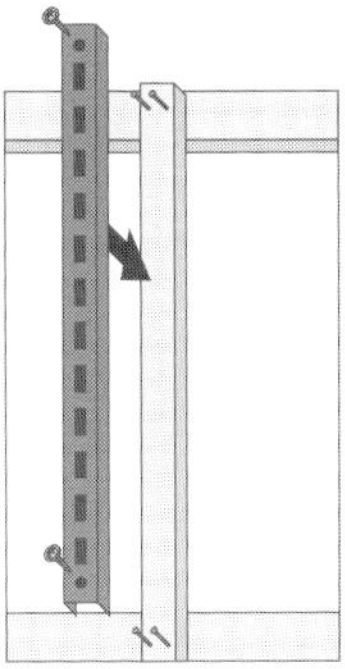

塗り壁になっている場合は、横桟に角材をクギでとめてから取り付けるようにします。

One Point Advice > 押入れの活用アイデア

押入れの中段を床から72㎝くらいの高さにすると、デスクがわりに使うこともできます。壁面や天井には壁紙を貼り、床は15㎝以上の厚さの合板などを敷いて補強してからカーペットかクッションフロアを敷けば、ちょっとした家事コーナーや勉強のためのスペースが出来上がります。

Chapter 6-9

リフォーム

家具のリフォーム

古くなったり、部屋に合わなくなった家具。買い替えを考える前に、自分での修理、リフォームに挑戦してみませんか。ちょっとの工夫と手間で、インテリアにピッタリなオリジナル家具に生まれ変わります。

イスの座面を張り替える

座面だけが布張りで、枠と座面がネジ止めされているタイプのイスなら自分で張り替えることができます。古い座面の布をはずさず、上からかぶせる方法なので、とても簡単にできます。

1 枠と座面を固定しているネジをはずして、座面をはずし、新しい布を座面よりひとまわり大きく裁断する。

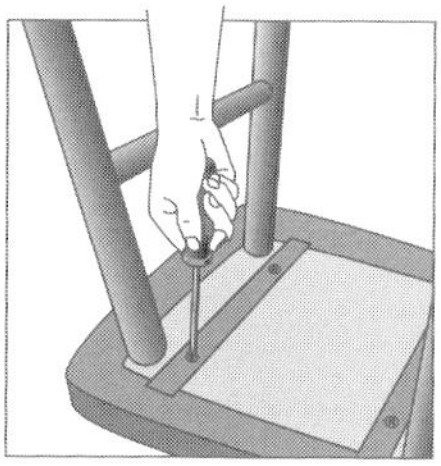

2 布を座面に止めるには、ミニタッカー（ホビーホッチキス）という、針を打って布や紙を木などにとめる道具を使う。しっかり押さえ付けてレバーを握ると針が出てくるようになっている。初心者はカマボコ板などに試し打ちをして感覚をつかんでから使用するとよい。

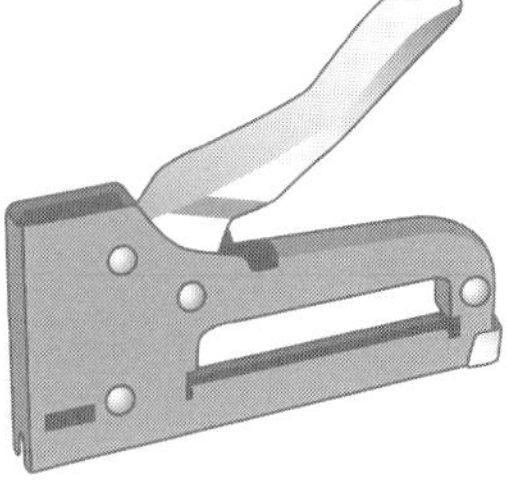

3 四角いイスの場合は、まず前側になる部分の辺からとめていく。辺の真ん中をとめ、そこから四隅の手前まで左右交互にとめていく。タッカーを打ち損なった場合は、針にマイナスドライバーを差し込んで起こし、ペンチなどで引き抜いてから打ち直せばよい。

4 前面をとめたら、次に後面、そして左右の順でとめていく。このとき、ネジ穴にタッカーを打ちこまないように注意。

5 四辺をとめたら背もたれ側の角の始末を。角の頂点を折り返して、左右に均等にヒダを寄せながら折り返してタッカーで固定する。このとき、角のカーブの曲線に合わせることと、表面の布が曲がらないように注意。うまくいったら、前面側も同じようにしてとめる。

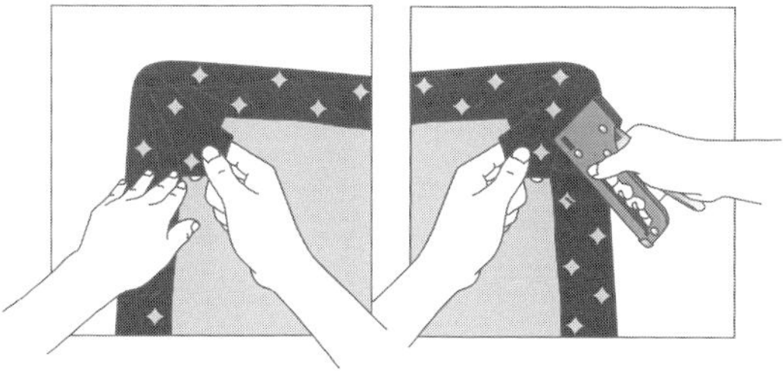

6 ネジ穴が隠れた部分の布を切る。切り込みを入れた部分の布は、タッカーを打って押さえる。

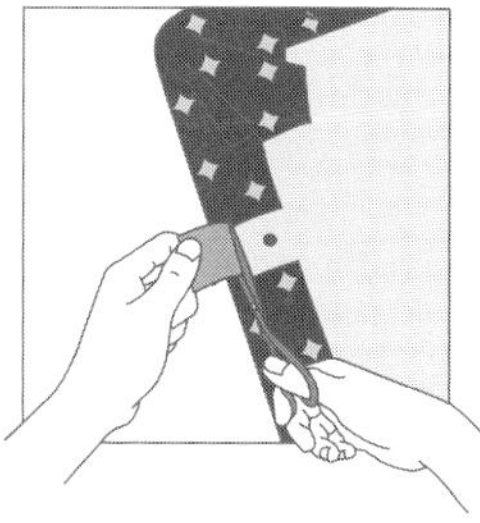

7 布を張った座面の表全体に防水スプレーをたっぷりかける。こうしておくと、汚れがつきにくくなる。最後に、元通りイスの枠に座面をネジ止めする。

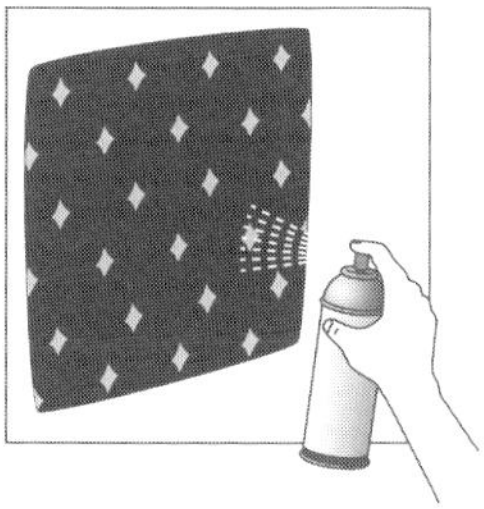

丸イスの場合も同様に。布を止める場合は、背もたれ側、反対側、左右片方ずつの順で1カ所とめてから、カーブにそってヒダを寄せながら順にとめていくようにする。

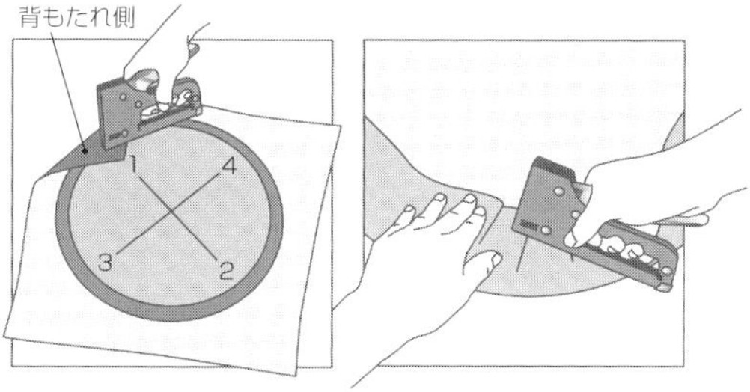

One Point Advice > 家具の修理

●木目の家具のキズ

フローリングのキズ隠しなどに使う筆ペン式着色補修剤が便利。家具の色よりやや薄めの色を選んで、目立たない場所で試し塗りをしてからキズを塗るようにしてください。木目部分が切れている場合などは、少し濃い色で木目の線を描けばより目立たなくなります。

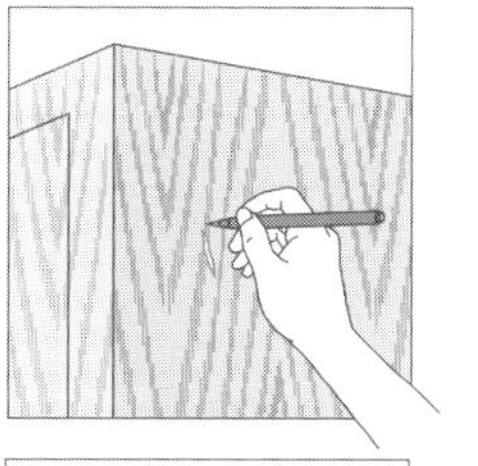

●木目以外の色の家具のキズ

水性絵の具を家具の色と同じに調色して塗ればＯＫ。ポイントは混ぜる際に水を加えないこと。筆も水分を拭き取ってから使用しましょう。絵の具が乾いたら無色透明のマニキュアかマニキュアのトップコートなどを絵の具を塗った部分よりひとまわり広めに塗ってガードします。

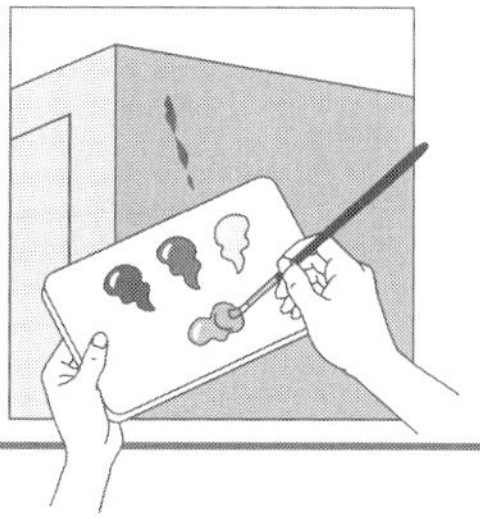

粘着シートを貼る

裏紙をはがすだけで簡単に貼れる粘着シートを使えばタンスや本箱など平面が多い家具のリフォームが簡単にできます。貼るものの材質を選ばないので、木製やスチール製の家具にもOK。粘着壁紙やカッティングシートなど、種類も豊富で、色、柄も自由に選べます。

1 取っ手など、ネジ止めされていて取り外せるものはできるだけはずす。組立式家具の場合、分解してもう一度組み立て直せるものならばらして作業したほうが楽。

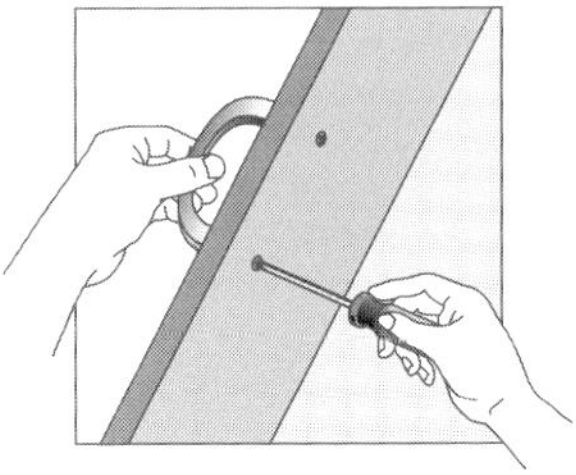

2 シートを貼りにくい枠や引き出しの厚み部分は、シートに合わせた色でペイントする。この部分は、枠の幅とピッタリなサイズの粘着テープや、サイズに合わせてカットした粘着シートを仕上げの段階で貼る方法もある。

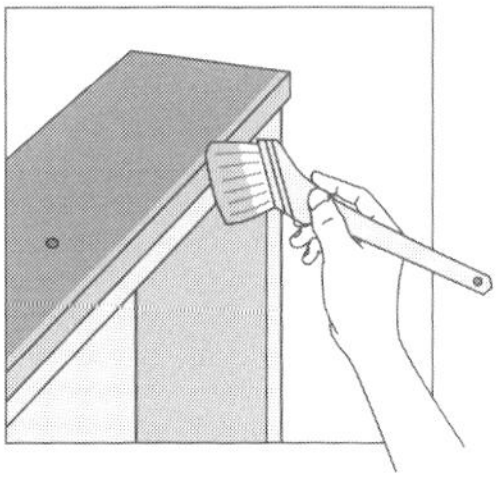

3 各部分の幅、高さを測り、それより若干大きめに粘着シートを裁断する。

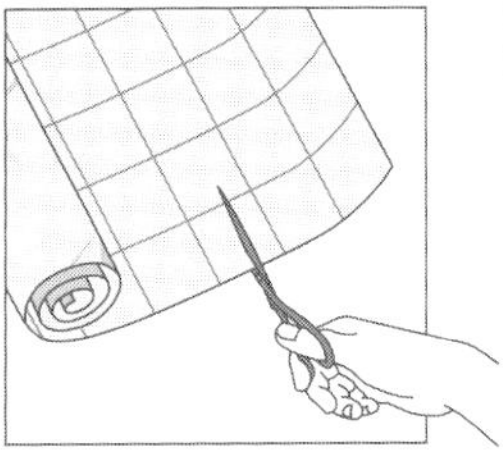

4 引き出しの面など小さな箇所は裏紙をはがしてから、曲がらないように気をつけて貼りつける。そのあと、カッティングシート用ゴムゴテで空気を追い出す。

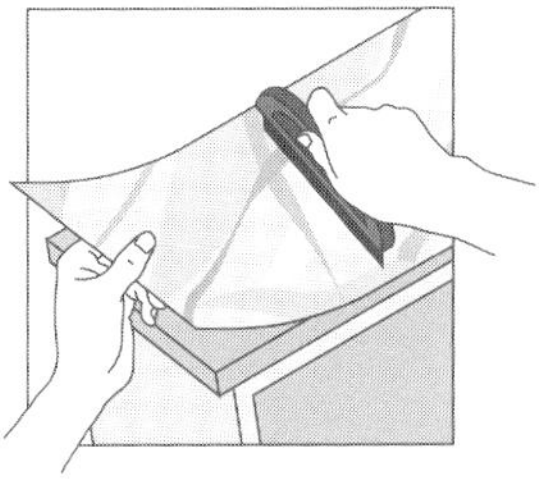

5 広い面は、裏紙を少しはがしてから端に真っすぐに貼り付け、裏紙を少しずつはがしながら、ゴムゴテで空気を追い出すようにして貼っていく。

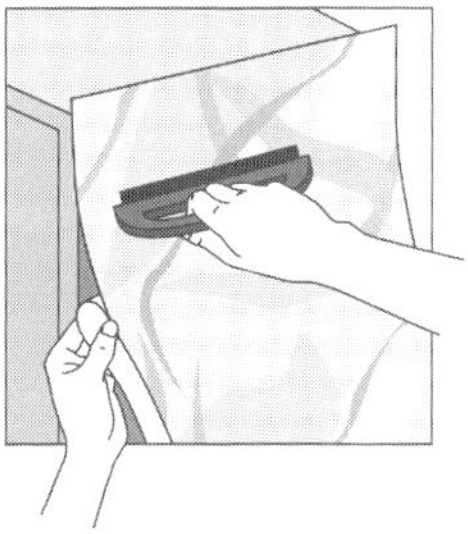

6 空気が入ってしまった場合は、針で穴をあけて空気を追い出せばきれいになる。

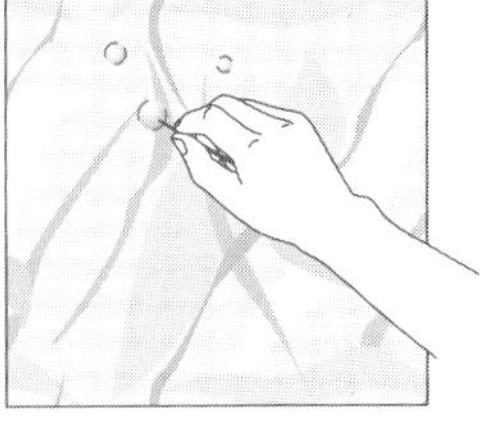

7 シートの余分を、カッターで切り取る。このとき、ほんの少し内側を切るようにカッターの刃をやや斜めに当て、スーッと一気に切るのがポイント。切り口がギザギザになったり、家具からはみ出ているとひっかかって破れやすくなるので注意。

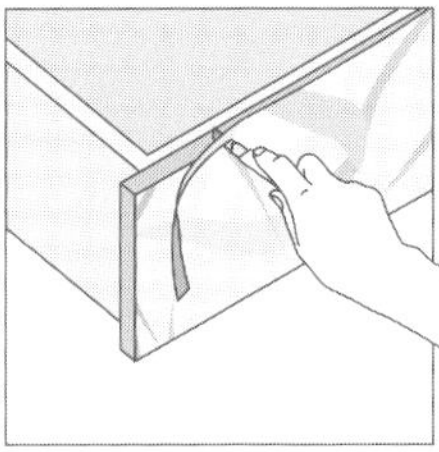

8 取っ手がついていた部分のシートにキリなどで穴をあけ、取っ手を差し込んで、元通りにネジ止めする。
このとき、つけ根の幅が合うものを選べば、取っ手を新しいものに交換することも可能。つけ根の幅が自由に変えられるタイプのハンドルも市販されていて、これならほとんどの引き出しに取り付けることができる。

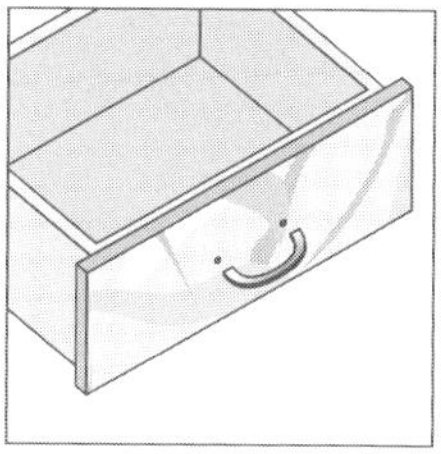

ペイントする

気に入った粘着シートがない場合、またテーブルやイスの脚など粘着シートが貼れない部分は塗装しましょう。ペンキには油性と水性があり、家具にはどちらも使えますが、家庭で使うには乾燥時間が短く、後始末も簡単な水性が使いやすいでしょう。塗料や道具の選び方、扱い方については、『7-1塗装のための基礎講座』を参照してください。

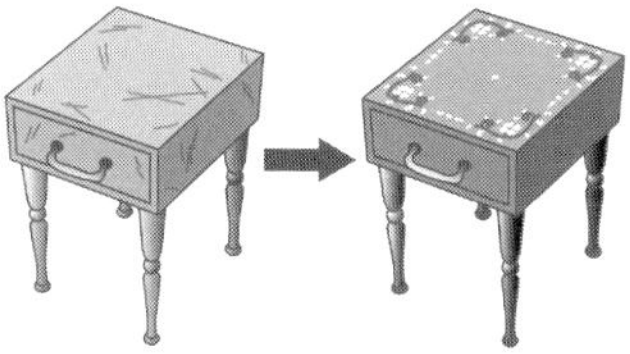

1 取っ手などを取り外してから、塗料のくいつきをよくするためサンドペーパー（240番くらい）を全体にかける。

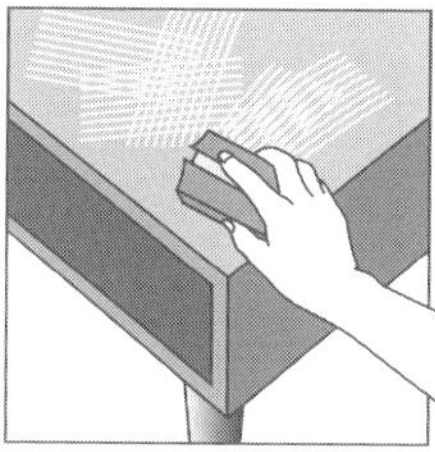

2 取り外せなかった取っ手や鍵穴、引き出しの内側との境部分など、塗料がついたら困る部分にマスキングテープを貼って保護する。また、床には塗料が落ちてもいいように新聞紙やビニールシートを敷いてから作業を始めること。室内で作業する場合は換気にも注意。

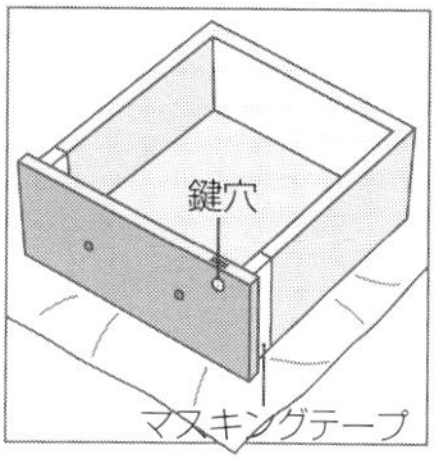

3 広い面はコテバケ、狭い面や端の部分はスジカイバケとハケを使い分けるときれいに塗れる。缶に「1回塗り」と表示されている塗料は塗った塗料が乾かないうちにもう一度塗るのがきれいに仕上げるコツ。

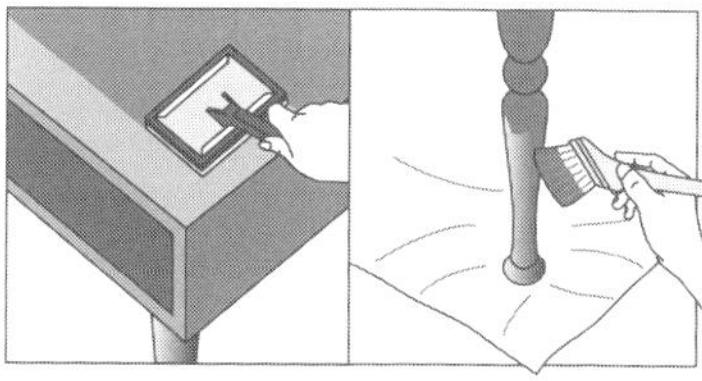

4 色の発色をよくするには、白の塗料での下塗りが大事。特に、パステルカラーなど、淡い色に仕上げたい場合は必ず、下塗りを。
また、白や淡い色を塗ったあと、ハケの先だけにペンキをつけ、わざとムラになるように塗るテクニックを使えば、アンティーク風な家具に仕上げることができる。ペイントした上からステンシルやトールペイントを施すのも手。

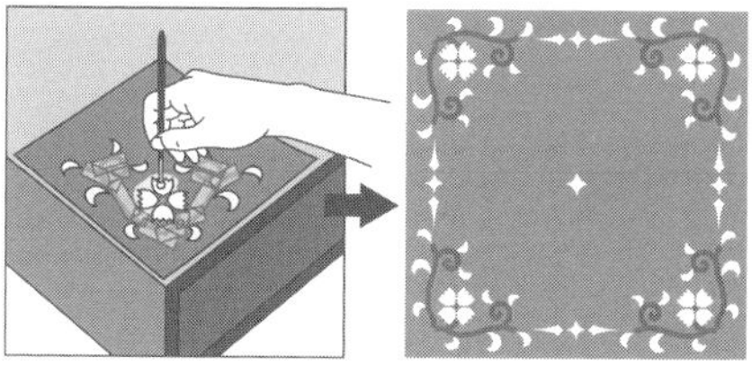

Chapter 7-1

ペイント

塗装のための基礎講座

住まいのメンテナンスやリフォーム、木工工作をする際、塗装の知識があれば、さまざまなことにトライできます。塗料や用具の正しい使い方を覚えて、ＤＩＹに活かしましょう。

塗料の知識

選び方

鉄部用、木部用など数種類あるので、塗る場所に合わせて選びましょう。また、塗料には水性と油性がありますが、家庭で使うには扱いやすい水性塗料がおすすめです。水性というと、水に濡れる場所には使えないのではと思われる方もいるかもしれませんが大丈夫。水性塗料は濡れているうちは水に溶けますが、いったん乾けば油性塗料とあまり変わらないしっかりした油膜を作ります。耐久性もほぼ同じなので、浴室や屋外にも安心して使用してください。

うすめ液の使い方

塗料が濃い場合、また使用後の用具や手、衣類などについた塗料を落とす場合には、うすめ液を用います。水性塗料の場合は水、油性塗料はペイントうすめ液、ラッカースプレーなどはラッカーうすめ液を使ってください。塗料の缶に適したうすめ液が明記されているので確認して使用しましょう。

残った塗料の保存法

水性塗料はきちんとフタをしておけば大丈夫です。ただ、水を加えたものは水が腐るので約半年しかもちません。水でうすめる必要がある場合は、使う量だけ別の容器に移して水を加えるようにしましょう。油性塗料の場合は、空気に触れると固まってしまうので、表面にペイントうすめ液を少し入れて混ぜずにフタをします。水性、油性ともフタが缶の場合は、当て木をしてカナヅチで叩くなどしてきつくしめましょう。プラスチックの容器はきちんとフタをすれば大丈夫です。

塗る前によく混ぜる

よく混ぜないで塗料を塗ると、ムラになったり、色が変わることがあります。割り箸や混ぜ棒などで缶の底からよく混ぜ合わせてから塗り始めるようにしましょう。塗料にうすめ液を加えた場合もよく混ぜてください。

塗装用具の種類と使い方

コテバケ
平らな面を手早くきれいに塗ることができるハケ。継ぎ柄がつけられるので、高いところも楽に塗れる。

ローラーバケ
コテバケと同様に広い面を塗るのに便利だが、これだと表面に凹凸があってもきれいに塗ることができる。これにも継ぎ柄がつけられる。

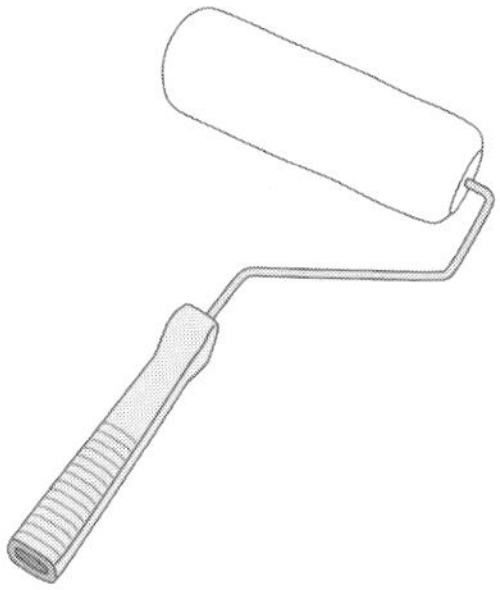

平ハケ
広い面を塗るのにプロがよく用いるハケだが、コテバケやローラーバケを使ったほうが作業性がよく、きれいに仕上がる。

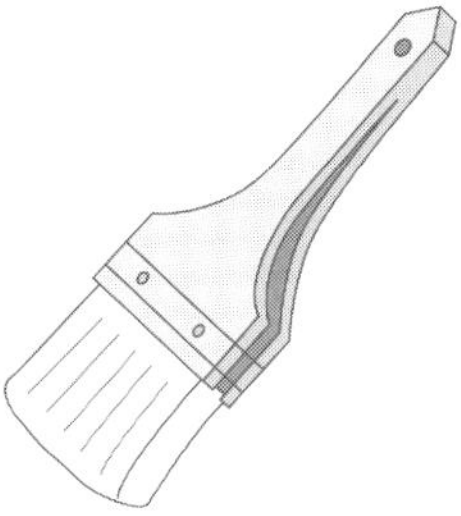

スジカイバケ
コーナーや隅といった狭い場所や家具の脚など細かな部分を塗るのに適している。水性用と油性用があるので塗料に合わせて選ぶ。

ミニコテバケ
スジカイバケと用途は同じだが、塗装に慣れてない人はこちらのほうが使いやすい。

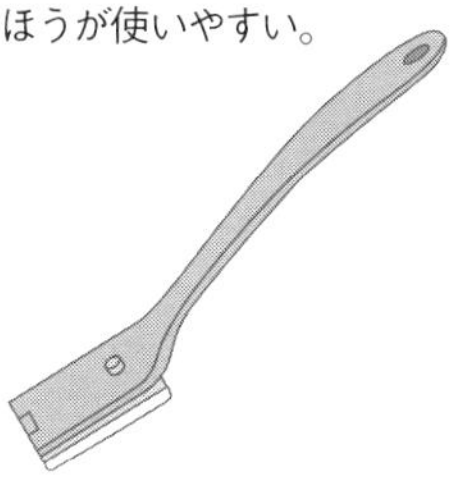

ニスバケ
ニスやステインを塗る際に用いる。

すきま用ハケ
門扉やベランダのすきまなどを塗る際にたいへん便利なハケ。

受け皿
コテバケやローラーバケなどを使う場合は、塗料を缶から容器に移して使うようにする。

塗装用具の使い方

新しいハケのおろし方

新しいハケをいきなり使うと抜け毛が塗装面についてきれいに仕上がりません。ハケの柄を両手で挟んでクルクル回して毛を浮かしてから、手でよくしごいて抜け毛を取り除いて使用するようにしましょう。

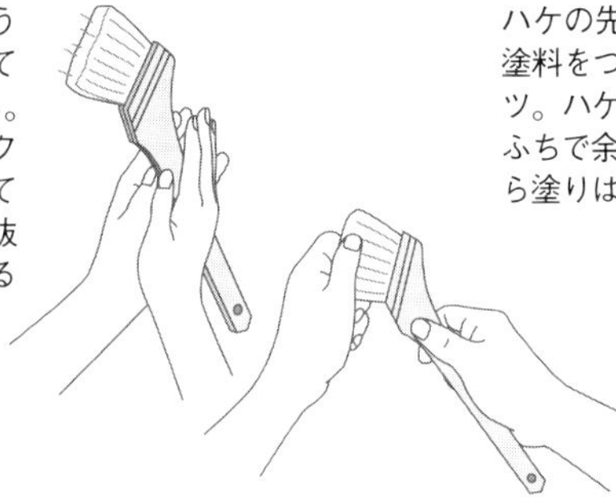

塗料のつけ方

ハケの先から2/3くらいまでに塗料をつけるのが上手に塗るコツ。ハケに塗料をつけたら缶のふちで余分な塗料を落としてから塗りはじめます。

コテバケとローラーバケの使い方

コテバケは、塗料を受け皿に移して塗料をつけ、受け皿の高い部分でよくしごいてから塗り始めます。塗る際は、コテバケを手前に引くように動かして塗るとうまくいきます。ローラーバケは、受け皿で塗料をつけてから、受け皿の高い部分で数回転がし、塗料を均一につけてから塗り始めるようにします。塗る際は、最初にW字に塗料を配り、その後、塗料をのばすようにまっすぐ手前に引いて塗っていくようにします。

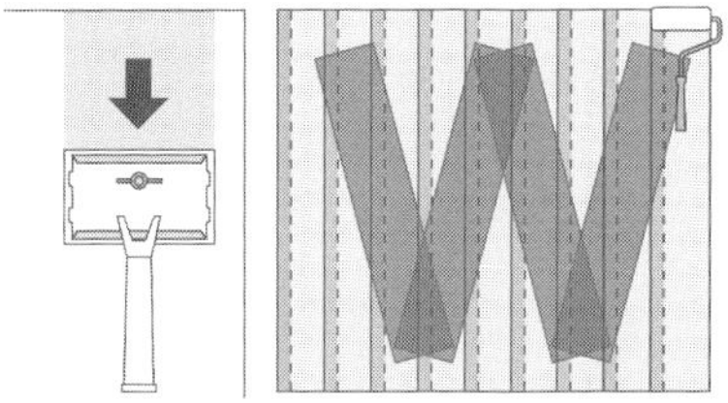

使用中のハケを固めないために

塗料がついたハケをそのままにしておくと表面が固まってしまいます。塗装中でもしばらく使わないハケは水の中に入れておけば固まりません。これは塗料が水性でも油性でもＯＫですが、再度使い始める前にはハケの水分をよく拭き取ってください。また、塗料が固まりかけたハケはラッカーうすめ液につけておけば使えるようになります。

きれいに塗装するためのポイント

雨の日、寒い日は避ける

ペイントする場合は、できるだけ晴れた日を選びましょう。梅雨どきや雨の日など、湿度が高いときに塗ると、塗膜が白くにごったり、なかなか乾かないなどして、きれいに仕上げられません。また、冬の気温が低いときもＮＧ。特に、水性塗料は、気温が５℃以下のときに塗ると、乾いたあと簡単にはがれてしまいます。

風通しをよくする
油性塗料やラッカースプレーを使う場合は、ニオイがこもると危険なので、必ず風通しがよい場所で作業しましょう。また、水性塗料を使う場合も、風通しがよいと塗料が早く乾くので塗膜の状態がよく仕上がるうえに、塗り重ねる場合も短時間で作業ができます。

塗る面をきれいにしてから塗る
古い塗膜や汚れ、サビなどをそのままにして塗るとすぐにはがれたり、塗面がデコボコになったりします。サンドペーパーでこする、カケ部分は埋める、きちんと汚れを落とす、などしっかり下地処理をしてから塗るようにしましょう。

塗らない場所はマスキングする
塗料がついたら困る場所は、マスキングテープや新聞紙、ビニールシートなどを使ってカバーしておけば、はみ出しなどを気にせずにきれいに塗ることができます。なお、マスキングテープなどは塗り終えたら塗料が乾かないうちにはがすのがポイントです。

隅やコーナーから塗る
コテバケやローラーバケなどで広い面を塗る場合も、まずスジカイバケなどで隅やコーナー部分を塗ってから他の部分を塗るようにしてください。

一度に厚く塗らないように注意
一度に厚く塗ってしまうと中が乾かないためにシワやヒビ割れができる原因になります。薄く塗って、指で押して指紋がつかない程度に乾いてから、もう一度塗るという作業を2～3回繰り返せばきれいに仕上がります。ただし、缶に「1回塗り」と表示されている塗料は乾かないうちに塗り重ねるのがコツ。乾いたときにムラができていれば、そのうえからさらにもう1回塗ることもできます。

色を鮮やかに仕上げるコツ
色を鮮やかにしたい場合は最初に1回、白の塗料を塗り、それが乾いてから目的の色を塗るようにするときれいに仕上がります。塗る面のもとの色が濃い場合や、パステルカラーなど淡い色を塗りたい場合は必ず白の塗料で下地塗りをしましょう。

One Point Advice ＞ 使用後のハケの手入れ法

割り箸などでしごき落とす、新聞紙などになすりつけるなどして、ハケについた塗料をできるだけ落とす。

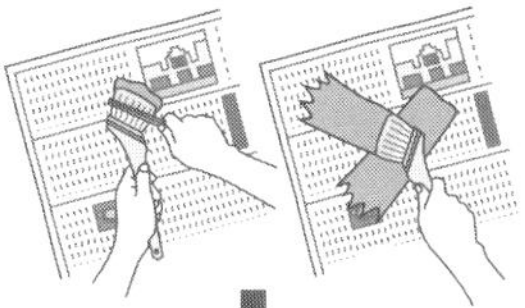

水性塗料の場合
水洗いする。

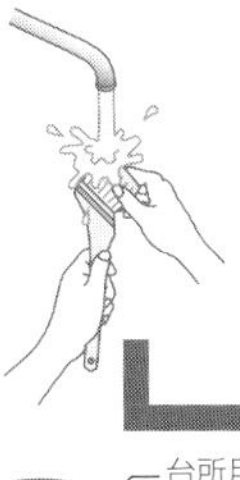

油性塗料の場合
ペイントうすめ液で何度も洗う。その前に灯油で下洗いしておくとペイントうすめ液が少量ですむので経済的。

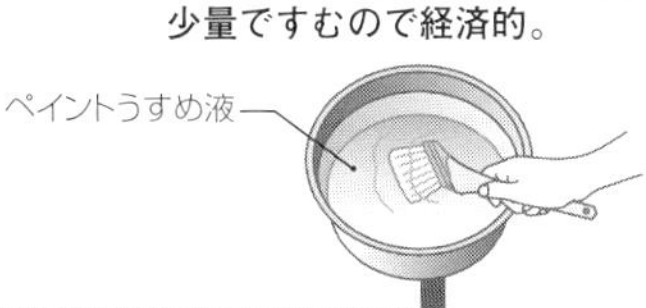

※コテバケ、ローラーバケも同じ要領で洗います。ただし、油性塗料を使ったハケをきれいに洗うのはたいへんなので、使い捨てにするのも方法。コテバケ、ローラーバケはモケットの部分だけ別売りされています。

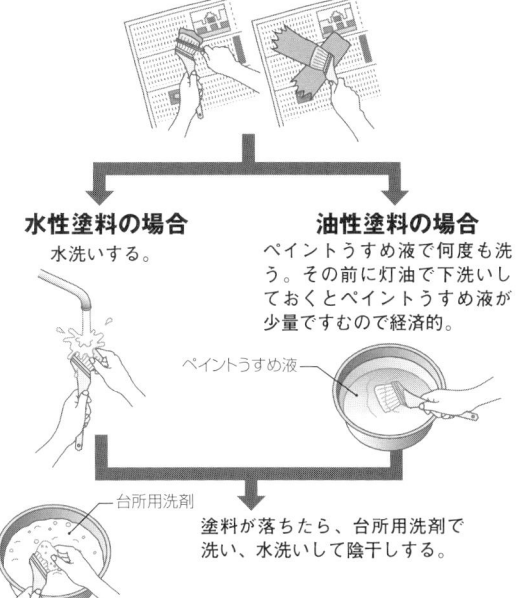

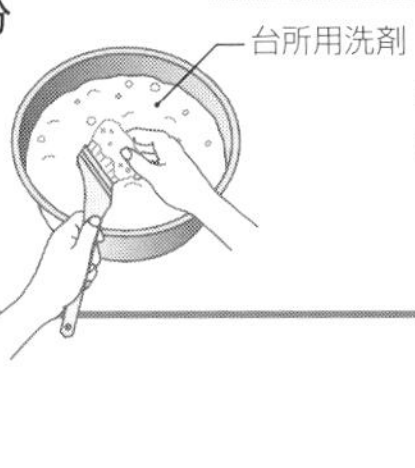

塗料が落ちたら、台所用洗剤で洗い、水洗いして陰干しする。

Chapter 7-2

ペイント

バスルームの塗り替え

湿度が高く、水が直接かかることの多いバスルームの壁や天井は、塗料がはがれやすく、カビも発生しやすい場所。塗装面積が少ないので、はがれやシミが気になったら、思い切って自分で塗り替えてみましょう。

塗装を始める前に

●冬季、雨の多い時期はNG

塗料の乾燥は湿度と温度に影響されます。乾燥に時間がかかると作業能率が悪くなるばかりか、塗料の被膜の耐久性も下がってしまいます。気温の低い冬、また梅雨、秋の長雨の時期は避けたほうが無難です。

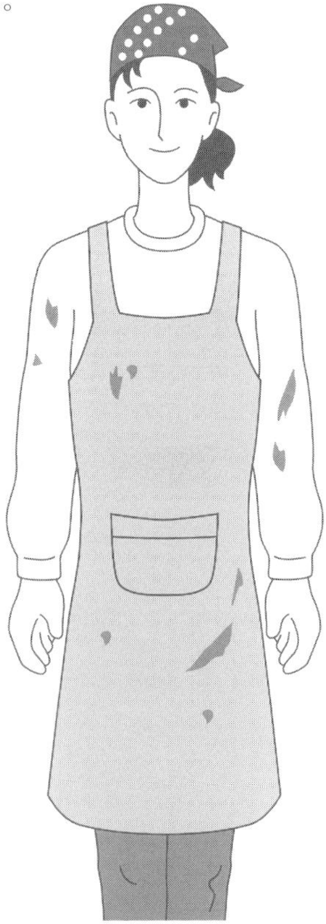

●タイムスケジュールを作る

狭い面積とはいえ、乾燥などに時間がかかります。できるだけ、朝早くから初めて、夕方までに片付けが終わるように計画しましょう。

●汚れてもよい衣類で

水性塗料が塗りたくない場所についてしまった場合は、すぐに水洗いすれば簡単に落とすことができます。しかし、衣類につくと完全には落ちないので、汚れてもかまわない服装で作業しましょう。髪に塗料がついてもやっかいなので、帽子か三角巾を着用するとよいでしょう。

●換気に注意

窓を開ける、換気扇を回すなどして、換気をよくして作業してください。風通しをよくすると乾燥時間も短くてすみます。

●使用中のハケは水につける

塗装作業を中断する際、使用中のハケをそのままにしておくと固まってしまいます。必ず、水につけておくようにしてください。

用意するもの

- □浴室用水性塗料
- □壁用パテ
  （壁の補修、下地処理に用いる）
- □ヘラ
- □サンドペーパー（180番）
- □下塗り用シーラー
- □ビニールシート
- □マスキングテープ
- □スジカイバケ
- □コテバケかローラーバケ＋継ぎ柄
- □受け皿

1 カビ、汚れを落とす

浴室用洗剤などを使って、塗り替える壁面をきれいに掃除する。カビがある場合は、カビ取り剤を塗ってそのまましばらく放置して殺菌漂白した後、水洗いして乾燥させるようにする。また、タオル掛けなど、壁についているものではずせるものは取る。

2 はがれかかっている古い塗料をはがす

古い塗料がはげかかって壁に凹凸ができている場合は、ヘラで塗料をはがして、できるだけ凹凸をなくす。

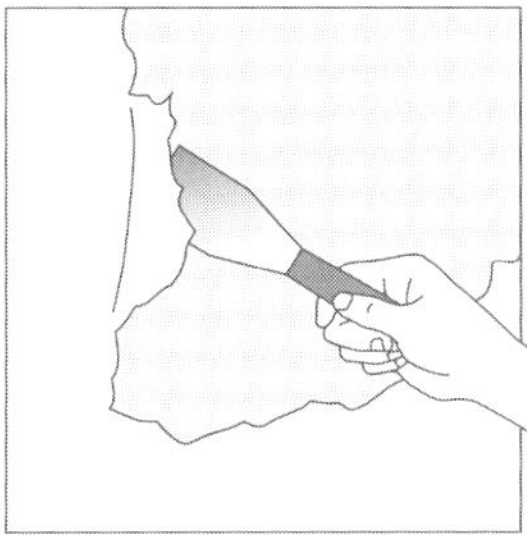

3 ヒビ割れ、穴をパテで埋める

ヒビ割れや穴がある場合は、壁用パテで埋め、乾いてから180番くらいのサンドペーパーで平らに仕上げる。

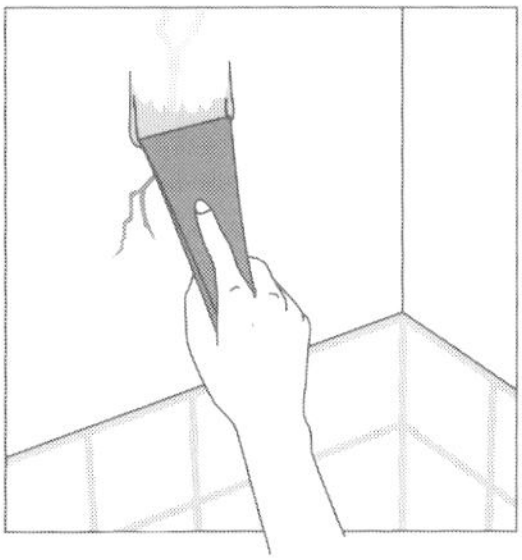

4 サンドペーパーをかける、下塗り用シーラーを塗る

サンドペーパー（180番）を木片に巻き付け、壁全体に軽くかけて塗料のくいつきをよくする。
古い塗膜がはがれていたり、水を吸い込むような壁の場合は、下塗り用シーラーをコテバケかローラーバケを使って、壁全体に塗ったほうがよい。シーラーを塗った場合は、完全に乾いてから塗装を始めること。

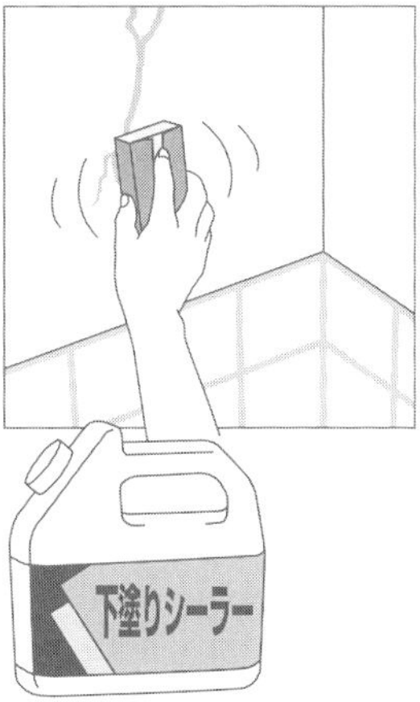

One Point Advice ＞ 浴室の壁面をもっと楽しく

きれいに塗り替えた壁面を、さらに楽しく仕上げてみませんか。塗料は重ね塗りができるので、ベースとなる塗料を塗って、それが完全に乾燥してから、別の色の塗料を塗ることができます。自由に絵を描いても楽しいですし、絵が苦手でもステンシルなどでワンポイントを添えるだけでイメージアップができます。

5 マスキングをする

浴槽、風呂釜、水道蛇口、タイル面、換気扇、電灯など塗料を塗らない場所、塗料がついたら困る箇所をビニールシートとマスキングテープでガードする。天井を塗らない場合、あるいは天井を別の色で塗る場合は、天井側の境目にもマスキングテープを貼ること。

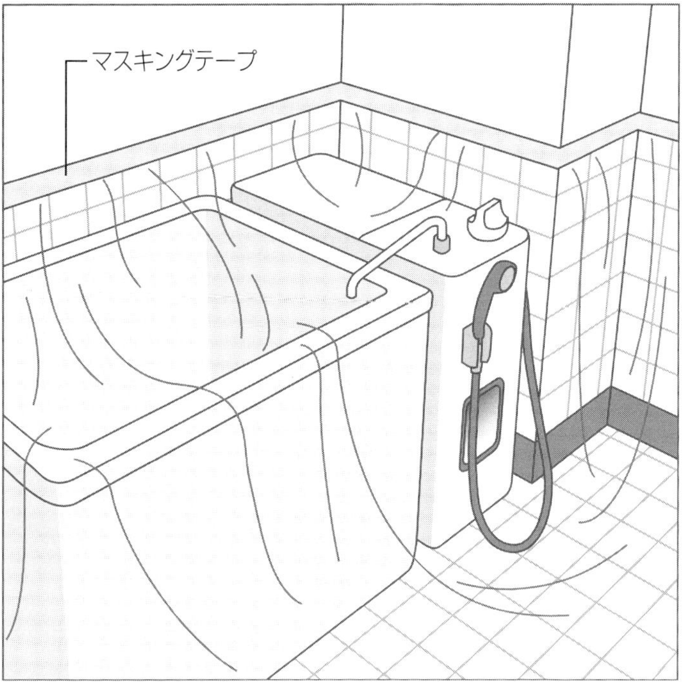

6 塗料を交ぜる

顔料が沈殿しているので、塗り始める前に割り箸などで底からよく交ぜる。

7 隅、コーナーをスジカイバケで塗る

窓枠やタイルとの境といった隅の部分やコーナー部分をスジカイバケで塗る。
スジカイバケは缶の縁で余分な塗料をしごいてから塗り始めるとよい。

隅

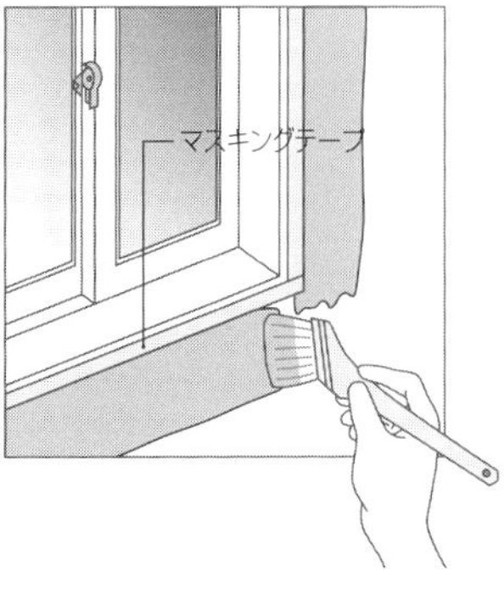

コーナー

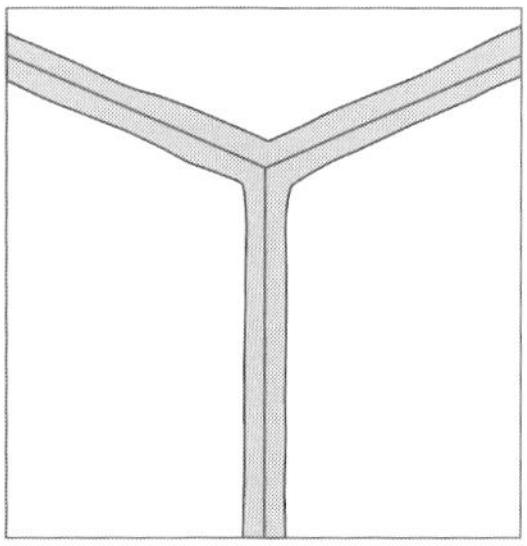

8 広い面を塗る

塗料を受け皿に移し、壁の表面が平らな場合はコテバケ、壁に凹凸がある場合はローラーバケを使って広い面を塗る。コテバケ、ローラーバケとも継ぎ柄をつけることができるので、壁の高い部分、天井も踏み台なしで楽に塗ることができる。

●コテバケを使う場合

塗料を含ませて高い部分で余分な塗料をしごいてから、塗り始める。上から下へ、あるいは左から右へと一方方向に動かして塗るようにする。

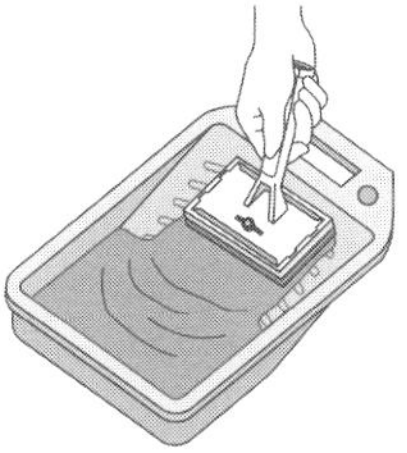

●ローラーバケを使う場合

塗料を含ませてから高い部分で何度もローラーを転がして塗料が均等につくようにしてから塗り始める。まず、壁にローラーでWの字を書くように塗料を塗って、上から下へ、あるいは左から右へと一方方向に動かして塗料を塗り広げる。

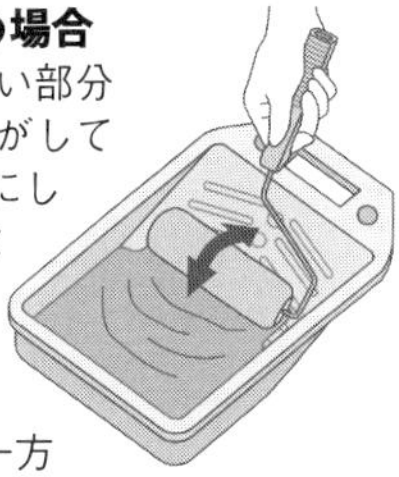

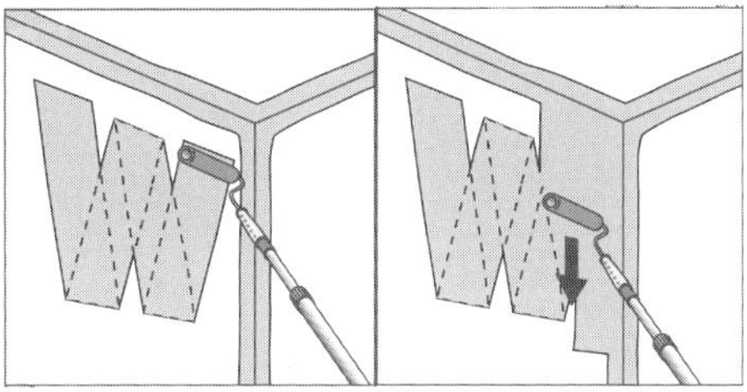

※天井も塗る場合は、先に天井を塗ってから壁を塗るように。まず、壁との境目をスジカイバケで塗ってから天井を塗り、その後、壁を塗るようにする。

9 乾燥させる

全体を塗り終えたらすぐにマスキングテープ、ビニールシートをはずして、そのまま約2時間、乾燥させる。

Chapter 7-3 ペイント

屋外鉄部の塗装

鉄製の門扉、フェンスの塗装のはがれをそのままにしておくと、サビを呼び、そのサビがさらに塗装のはがれを広げて、下地を侵食してしまいます。3～4年に一度を目安に塗り替えを行いましょう。

塗り始める前に

●塗料を選ぶ
屋外鉄部を塗る場合は、耐候性の高い油性鉄部用がおすすめ。ペイントうすめ液で扱いやすい濃度に調整してから塗るようにしましょう。また、扱いやすい水性を使用したい場合は、水性多用途塗料か水性建物用塗料を選んでください。油性、水性とも扱い方は『7-1塗装のための基礎講座』を参照してください。

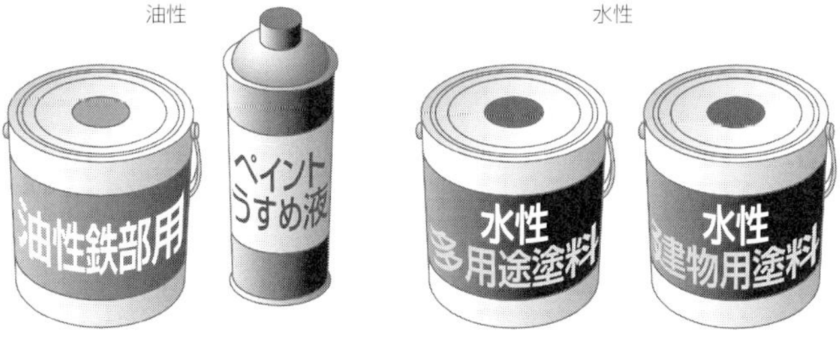

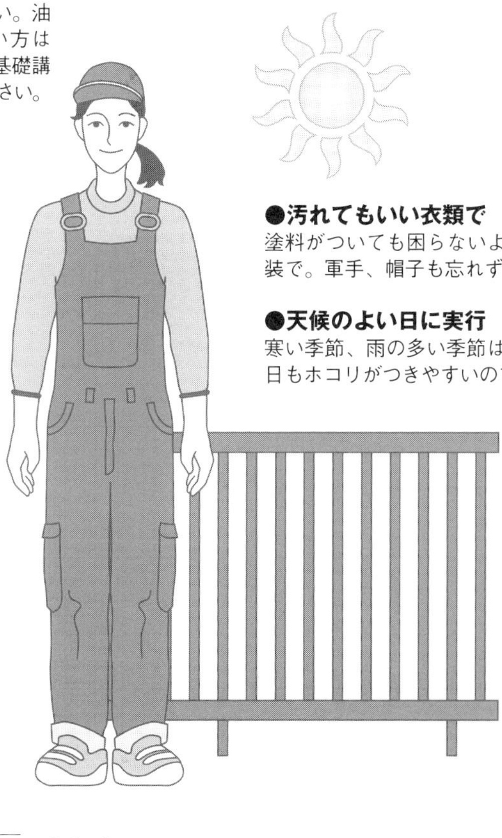

●汚れてもいい衣類で
塗料がついても困らないように、汚れてもいい服装で。軍手、帽子も忘れずに着用しましょう。

●天候のよい日に実行
寒い季節、雨の多い季節はＮＧ。また、風の強い日もホコリがつきやすいので避けてください。

用意するもの

- □油性鉄部用塗料、あるいは水性多用途塗料か水性建物用塗料
- □ペイントうすめ液
- □塗料はくり剤
- □サビ止め塗料（油性あるいは水性）
- □ワイヤーブラシ
- □サンドペーパー
- □スクレーパーあるいは皮スキ
- □マスキングテープ
- □新聞紙、ダンボール紙
- □スジカイバケ
- □すきま用ハケ
- □ローラーバケ（ネットフェンスの場合）
- □受け皿

1 汚れを落とす

汚れがあると塗料がきれいに塗れないので、タワシなどを使ってよく水洗いする。全体がよく乾いてから作業を開始できるように、できれば前日に洗っておくとよい。

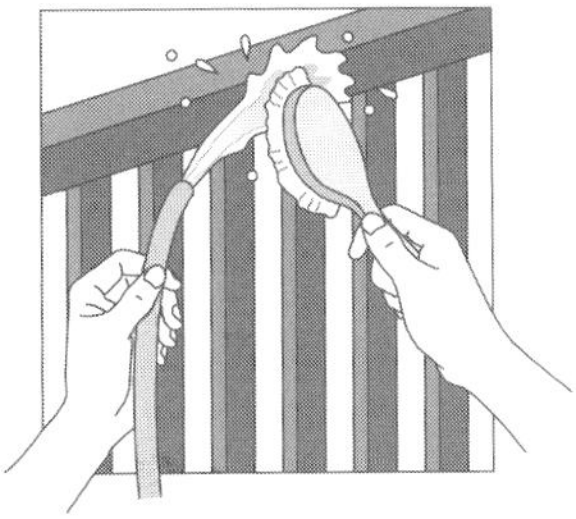

2 はがれかかった塗料をはがす

浮き上がった古い被膜をスクレーパーや皮スキで前に押し出すようにしてこそぎ落とす。

古い被膜をきれいに落としたい場合は、塗料はくり剤を塗って2～3分おいてからスクレーパーなどでかき落とした後、ペイントうすめ液で拭くようにする。

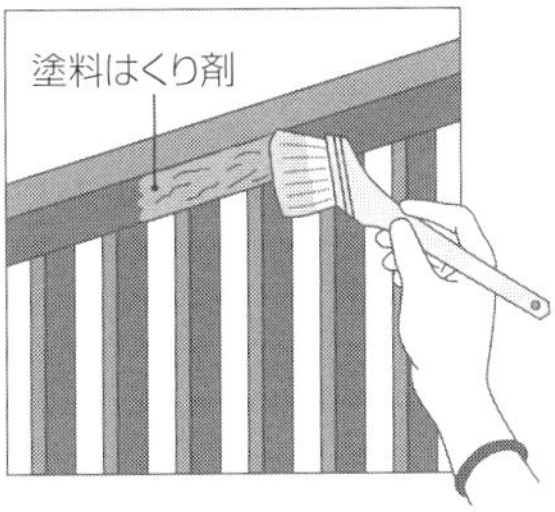

3 サビを落とす

ワイヤーブラシで力を入れてこすり落とし、表面を平らにする。

サビ落とし部分が多い場合は、電気ドリルやディスクグラインダーにワイヤーカップブラシを取り付けて使用すると効果的。ただ、力が弱い人は慣れないと使いづらいかも。また、使用する場合は必ず、防塵メガネを着用すること。

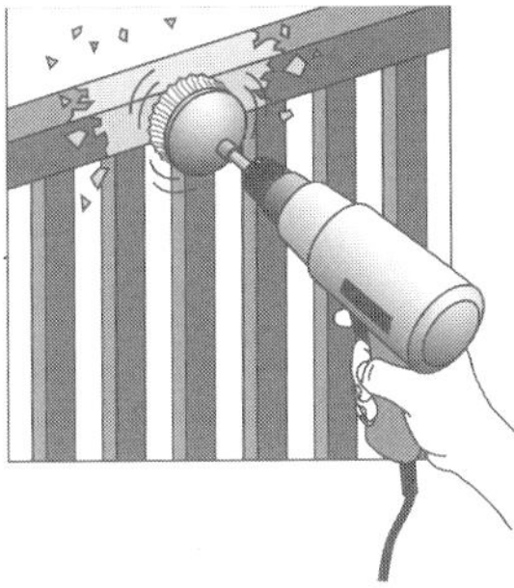

4 サンドペーパーを全体にかける

塗料のくいつきをよくするため、全体に150番くらいのサンドペーパーか、スチールウールをかける。

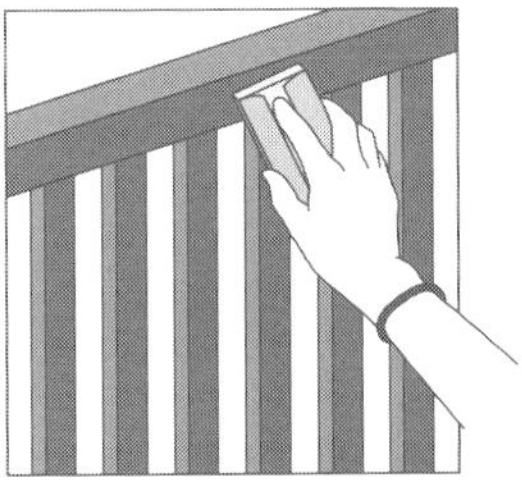

ネットフェンスの塗り替え方

1.サビを落としてサビ止め塗料を塗る

ワイヤーブラシでは落としにくいので、80番のサンドペーパーでこすり落とし、サビ止め塗料をハケでひろい塗りする。

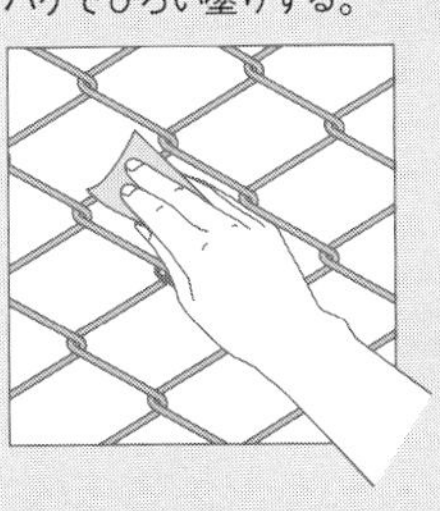

2.塗料を塗る

半日ほど置いてから、塗料を塗る。この場合、幅12～17cmのローラーバケを使って、金網の線に沿って斜めに下から上にころがすとうまく塗れる。裏面も同様に。

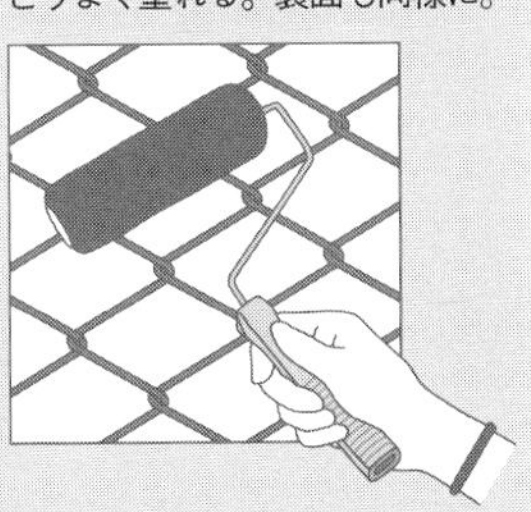

5 マスキングする

門柱やたたきなど、塗料がついては困る部分を新聞紙やダンボール、マスキングテープを使ってカバーする。フェンス沿いの植木などは紐でしばってよける。

6 サビ止め塗料をひろい塗りする

サビを落として鉄の部分が見えているところのみにスジカイバケでサビ止め塗料を塗る。サビ止め塗料には油性と水性があるが、どちらを使用してもよい。

7 塗りにくい部分から塗り始める

縦の柵の付け根、鉄扉の下側など、塗りにくい細かな部分から塗るときれいに仕上がる。蝶番や溶接部分などはサビがでやすい場所なので丁寧に作業すること。

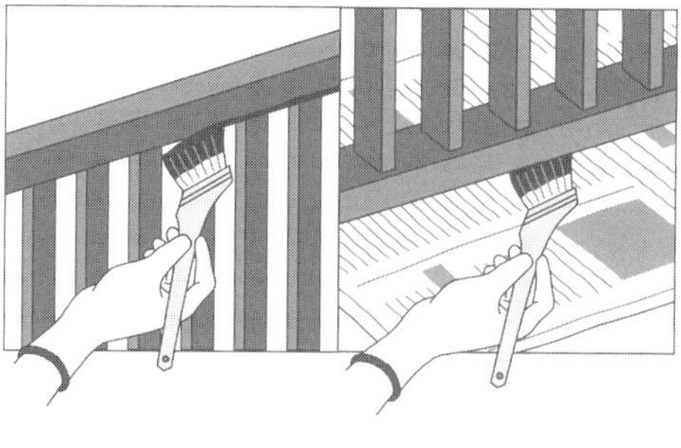

8 幅の狭いフェンスはすきま用ハケを使う

フェンスの幅が狭いとハケではきれいに塗れない。そんな場合は、両面で塗ることができるすきま用ハケを使うと便利。

9 縦の柵

上から下に向かってすべらせるように塗っていく。

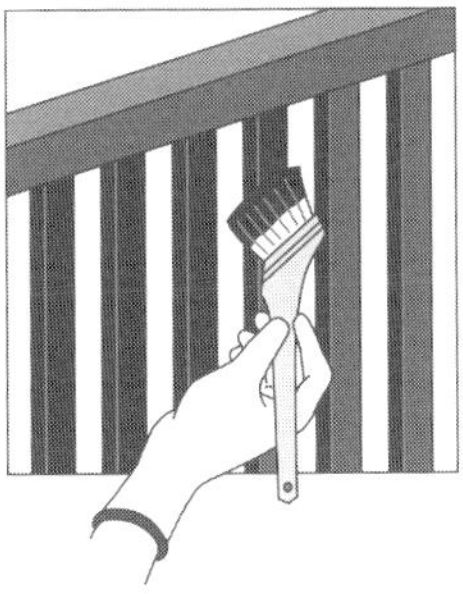

10 広い部分

横にスーッと引くようにのびのびと塗る。2〜3時間して塗料が乾いたらもう一度重ね塗りして耐久性を高めるとよい。

11 乾燥させる

塗り終えたら、テープをはったり、脚立をそばに置くなどして、『ペンキ塗り立て』の標記を忘れずに。

One Point Advice > アルミの門扉、フェンスのメンテナンス

半永久的に美しさが保てる、ということで人気の高いアルミ製の門扉、フェンスも白サビが出て腐食してしまいます。そんな場合は、280番から320番くらいの耐水サンドペーパーでサビを落としてから、透明のラッカースプレーを吹き付けておくようにしましょう。

ラッカースプレー（透明）

Chapter 7-4

ペイント

屋外木部の塗装

直射日光や雨風にさらされる羽目板、戸袋、雨戸、濡れ縁など屋外の木部。塗装がはがれたまま放置しておくと、雨染みやヒビが入り、構造材を腐らせる原因になります。住まいを長持ちさせるためにも、2～3年に一度を目安に塗り替えましょう。

塗装の前に

割れやヒビ割れに充てん剤をつめる

割れやヒビがある場合は、その部分を充てん剤で埋めてから塗装作業にかかる。変成シリコン系を用いる場合は、1日置いてから1週間以内に、ポリウレタン系の場合は埋めてから3日以内に塗料を塗るようにする。

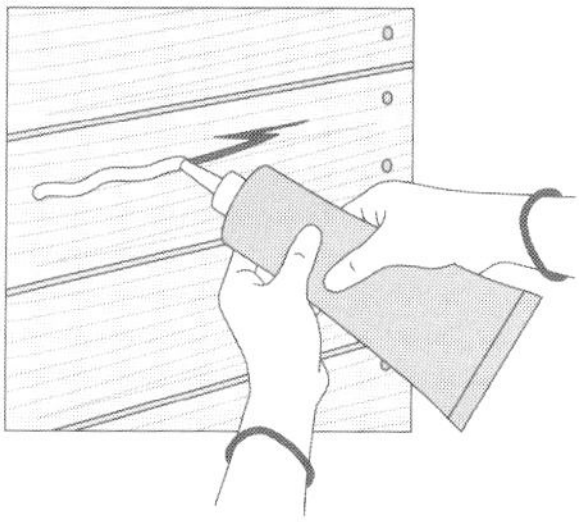

クギを打ち直す

板が反ってクギが浮き上がっているような場合は、クギジメを使って打ち直す。また、クギが腐っていたら抜いて、新しいクギで打ち直すようにする。

割れた部分の板を替える

板が割れてなくなっているような部分は、同じ厚さの板をその部分の大きさに切って、クギ止めをする。

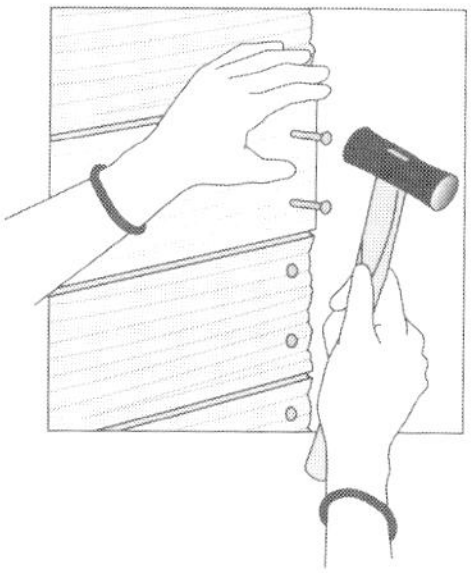

高い箇所を塗る際の注意点

ハケの柄の部分にボロ布を巻いて輪ゴムで止めておくと、高い箇所を塗っている時にハケから塗料がたれてくるのを防ぐことができます。

はしごや脚立を使って塗る場合は、バランスを崩さないように安全に十分注意して行いましょう。塗料の缶はS字の金具などではしごに吊しておくようにすると、両手をふさがずにすみます。

屋外木部用塗料の種類と選び方

屋外の木部を塗るのに適した耐候性に優れている塗料は、数種類あります。仕上がりのイメージに合わせて選んでください。

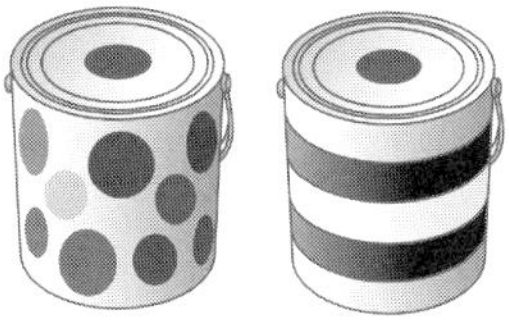

塗料の種類	うすめ液	特　徴
水性外部ステイン塗料	水	水性のため扱いやすく、屋外の木部に最もよく使われている塗料で、トレリスや木製プランターなどガーデニング用品にも使いやすい。木目の見えない仕上げで、つやありタイプとつや消しタイプがある。
水性つやあり塗料	水	色が豊富なので、白、黄色、青、緑など、鮮やかな色を塗りたい場合に最適。つやありなので、仕上がりの発色もよい。
水性多用途塗料	水	半つやに仕上げたいときに。この塗料も水性つやあり塗料と同じく色が豊富。
建物用塗料	ペイントうすめ液	色が豊富で、つやのある仕上がりになる油性塗料。水性は1～2時間で乾燥するのに対し、油性は6～10時間かかる。
外部用ニス	ペイントうすめ液	透明ニス。つやのある木目の見える仕上がりになる。
防虫防腐ステイン	ペイントうすめ液	木に浸透して防虫防腐効果を持続する塗料。木目が見える着色仕上げになる。

塗装作業

1 古い塗料をはがす

塗膜が浮いているような場合は、スクレーパーか皮スキではがれた塗膜を削り落としてから、ワイヤーブラシか80番くらいのサンドペーパーを木片に巻いたものでこすって古い塗膜を落とす。こすり終わったらデッキブラシなどでもう一度こすってホコリや塗膜のカスを落とすとよい。

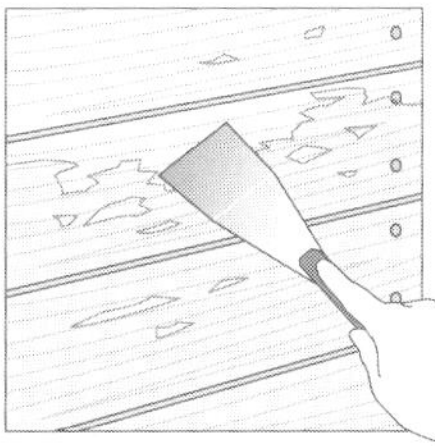

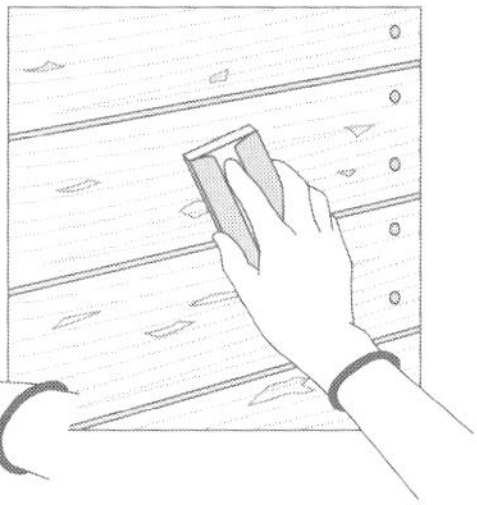

きれいに塗膜を落としたい場合は、塗料はくり剤を使うとよい。塗料はくり剤を塗ってからしばらく置き、古い塗料が浮き出てきたらヘラでそぎ落とす。一度できれいにはがれない時は、はくり剤を塗ってそぎ落とすのを繰り返すとよい。その後、ワイヤーブラシかサンドペーパーをかけて塗装面をなめらかにする。

2 マスキングする

外壁のしっくい部分やサッシの窓枠など、塗料がついて困る箇所は、マスキングテープやビニールシートなどでマスキングする。また下も塗料がたれてもいいように新聞紙やダンボール紙を敷く。

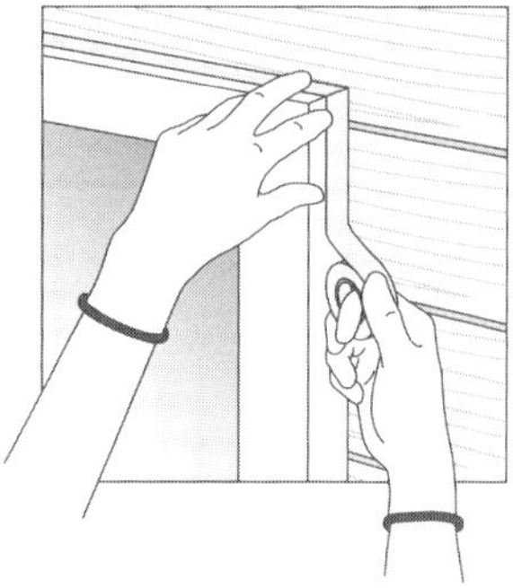

3 塗料をよく混ぜる

顔料がしずんでいるので、割り箸などでよくかき混ぜて均一にする。また、塗料が濃すぎてベタついているように感じるときは、塗料にあったうすめ液で適切な濃度に調整する。このとき、水性塗料は万一薄め過ぎた場合にも対処できるように、使用する分だけ別容器に移して薄めること。
塗料は塗る前と乾燥後では色合いがかなり変化する。缶を開けたときに見本と色が違ってみえても乾燥後はほとんど同じ色になるので心配ない。

4 塗りにくい部分から塗る

コーナー部分や窓枠の周辺、板の継ぎ目など塗りにくい部分から、スジカイバケで塗る。このとき、特に傷んでいる箇所も塗っておくと、その部分の塗膜が厚くなるので防水効果が長続きする。

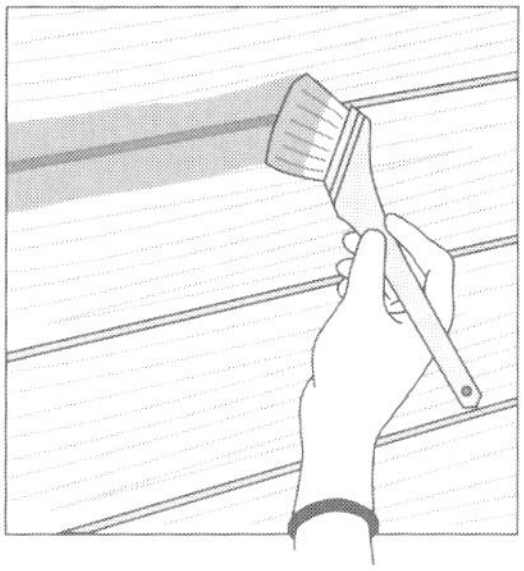

濡れ縁など、ハケで塗りにくいすきま部分は、すきま用ハケを使うと簡単に塗ることができる。

5 全体を塗る

平らな部分は、コテバケで。凹凸がある面や、早く塗りたい場合は、ローラーバケで塗る。どちらも、継ぎ柄がつけられるので、高い所を塗る場合も便利。

塗る場合、最初は縦横いろいろ塗ってもいいが、最後の仕上げの際に、横板の場合は横向きに、縦板の場合は縦向きにコテバケやローラーバケを動かすときれいに仕上がる。

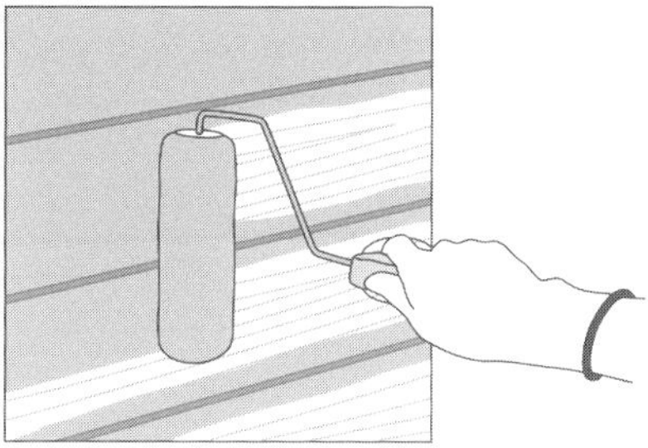

6 乾燥させる

塗り終わってから、『ペンキ塗りたて』の標記を忘れずに。塗料が乾いたらもう一度重ね塗りして耐久性を高めるとよい。

One Point Advice ガーデニング用品もペイントでメンテナンス

屋外木部用塗料を使って塗装できるのは住宅だけではありません。トレリスやウッディ・プランターといった木製のガーデニング用品、また木製のテーブル&チェアなどもこれらの塗料で塗り替えることができます。使っているうちに汚れが染み込んでしまったガーデニング用品もペイントしてリフレッシュさせましょう。

自分の住まいは自分で直す

誰でもできる「暮らしのDIY」

2002年8月25日発行

【編　者】
メソッド企画〈生活向上研究会〉

【発行者】
佐藤隆信

【発行所】
株式会社新潮社
郵便番号162-8711　東京都新宿区矢来町71
電話　編集部03-3266-5611　読者係03-3266-5111

【デザイン・組版】
ビスム-O

【印刷所】
錦明印刷株式会社

【製本所】
株式会社大進堂

ISBN4-10-455701-3 C0077